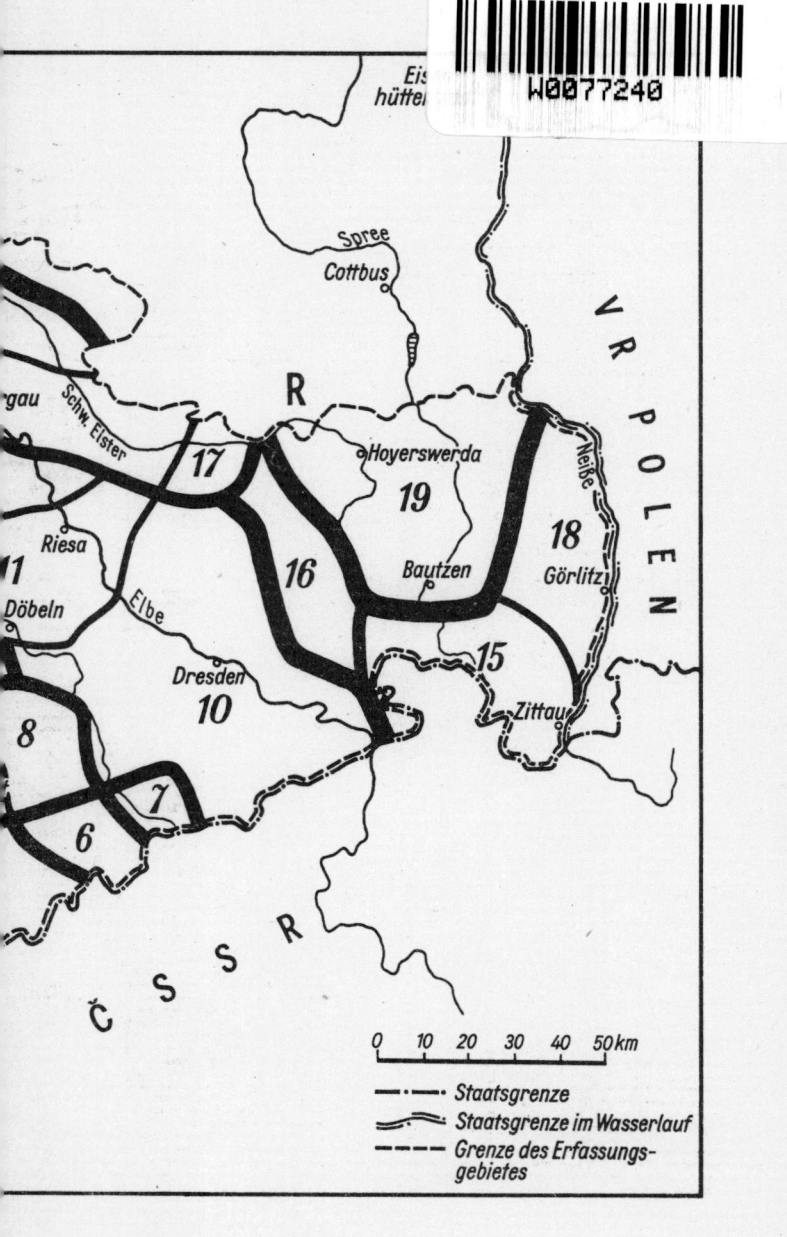

VR POLEN

ČSSR

Eis
hütte

Spree
Cottbus

R

Hoyerswerda

19

18

Görlitz

Bautzen

15

Zittau

Dresden

10

Neiße

Elbe

16

17

Schw. Elster

gau

Riesa

Döbeln

8

7

6

11

| 0 | 10 | 20 | 30 | 40 | 50 km |

—·—· Staatsgrenze

Staatsgrenze im Wasserlauf

— — — Grenze des Erfassungs-
gebietes

KLEINES SÄCHSISCHES WÖRTERBUCH

GUNTER BERGMANN

KLEINES
sächsisches
WÖRTER
BUCH

VEB BIBLIOGRAPHISCHES INSTITUT
LEIPZIG

Ausgewählt und zusammengestellt aus dem Material der
Sächsischen Akademie der Wissenschaften zu Leipzig
von Gunter Bergmann

Bergmann, Gunter:
Kleines Sächsisches Wörterbuch/Gunter Bergmann. – 1. Aufl.
Leipzig: Bibliographisches Institut,1986. – 235 S.: 2 Kt.
ISBN 3-323-00008-0

ISBN 3-323-00008-0

1. Auflage
© VEB Bibliographisches Institut Leipzig, 1986
Verlagslizenz-Nr. 433 130/16/86
Printed in the German Democratic Republic
Gesamtherstellung: Druckhaus Aufwärts, Leipzig III/18/20-137-86
Einbandgestaltung: Hannelore Heise
LSV 0817
Best.-Nr.: 577 7948
01000

Vorwort

1. Die Dialekte in Sachsen und ihre Bewertung in heutiger Zeit

Die Einstellung zu unseren Mundarten hat sich in den letzten Jahren gewandelt. Wurden dialektale Eigentümlichkeiten – besonders in Sachsen – noch bis in die siebziger Jahre vor allem als häßliche Fehlerquelle gesehen, als Steine des Anstoßes, die aus dem Wege geräumt werden müssen, wenn man korrekt hochdeutsch sprechen und schreiben will, so haben die tiefgreifenden sozialen Veränderungen der vergangenen Jahrzehnte mehr und mehr eine Umbildung dieser Meinung hervorgerufen. Dialekte oder auch all das, was an dialektalen Merkmalen in die großräumigen landschaftlichen Umgangssprachen eingegangen ist, wirken nicht mehr sozial markierend und diskriminierend für den Sprecher, sie lassen ihn nicht mehr als ungebildet oder gar primitiv erscheinen. Zum anderen setzt sich heute auch in der Allgemeinheit mehr und mehr die Erkenntnis durch, daß die Dialekte Stufen unserer kulturellen Entwicklung repräsentieren, daß sie in den Reichtum unserer Kultur einzuordnen sind. Sie können uns helfen bei der Suche nach unserer Identität, beim Finden unseres Standorts in unserer heutigen Welt.

Auch in Sachsen, wo die Dialekte der gesprochenen Form unserer normgerechten hochdeutschen Sprache (= Hochsprache) besonders nahestehen und wo die Wiege unserer neuhochdeutschen Literatursprache gestanden hat, sind die dialektalen Besonderheiten nicht schlecht oder falsch ausgesprochenes Hochdeutsch, keine verdorbene Hochsprache, sondern es sind sprachliche Zeugnisse aus alter Zeit. So gilt in unserem täglichen praktischen Umgang mit der gesprochenen Sprache nicht mehr in so starkem Maße wie früher die vorgeschriebene Norm der Richtigkeit als Wertmaßstab, nach dem sich jeder richten muß, der aber ohnehin für die meisten ein unerreichbar fernes Ziel darstellt, sondern die dem Partner und der Kommunikationssituation angemessene sprachliche Variante.

Die Realisierung der hochsprachlichen Norm ist nicht in jeder Sprachsituation optimal, sondern jener Sprecher ist vorbildlich im Umgang mit der Sprache, der über verschiedene sprachliche Variationsmöglichkeiten (auch dialektale!) verfügt und für jede kommunikative Situation die passende auswählt. Der Gebrauch, der Einsatz dialektaler Elemente in der Kommunikation ist demnach nichts a priori Verwerfliches. Das gilt – und zwar in besonderer Art und Weise – auch für die dialektale Lexik. Mit ihr kann man oft ausdrücken – und jeder, der als Muttersprache einen Dialekt beherrscht, wird sofort zustimmen, – was in der Hochsprache nicht sagbar ist. Dennoch will das vorliegende Buch nicht zu einer Wiederbelebung mundartlichen Wortguts in Sachsen beitragen, abgesehen davon, daß das auch gar nicht möglich wäre. Es möchte aber die mundartlichen Eigentümlichkeiten als lohnendes wissenschaftliches Objekt unserer Betrachtung ins rechte Licht rücken. Es möchte dazu beitragen, daß wir uns diesen Sprachaltertümern gegenüber so verhalten wie etwa zu musealen Gegenständen: Wir wollen sie aus ihrer Zeit heraus begreifen, ihre Nützlichkeit akzeptieren, uns an ihrer Schönheit erfreuen und sie als einen Schlüssel zu unserem Selbstverständnis anwenden. So wird der Gang durch das sprachliche Museum des alten Landes Sachsen dessen sprachlich-kulturelle Eigenständigkeit nachweisen und auf diese Art vielleicht helfen, das über Jahrhunderte hin arg geschädigte Selbstwertgefühl seiner Bewohner wieder ein wenig aufzurichten.

Alte mundartlich tradierte Sprache des Volkes verstehen wir als wesentlichen Bestandteil seiner Kultur, und ein kleiner Ausschnitt davon wird in unserem Wörterbuch sichtbar. Alte Geräte (z. B. *Fäue, Kober, Lade, Mulde, Näpfleinpfanne, Nusteln, Pänert, Schiebbock*), alte Lebensgewohnheiten (z. B. *Bornkindlein, Flurfleck, Freudenweichlein, Guter Mut, Humpsch, Kirmes*) und Speisen (z. B. *Backs, Grüngeniffte, Klitscher, Märte, Neunerlei, Plinse, Rauhe Magd*), frühere soziale Zustände (z. B. *Kühaugust, Küchen, Ostermädchen*) oder Aberglaube (z. B. *Andreasabend, Hänslein, Kobold, Unternächte*) – der direkte Bezug zur Kulturgeschichte und zur Volkskunde wird hergestellt. Der dialektale Wortschatz zeigt die eigene, die bodenständige sprachliche Bewältigung der Umwelt: in Bezeichnungen für Besonderheiten der Landschaft (z. B. *Delle, Hübel; Folgen, Kabeln, Maßen*), bei der Beobachtung von Witterungserscheinungen (z. B. *Floge,* [2]*Husche, siefern*) oder bei der Bezeichnung von Tieren (z. B. *Feifalter, Moll, Motschekühchen, Nusser, Petze, Spunzich, Tebe*) und Pflanzen (z. B. *Huck-auf-die-Magd, Kännleinwisch, Kratzbeere, Rohrbambus*). Besonders deutlich aber offenbart sich vielleicht die sprachliche Eigenständigkeit unserer Dialekte dort, wo sie Menschen beschreibt, Menschen in ihrer körperlichen Erscheinung (z. B. *Dremmel, Lulatsch,* [1]*Zwunsch; gelenkbar, spieberig, spillerig*) und mit ihren charakterlichen Eigenheiten (z. B. *Handwerkich, Hottich, Luder; einfältig, jieperig, koberig, lappig, gemecke, hohnneckig, iezig; jiepern, knörgeln*). – Dialekte haben ihre eigene, spezifische Art, die Umwelt widerzuspiegeln. Sie offenbaren ihre Besonderheiten nicht nur in ihrer äußeren Form (ihrer lautlichen Gestalt), sondern auch in ihren Inhalten. Beide Seiten der Sprache, die äußere und die inhaltliche, kommen im vorliegenden Buch zu ihrem Recht.

2. Zur Materialgrundlage und Auswahl der Stichwörter

Das neue Verhältnis zu dialektaler Sprache – auch in Sachsen – ermutigte zur Ausarbeitung des vorliegenden Buches. Es entstand in den Jahren 1982/83 auf der Materialgrundlage des „Wörterbuchs der obersächsischen Mundarten", das als großes, langfristig angelegtes Forschungsprojekt bei der Sächsischen Akademie der Wissenschaften zu Leipzig unter großzügiger staatlicher Förderung in Arbeit ist. Hier wurden von 1955 bis 1972 etwa eine Million Wortbelege gesammelt: 20 Fragebogen mit ungefähr je 80 Fragen gingen zur Bearbeitung an die Schulen, die gesamte wissenschaftliche und belletristische Mundartliteratur wurde ausgewertet, in allen Dialektlandschaften wurden Tonbandaufnahmen gemacht, und viele Mitarbeiter schickten frei gesammelte mundartliche Wörter und Ausdrücke an die Forschungsstelle. Was ihnen an sprachlichen Besonderheiten ihrer Heimat auffiel, schrieben sie auf Zettel. Die Sammlung von Sprachaltertümern wurde für einige von ihnen zum Inhalt ihres Lebensabends. Mit dem vorliegenden Buch sei allen Helfern für ihren Dienst an der Wissenschaft der ihnen gebührende Dank gesagt. Die Anerkennung ihrer Leistung ist den meisten von ihnen versagt geblieben, weil die Beschäftigung mit Dialekten und ihre Erforschung in jenen Jahren noch in keinem guten Ruf standen. Besonders zu erwähnen sind an dieser Stelle die von Dr. Max Jänecke aus Dresden (gestorben am 22.1.1970) gesammelten Belege. Sie geben nicht nur den Dialekt von Bärwalde und Trachau bei Dresden in Lautung, Wortschatz und Satzbau in unvergleichlicher Art und Weise treffend wieder, sondern sie fangen stets auch Situationen ein, die dem Gebrauch von Dialekt angemessen sind, ja ihn benötigen. Diese Belegzettel halten nicht nur fest, wie dialektal gesprochen wird, sondern wie man im Dialekt denkt. Hier ist nie aus der Hochsprache in den Dialekt „übersetzt" worden, wie es sonst bei vielen Wörterbuch-Gewährspersonen und auch bei vielen Mundartschriftstellern der Fall ist. – Die zwischen 1926 und 1939 entstandene Sammlung, die 1943 durch einen Bombenangriff im Keller der alten Leipziger Universität total vernichtet wurde, konnte 30 Jahre später zwar nicht ersetzt, nicht ein zweites Mal geschaffen werden, aber es wurde das Fundament gelegt für ein großes wissenschaftliches Werk, das bis zum Jahre 2000 fertiggestellt sein und sich würdig in die Reihe der anderen in der DDR entstehenden großlandschaftlichen Wörterbücher einreihen soll.

Das hier vorliegende kleine Wörterbuch beruht auf einer Auswahl aus diesem umfassenden Material. Es strebt keine vollständige Darstellung des dialektalen Wortschatzes im alten Land Sachsen an; es will lediglich eine gewisse erste Neugier derjenigen befriedigen, deren Interesse an dialektaler Sprache bereits geweckt ist, vor allem aber will es anregen zum Mitdenken über sprachliche Erscheinungen, zu eigenen Beobachtungen und vielleicht auch zum Sammeln und Forschen. Die Auswahlprinzipien waren etwa folgende: Grundlegendes Kennzeichen für ein aufzunehmendes Wort war seine geographisch begrenzte Verbreitung (z.B. *Gamel* Vor-, nWesterzg., *Gebächte* Vor-, Osterzg., Südmeißn., *Schibbicke* wOsterländ., [1]*Schippe* Südmärk., EEGeb., Nordosterländ. Die Landschaftsbezeichnungen werden sich beim Benutzen des Wörterbuchs schnell einprägen und gut handhaben, weil die meisten Leser ohnehin wissen, wo das Vogtland, das Erzgebirge und die Lausitz auf der Karte zu finden sind, auch das Meißnische wird keine Schwierigkeiten bereiten, und lediglich über die geographische Lage des Osterländischen, des Elbe-Elster-Gebietes und des Südmärkischen werden sich die meisten Leser auf der im Vorsatz abgebildeten Karte informieren müssen. Alle auf dieser Karte vorkommenden Bezeichnungen der sächsischen Dialektlandschaften sind im Wörterbuch abgekürzt und werden mit großen Anfangsbuchstaben geschrieben. Das hat den praktischen Vorteil, daß man ohne großen Aufwand, nämlich nur durch einen vorgestellten Kleinbuchstaben die Gegend für das Auftreten eines Wortes noch genauer kennzeichnen kann: z. B. nWesterzg. = nördliches Westerzgebirgisch, öEEGeb. = östliches Elbe-Elster-Gebiet). Diese Landschaften, denen die dialektgeographische Gliederung des Sächsischen nach der „Sächsischen Mundartenkunde" (von H. Becker, neu bearbeitet und herausgegeben von G. Bergmann, Halle 1969), Karte 6 (identisch mit der hier abgebildeten Übersichtskarte), zugrunde liegt, sind allerdings nicht zu genau zu nehmen. Wörter halten sich nicht an fest umrissene Grenzen, und so können die geographischen Angaben lediglich die Zentren der Verbreitung beschreiben. Dennoch würde eine sprachräumliche Aufgliederung des Sächsischen, die sich nur auf Ergebnisse der Wortgeographie stützen würde, der beigegebenen Karte sehr ähneln; nur würden alle Grenzlinien weniger stark hervortreten, weil dialektale Wörter meist vom Zentrum ihrer Verbreitung nach der Peripherie hin in ihrer Belegdichte abnehmen, also in der Regel keine so scharfen Grenzen ausbilden, wie das bei lautlichen Dialekterscheinungen der Fall ist. Zusammenfassend ergibt sich – analog der Lautgeographie – folgendes Bild: Das Südmärkische ist niederdeutsch, das Elbe-Elster-Gebiet stark niederdeutsch beeinflußt, das Osterländische bildet den Übergang zum Mitteldeutschen; das Nordbairische ist oberdeutsch, das Vogtländische und Westerzgebirgische stark oberdeutsch beeinflußt, das Vorvogtländische, Vorerzgebirgische und Osterzgebirgische bilden den Übergang zum Mitteldeutschen; der mitteldeutsche Zentralraum ist in einen westlichen Teil, das Meißnische, und einen östlichen, das Lausitzische, unterteilt.

Das Wort „sächsisch" im Titel darf demzufolge nicht so verstanden werden, daß die hier behandelten Wörter den sächsischen Raum abdecken – und zwar das gesamte auf der beigegebenen Karte dargestellte Gebiet und nur dieses Gebiet. Es gibt kein einziges Wortbeispiel für diese gesamtsächsische und nursächsische Verbreitung, und es ist auch kein anderes Dialektmerkmal zu nennen, das man als kennzeichnend für das Sächsische vorweisen könnte. Alle behandelten Beispiele erfassen entweder einen Ausschnitt des Untersuchungsgebietes (und reichen dann meist noch über diesen hinaus ins benachbarte Thüringische oder Märkische, in das frühere Böhmische oder Schlesische hinein) oder das gesamte untersuchte Gebiet und angrenzende Landschaften, decken jedoch nicht das ganze deutsche Sprachgebiet ab und weisen somit das Kriterium der geographischen Begrenztheit auf (bei diesen Wörtern sind in den Artikeln keine geographischen Angaben gemacht). Einen „sächsischen Wortschatz par excellence" gibt es nicht. Für das Vogtländische (z. B. *Sprengstütze* ‚Gießkanne') oder Westerzgebirgische (z. B. *Fahrt* ‚Leiter'), für das Meißnische (z. B. *Gezinge* ‚Räderteil des Pfluges') odere Lausitzische (z. B. *ock* ‚doch, nur') würden sich Kennwörter finden, für das gesamte Sächsische jedoch nicht. Es ist keine in sich geschlossene sprachliche Kernlandschaft. Das „Kleine sächsische Wörterbuch" verzeichnet und beschreibt demnach den dialektalen Wortschatz, der irgendwo innerhalb der Grenzen des alten Landes Sachsen auftritt, in einer oder mehreren Landschaften dieses Gebietes beheimatet ist, das sich heute etwa mit den drei Bezirken Leipzig, Dresden, Karl-Marx-Stadt deckt. Lediglich zu kleinräumig verbreitete Wörter sind weggelassen. Wir haben die Bezeichnung „sächsisch" im Titel gewählt (nicht: „obersächsisch" wie bei Karl Müller-Fraureuth oder bei dem großen geplanten Werk der Sächsischen Akademie der Wissenschaften), weil der Name „Sachsen" sich für dieses Gebiet und besonders für die Bezeichnung seiner Sprache („Sächsisch") als lebenskräftig erwiesen hat und wir einen speziellen Hinweis darauf, daß es sich hier nicht um das „Niedersächsische" handelt, für nicht notwendig hielten.

Ein zweites Kriterium für die Aufnahme eines Wortes war sein Nichtvorhandensein in der Literatursprache (z. B. *Gursche, Häuste, i-nun-so, Radebere*). Bei den weitaus meisten Wörtern sind jene beiden Kriterien, geographisch begrenztes Vorkommen und das Fehlen in der Literatursprache, miteinander gekoppelt; *Esse* und *Schornstein, Harke* und *Rechen, Möhre* und *Mohrrübe* aber sind in der normgerechten Sprache vorhanden und trotzdem geographisch begrenzt, und dieses Merkmal der Begrenztheit hat den Ausschlag für ihre Aufnahme ins Wörterbuch gegeben. – Für besonders wichtig haben wir jene Wörter gehalten, bei denen die mundartliche Bedeutung von der literatursprachlichen abweicht; ihr Gebrauch kann leicht zu Mißverständnissen, zu Störungen in der Kommunikation führen (z. B. *hübsch, kosen, satt, streiten, zeitig*).

Festgehalten wurden auch jene Wörter, die früher – meist begrenzt auf bestimmte Landschaften – einmal Allgemeingut waren, aber zu Relikten geworden sind. Sie wurden als „veraltet" oder „veraltend" gekennzeichnet (z. B. *Parapluie, Polltaube, Quehle, Remedien, Saucissechen*). Im lebendigen Gespräch werden sie heute nicht mehr benutzt. Sie waren nur durch gezielte Befragung aus der Erinnerung der Gewährsleute „auszugraben". Mit den letzten alten Sprechern, meist aus den einfachsten sozialen Schichten der Vergangenheit stammend, sterben sie aus.

Einige Wörter sind verzeichnet, obwohl es keine Dialektwörter im eigentlichen Sinne sind. Die Sprecher empfinden sie als „merkwürdige" und „fremde" Elemente des Wortschatzes und werden sie deshalb wohl in diesem Wörterbuch suchen. Es handelt sich um Entlehnungen aus dem Rotwelschen, jener Sondersprache der Gauner, Hausierer und Bettler, die sich in der Sprache des Volkes – bei manchen Beispielen nur in kleinen Gebieten (z. B. in und um Halle) – ausgebreitet haben. Ihre Herkunft (Jiddisch, Hebräisch) wird angegeben (z. B. *Maium*, [2]*Minna, Rebbach, Scheeks, Schickse*).

3. Zu den Angaben über geographische Verbreitung, soziale und zeitliche Differenziertheit

Jedes Wort hat seine eigene Geschichte, sein eigenes Leben, das bei jedem Wort anders verläuft. Wir haben in das vorliegende dialektale Wortmaterial vorsichtig hineingehört, um über den Lebenszustand der Wörter einige Angaben zu machen. Diese Angaben sind kurz, aber man darf nicht über sie hinweglesen. Formelhaftigkeit und Schematismus sind dabei vermieden worden, weil versucht worden ist, bei jedem Wort in knappster Form dessen eigenem Status gerecht zu werden.

Die geographische Verbreitung wird, wie schon angeführt, mit der Nennung der Landschaften (z. B. Nordmeißn., sWesterzg., sOstmeißn.) angegeben. Fehlen bei einem Stichwort diese geographischen Markierungen, so gilt es im Gesamtgebiet (jedoch nicht im gesamten deutschen Sprachgebiet, sonst wäre es kein Dialektwort). – Mit den Angaben verstr. (verstreut) oder selt. (selten) wird darauf hingewiesen, daß sich die Belege innerhalb einer Landschaft oder auch im Gesamtgebiet in schwächerem oder stärkerem Maße im Rückgang befinden. Die Angabe vorwieg. (vorwiegend) soll auf jenes Gebiet hinweisen, wo ein Wort (noch) am häufigsten anzutreffen ist. Somit ist neben den geographischen auch bereits der zeitliche Aspekt getreten. Dieser soll aber auch mit Formulierungen wie „veraltet" oder „veraltend" beschrieben werden, und „relikthaft (noch)" weist darauf hin, daß ein Wort früher weiter verbreitet war und heute nur noch in Landschaften zu finden ist, die an sprachlichen Altertümern festhalten. – Häufig wird der Leser auch Markierungen finden wie „mit der Sache ausgestorben". Hier liegen dann meist technische oder soziale Umwälzungen dem sprachlichen Wandel zugrunde. Die Markierung „umg." (umgangssprachlich) tritt relativ selten auf. Sie soll darauf hinweisen, daß ein Wort weniger in der dialektalen Grundschicht, als vor allem in den darüberliegenden (auch städtischen) Sprachschichten vorkommt. Geographische Verbreitung, soziale Markierung und zeitliche Entwicklung wirken ineinander. Sie sind bei vielen Wörtern so interessant, daß man zu jedem ein eigenes Buch schreiben könnte. Die wenigen vorsichtigen Angaben, die hier gemacht werden, erheben nicht den Anspruch auf letzte Genauigkeit oder gar Vollständigkeit. Dafür ist das vorliegende Material zu lückenhaft und zu heterogen. Es könnte aber jederzeit durch genauere Forschungen und Befragungen vor Ort ergänzt und korrigiert werden, und es soll auch in dieser Hinsicht das Interesse der Leser wecken.

Benutzungshinweise

1. Zum Ansatz der Stichwörter: das Auffinden eines Dialektwortes im Wörterbuch

Die Stichwörter, auch als Ansätze oder Lemmata bezeichnet, sind alphabetisch geordnet. Ihre Form ist literatursprachlich. Das bedeutet: Die dialektalen Lautformen, die Gestalt also, in der uns die Dialektwörter entgegentreten, erscheinen nicht als Stichwörter, sondern ihre lautliche (nicht ihre inhaltliche) Verhochdeutschung. Würde man die Lautformen zu Stichwörtern erheben, dann müßten nahezu alle Wörter an mehreren Stellen erscheinen (z. B. *meißeln* bei *meeßeln, maaßeln, meeßteln*; *Haupt* bei *Heed, Hääd, Haad*), und vor allem wüßte man häufig gar nicht, wie man sie „orthographisch richtig" schreiben sollte (*Heed, Heet, Hehd* oder *Heht*; *meesteln, meeßteln* oder *mehsdeln*).

Das Verhochdeutschen der Wörter ist in jenen Fällen relativ unproblematisch, wo sie eine direkte hochsprachliche Entsprechung haben (die dialektale *Feiereßd* wird als *Feueresse, scheechen* als *scheuchen*, der *Feierriepel* als *Feuerrüpel* angesetzt). Aufschlußreich sind dabei jene Beispiele, bei denen sich die dialektalen Lautformen gleichsam „verselbständigt" haben; sie sind durch lautgesetzliche Entwicklungen von ihrer literatursprachlichen Entsprechung so weit abgerückt, daß sie in den Köpfen der Benutzer keine durchsichtigen dialektalen Lautformen mehr darstellen, sondern zu Wörtern geworden sind, deren etymologischer Zusammenhang für sie nicht mehr durchschaubar ist. Nur durch die Kenntnisse über jene gesetzmäßigen Lautentwicklungen, welche die Wörter auf ihrem langen Weg vom Germanischen über das Alt- und Mittelhochdeutsche bis zu uns durchlaufen haben, und deren Anwendung lassen sich diese Wörter in die Literatursprache überführen, und das Ergebnis ist dann häufig verblüffend, weil plötzlich ihre Etymologie sichtbar wird. So verbirgt sich hinter der *Schmette* („altes Fahrrad') die *Schmiede*, hinter *Motschegiebchen* („Marienkäfer') das *Motschekühchen*,

13

hinter *käbsch* (‚wählerisch im Essen') das zu *kauen* gehörige *käuisch*, hinter den *Batterle* (‚Tränen') nicht etwa das *Paternoster*, sondern das Diminutiv von *Perle* (*Perllein*) und hinter *Basterrasse* nicht etwa die *Pastor-*, sondern die *Bastardrasse*. – Größere Schwierigkeiten bereiten Wörter, die in der Literatursprache keine lautliche Entsprechung haben. Sie haben entweder nie zum Bestand des literatursprachlichen Wortschatzes gehört, sind also stets auf ein gewisses Territorium beschränkt geblieben, oder sie sind veraltet, mit der Sache ausgestorben oder von anderen Wörtern aus der Literatursprache verdrängt worden. Auch auf diese Wörter werden jene schon erwähnten lautlichen Entwicklungsgesetze angewandt; mit ihnen wird also so verfahren, als ob auch sie zum literatursprachlichen Wortschatz gehören würden, sie werden gleichsam künstlich verhochdeutscht. Die mitteldeutschen Formen *dreuche*, *dreiche* sind deshalb als *dreuge* und die unser Gebiet im Norden berührende niederdeutsche Form *drehje* als *dröge* angesetzt (die Lautformen sind durch Anwendung der Lautgesetze nicht in literatursprachliches *trocken* zu überführen). Die erzgebirgisch-vogtländischen Formen *Drehmel*, *Drähmel* erscheinen unter *Dremmel*, die Formen *dreeschen, draaschen* ‚stark regnen' bei *dräuschen*, und die Formen *malweln, melweln, malfern, melfern* sind unter dem Stichwort *melbern* vereinigt, die Formen *unner-, ungergietch, unner-, ungerkietch, -keetch* haben nichts mit *-gütig* zu tun, sondern sie sind auf *unterkötig* zurückzuführen, was dann auch als Stichwortansatz erscheint. – Auf diese Art geben die hochdeutschen Lemmata in vielen Fällen sogleich die Etymologie, vorausgesetzt natürlich stets, daß die Wörter von den Wissenschaftlern (richtig!) erkannt worden sind. In einigen Fällen ist die Herkunft der Wörter (noch?) unklar und das hochdeutsche Lemma deshalb unsicher (z. B. *inzaucht, Zauke* und vielleicht auch noch immer die schon so lange umstrittene *Bemme*).

Das Auffinden eines bestimmten vom Leser gesuchten Stichwortes scheint somit auf den ersten Blick schwierig zu sein. Dem ist aber nicht so; denn sucht z. B. ein Erzgebirgler sein häufig benutztes *fei*, so findet er dort einen Verweis *fei → fein*, der ihn zum Wörterbuchartikel hinführt, und so stehen bei allen wichtigen und häufigen Lautformen Verweise auf das Stichwort: *emende → amende, zengs[t] → Ende, ungamper → ungangbar, maa, määch → meinen, zewanner → ander, sal[t] → selbt, Motschegiebchen → Motschekühchen.* Allerdings sollte ein Benutzer auch das Buch nicht gleich beiseite legen, wenn er das von ihm gesuchte Wort nicht sofort unter der ihm geläufigen Lautform findet, sondern darüber nachdenken, wo er das Wort eventuell noch finden könnte; denn nicht alle lautlichen Möglichkeiten konnten in Form von Verweisungen in das Wörterbuch aufgenommen werden. Wäre das geschehen, so hätten die Verweise den Wörterbuchtext am Ende erdrückt. Die Auswahl der Verweise wurde nicht nach einem Schema vorgenommen, sondern beruht auf langjährigen Erfahrungen im Umgang mit dialektalen Lautformen und Wörtern, die zu einem Wissen darüber geführt haben, wo ein Dialektsprecher seine „Lieblingswörter" suchen wird.

Auch die zahlreichen fremden Elemente, die unsere Dialekte aus anderen Sprachen – und zwar zu unterschiedlichen Zeiten – entlehnt haben, sind nach ihrer Herkunft angesetzt worden, und auch hier helfen dem Leser Verweise beim Auffinden der Wörter (*Bähnert* → *Pänert*, *Ahzucht* → *Agezucht*, *Preh* → *Prä*, *Rekord* → *Regard*, *Rundine* → *Routine*, *Reformande* → *Reprimande*, *Schwitten* → *Suiten*).

2. Zum Aufbau der Artikel

Beim Aufbau der einzelnen Wortartikel fügt sich an das Stichwort eine grammatische Angabe an (z. B. *Plauze* f., *pispern* sw. V.). Diese Angabe ist in vielen Fällen für die Anwendung des Wortes wichtig (*placken* sw. V., refl., *pomale* Adj., nicht attr., *Quinte* f., meist Pl.), und es gibt sogar einige Wörter, die nur wegen des von der Literatursprache abweichenden grammatischen Status aufgenommen wurden (*Tunnel, Gas, Gift, Öl, rufen*).

Bei der Beschreibung der Bedeutung, häufig auch der Bedeutungen eines Wortes zeigt sich, daß wir es bei einem Mundartwörterbuch mit einer merkwürdigen Mischung zwischen einem ein- und zweisprachigen Wörterbuch zu tun haben. Hin und wieder nämlich kann man auf eine Bedeutungsangabe verzichten (z. B. *Schalen* Pl. wie litspr.), weil die mundartliche mit der literatursprachlichen Bedeutung übereinstimmt und das Wort nicht deshalb aufgenommen wurde, weil seine Bedeutung hätte erklärt werden müssen. In anderen Fällen, und es gibt davon eine Vielzahl, hat das Wort neben der literatursprachlichen Bedeutung, die für uns hier jedoch uninteressant ist, auch ausgeprägte dialektale Bedeutungen (z. B. *Rute* neben der litspr. Bedeutung auch 1. ‚Stiel am Dreschflegel‘ 2. ‚Geschlechtsteil des Hengstes oder Ebers‘ 3. Längenmaß zur Landvermessung; *klopfen* neben den litspr. Bedeutungen auch die dialektale Spezialbedeutung ‚die Sense mit dem Hammer schärfen‘), oder das Wort ist der Literatursprache völlig fremd und muß wie in einem zweisprachigen Wörterbuch erklärt werden (z. B. *niesch* ‚schief, schräg, quer‘; [2]*pelzen* ‚Bäume veredeln, pfropfen‘). Die Ausdrücke „wie litspr.“ (wie literatursprachlich), „wie in der Litspr.“, „neben der litspr. Bedeutung“ wurden deshalb gewählt, weil sich in diesen Fällen die Bedeutung im „Wörterbuch der deutschen Gegenwartssprache“ oder im „Duden. Das große Wörterbuch der deutschen Sprache in sechs Bänden“ nachschlagen läßt; und diese Werke beruhen zum großen Teil auf schriftlichen Quellen, also auf „literarischer“ Sprache. Mit der Angabe einer einfachen Bedeutungsentsprechung kann man sich in jenen Fällen nicht begnügen, wo Wörter volkskundlich interessante Zusammenhänge, alte Verhaltensweisen und Lebensgewohnheiten einfangen (z. B. *Mulde*, *Neunerlei*, *Petze*, *Pyramide*). Hier ist versucht worden, möglichst knapp all das mit zu beschreiben, was für das Verständnis des Wortes notwendig ist. Häufig wird sich der Leser, um die „Bedeutung“ eines Wortes tiefer zu verstehen, in die Verhältnisse früherer Zeiten zurückversetzen müssen (z. B. *Ausgedinge*, *Auszug*, *Federschleißung*, *Lade*, *Osterjunge*, *Ostermädchen*, *Segenfrau*). Auch hier kann unser kleines Wörterbuch jedoch nur anregend sein; es will nicht mit seinen Bedeutungsangaben ein vollständiges Gemälde früherer Zeiten entstehen lassen. Es ist kein Lehrbuch für Landesgeschichte, aber es will dazu anregen, tiefer in die Wörter hineinzuhören.

Daß ein Wort mehrere Bedeutungen hat, ist eine häufige Erscheinung in jeder Sprache. Auch unser Wörterbuch bietet dafür reiches Material (z. B. *Geröll* 1. ‚Hausrat‘ 2. ‚Spreu‘; *Griebs* 1. ‚Kerngehäuse‘ 2. ‚Kehlkopf‘; *heim* 1. ‚nach Hause‘ 2. ‚zu Hause‘; *Hucke* 1. ‚großes Tuch zum Tragen von Lasten‘ 2. ‚Rücken‘ 3. ‚Vielzahl‘). Stets aber ist eine gewisse Zusammengehörigkeit der verschiedenen Bedeutungen sichtbar, es lassen sich gemeinsame Bedeutungsmerkmale erkennen. – Anders hingegen sind jene Fälle, bei denen Wörter zwar in ihrer lautlichen Gestalt identisch sind, jedoch inhaltlich nichts miteinander zu tun und auch unterschiedliche Etymologien haben. Sie sind im Wörterbuch nicht unter einem Stichwort zusammengefaßt, sondern durch Indexzahlen voneinander abgehoben (z. B. [1]*Mauke* 1. ,Lust, Neigung' 2. ,seelische Kraft' – etymologisch zu *ver-mögen*; [2]*Mauke* ,Mus, Brei' – etymologisch zu slawisch *muka*; [3]*Mauke* 1. ,Pferdekrankheit' 2. ,leichte Krankheit' – etymologisch zu *muche*; [1]*Plempe* ,übles Getränk'; [2]*Plempe* ,stumpfes Messer').

Besondere Schwierigkeiten bei der Beschreibung der Bedeutung bereiten jene Wörter, bei denen weniger ein konkreter sachlicher Realitätsbezug vorhanden ist, sondern vielmehr ein menschliches Urteil, eine Meinung über das Verhalten eines Menschen, eine Charaktereigenschaft oder über einen Menschen selbst zum Ausdruck gebracht wird. In diesen Fällen ist wohl in einem Wörterbuch jener Art, wie es hier vorliegt, letzte Beschreibungsadäquatheit nicht möglich. Die Kenntnis der Bedeutung jener Wörter wird demjenigen, der nicht selbst den betreffenden Dialekt spricht und nicht selbst in ihm aufgewachsen ist, in ihren tiefsten Gründen verborgen bleiben (z. B. *Gotel, Gescheuche, Luder; gemecke, närrisch, nekkisch*). Notwendig wäre es wohl hier, alle sinnverwandten Wörter zum Vergleich danebenzustellen. Um dies zu leisten, müßte jedoch eine ganz andere Art von Wörterbuch geschaffen werden.

In diesen Fällen helfen auch die kleinen Beispielsätze nur wenig, die über die Anwendung der Wörter im Satz Aufschluß geben sollen. Sie tragen zur Erhellung der Wortbedeutungen zwar bei und demonstrieren die Umgebung, in der ein Wort vorkommt, und sollen damit ein Wort dem Leser lebendig machen und zeigen, daß viele Dialektwörter relativ fest geformte Umgebungen haben (z. B. *Rage: … das hab'ch in der Rahsche vergessen; wenn der in Rahsche kommt,* …). Viele Wörter treten uns nur in festen Fügungen (z. B. *Remedien: mach nur keene solchen Remehdchen!*) oder in Redensarten ([2]*Schleuder: seinen Schleuder haben*) entgegen, und diese sind als solche kenntlich gemacht. Die angegebenen Beispielsätze beleuchten nicht nur vom Verwendungszusammenhang her die Bedeutung der Wörter, sondern sie sollen vor allem auch dazu beitragen, dem gesamten Wörterbuchtext mundartliches Kolorit zu verleihen. Dabei wurde versucht, in der Schreibung die lautlichen Eigenarten jener Landschaften einzufangen, in denen das betreffende Wort vorkommt (z. B. *Schminklein* ,kleines bißchen' Vgtld., *tu ner e Schminkele gute Butter nah's Essen!*; *ock* ,doch, nur, bloß, nun' Laus., *hurch ock, wie's dunnert!*).

3. Zur verwendeten Lautschrift

Die Lautschrift ist möglichst einfach gehalten. Sie soll für jeden Leser verstehbar sein. Deshalb ähnelt sie sehr stark jener Schreibweise, die auch unsere Mundartschriftsteller benutzen. Auf ein Höchstmaß an lautlicher Exaktheit wird damit verzichtet. Eine wissenschaftliche phonetische Umschrift hätte nicht nur den Benutzerkreis des Wörterbuchs sehr eingeschränkt, sondern seine Lesbarkeit überhaupt nahezu unmöglich gemacht. Immerhin läßt die hier gewählte Schreibweise viele der auffälligen lautlichen Merkmale unserer Dialektlandschaften erkennen (z. B. erzgebirgisch, meißnisch, lausitzisch *schlacht* ‚schlecht', *Fald*, ‚Feld', westerzgebirgisch, vogtländisch *Baa* ‚Bein', *Flaasch* ‚Fleisch', im übrigen Gebiet *Been*, *Fleesch*, vogtländisch, westerzgebirgisch *Supp* ‚Suppe', *Hos* ‚Hase', vogtländisch *Schnupf* ‚Schnupfen', osterländisch *Jans* ‚Gans', vogtländisch, westerzgebirgisch *Gahr* ‚Jahr', *Gung* ‚Junge'), dagegen fängt sie die Besonderheiten der lausitzischen *r*- und *l*-Artikulation nicht ein und kann vor allem auch nicht die unterschiedliche Art der Sprechmelodie, des Satz- und Wortakzents vor Augen führen. – Der für das gesamte Sächsische typische Zusammenfall von *p* und *b*, *t* und *d* zu stimmlosen Lenes (Schwachlauten) wurde zum Zweck der besseren Lesbarkeit in den Beispielsätzen nicht berücksichtigt und auch bei der Wiedergabe der Lautformen von Dialektwörtern nur dann, wenn auf diese Lauterscheinung besonders hingewiesen werden sollte (z. B. *Poblatsche*: *stell nur s Blum'deppel off de Pobelatsche!* Lautf.: *Bobbelaatsche*, *Bubbelaatsche*). Auch *g* und *k* fallen in der Stellung vor Konsonant zusammen; aber auch das wurde in der Schreibung nicht berücksichtigt. Nur die Besonderheit des Südwestosterländischen, der Gegend um Leipzig also, wo *g* und *k* auch vor Vokal zusammenfallen (*gerne* ‚Kerne, gern', *genn'* ‚können, kennen, gönnen') wurde in der Schrift wiedergegeben.

4. Zu den etymologischen Angaben

Am Ende eines Artikels stehen häufig kurze Bemerkungen zur Etymologie des Wortes, und obwohl dieses Wörterbuch kein primär etymologisches Nachschlagewerk ist, sollte damit ein Bedürfnis jener Benutzer befriedigt werden, die sich dafür interessieren, wo ein Wort eigentlich herkommt. Hier wurde ein heißes Eisen angefaßt, aber warum sollte man nicht den Mut dazu haben, wenn man doch weiß, daß viele Menschen ein Wörterbuch von der Art des vorliegenden deshalb in die Hand nehmen, weil sie Aufschluß über diese Fragen haben wollen. Diese berechtigte und verständliche Neugier läßt sich nicht in jedem Fall befriedigen; denn nicht alle Etymologien sind bekannt (z. B. *inzauicht, Zauke, Zäukchen, Zäuklein*). An einigen Stellen wurden neue etymologische Deutungen vorgeschlagen (z. B. *Bemme, dräuisch, Bauwerk, Perllein, Rohrbambus*), meist aber konnte auf Bekanntes, von der Wissenschaft Nachgewiesenes zurückgegriffen werden. Auf die Herkunft ist jedoch nicht konsequent bei allen Wörtern hingewiesen worden, sondern nur dann, wenn beim Leser eine Erwartungshaltung in dieser Hinsicht vermutet wurde.

Quehle und *Radebere*, *Agezucht* und *Pänert*, *pomale*, *Pomätscher* und *potscheremo*, *Remedien* und *Reprimande*, *Maium*, *Rebbach* und *Scheeks*: Altes germanisch-deutsches Wortgut steht neben lateinisch-mittellateinischem, slawischem, französischem und rotwelschem. Wörter können archaisch-„alteingesessen" sein, sie können schon früh über Sprachgrenzen hinweg entlehnt, von der bildungstragenden Oberschicht übernommen sein und dann in den Dialekten weiterleben. Jedes Wort hat sein eigenes Leben, seine eigene Geschichte; denn es hat eine ihm eigene Beziehung zur objektiven Realität, die sich wandelt, und ist zum andern eingebettet in ein sprachliches System, das sich ebenfalls im Laufe der Jahrhunderte verändert.

Abkürzungsverzeichnis

abwert.	abwertend	frz.	französisch
Adj.	Adjektiv	Fut.	Futur
adj.	adjektivisch	Geb.	Gebiet[e]
Adv.	Adverb	Gen.	Genitiv
ahd.	althochdeutsch	geogr.	geographisch
ähnl.	ähnlich	germ.	germanisch
Akk.	Akkusativ	Gesamtgeb.	Gesamtgebiet
allg.	allgemein	got.	gotisch
altsorb.	altsorbisch	hd.	hochdeutsch
Art.	Artikel	hebr.	hebräisch
Attr.	Attribut	idg.	indogermanisch
attr.	attributiv	Imp.	Imperativ
bair.	bairisch	Ind.	Indikativ
Bed.	Bedeutung	Inf.	Infinitiv
bes.	besonders	insbes.	insbesondere
best.	bestimmt	Interj.	Interjektion
Bsp.	Beispiel[e]	intervok.	intervokalisch
bzw.	beziehungsweise	intrans.	intransitiv
Dat.	Dativ	iron.	ironisch
ders.	derselbe	ital.	italienisch
d. h.	das heißt	Jh.	Jahrhundert
Dim.	Diminutiv	jidd.	jiddisch
EEGeb.	Elbe-Elster-Gebiet	jmd.	jemand
eigtl.	eigentlich	jmdm.	jemandem
engl.	englisch	jmdn.	jemanden
Erzg.	erzgebirgisch,	Komp.	Komparativ
	das Erzgebirgische	Konj.	Konjunktion
etw.	etwas	landw.	landwirtschaftlich
etym.	etymologisch	lat.	lateinisch
f.	Femininum	Laus.	lausitzisch,
flekt.	flektiert		das Lausitzische
fränk.	fränkisch	Lautf.	Lautform[en]

litspr.	literatursprachlich	obd.	oberdeutsch
Litspr.	Literatursprache	Oberlaus.	oberlausitzisch,
m.	Maskulinum		das Oberlausit-
männl.	männlich		zische
md.	mitteldeutsch	obersächs.	obersächsisch
Meißn.	meißnisch,	obersorb.	obersorbisch
	das Meißnische	Obj.	Objekt
mhd.	mittelhochdeutsch	od.	oder
mlat.	mittellateinisch	Osterländ.	osterländisch,
mndl.	mittelniederländisch		das Osterländische
N	Norden	Osterzg.	osterzgebirgisch,
n	nördlich (in Verbin-		das Osterzgebirgi-
	dung mit abgekürz-		sche
	ten geographischen	ostfäl.	ostfälisch
	Angaben, z. B.	ostfränk.	ostfränkisch
	nEEGeb. = nördli-	östl.	östlich
	ches Elbe-Elster-	Ostlaus.	ostlausitzisch,
	Gebiet)		das Ostlausitzische
n.	Neutrum	ostmd.	ostmitteldeutsch
nd.	niederdeutsch	Ostmeißn.	ostmeißnisch,
ndl.	niederländisch		das Ostmeißnische
Neulaus.	neulausitzisch,	Part.	Partizip
	das Neulausitzische	Pass.	Passiv
nhd.	neuhochdeutsch	Perf.	Perfekt
niedersorb.	niedersorbisch	Pl.	Plural
Nom.	Nominativ	poln.	polnisch
Nordbair.	nordbairisch,	präd.	prädikativ
	das Nordbairische	Präp.	Präposition
nördl.	nördlich	Präs.	Präsens
Nordmeißn.	nordmeißnisch,	Prät.	Präteritum
	das Nordmeiß-	Pron.	Pronomen
	nische	refl.	reflexiv
Nordoster-	nordosterländisch,	roman.	romanisch
länd.	das Nordoster-	rotw.	rotwelsch
	ländische	S	Süd[en]
O	Ost[en]	s	südlich (in Verbin-
ö	östlich (in Verbin-		dung mit abgekürz-
	dung mit abgekürz-		ten geographischen
	ten geographischen		Angaben, z. B.
	Angaben, z. B.		sVgtld. = südliches
	öSchrad. = östliches		Vogtländisch)
	Schradengebiet)	Schrad.	Schradengebiet

selt.	selten	Vgtld.	vogtländisch,
semant.	semantisch		das Vogtländische
Sg.	Singular	Volksetym.	Volksetymologie
slaw.	slawisch	volksetym.	volksetymologisch
sorb.	sorbisch	Vorerzg.	vorerzgebirgisch,
st. V.	stark flektiertes Verb		das Vorerzgebirgi-
städt.	städtisch		sche
Subj.	Subjekt	Vorvogtl.	vorvogtländisch,
Subst.	Substantiv		das Vorvogtländi-
subst.	substantivisch		sche
südl.	südlich	vorwieg.	vorwiegend
Südmärk.	südmärkisch,	W	West[en]
	das Südmärkische	w	westlich (in Verbin-
Südmeißn.	südmeißnisch,		dung mit abgekürz-
	das Südmeißnische		ten geographischen
Südost-	südostosterländisch,		Angaben, z. B.
osterländ.	das Südostosterlän-		wVgtl. = westliches
	dische		Vogtländisch)
Südwest-	südwestosterlän-	weibl.	weiblich
osterländ.	disch, das Südwest-	Westerzg.	westerzgebirgisch,
	osterländische		das Westerzgebir-
sw. V.	schwach flektiertes		gische
	Verb	westgerm.	westgermanisch
thür.	thüringisch	westl.	westlich
trans.	transitiv	Westlaus.	westlausitzisch,
u.	und		das Westlausitzi-
übertr.	übertragen		sche
Umg.	Umgangssprache	westmd.	westmitteldeutsch
umg.	umgangssprachlich	Westmeißn.	westmeißnisch,
unflekt.	unflektiert		das Westmeißni-
unregelm.	unregelmäßiges		sche
V.	Verb	westslaw.	westslawisch
urspr.	ursprünglich	z. B.	zum Beispiel
verbr.	verbreitet	zig.	zigeunerisch
Verbr.	Verbreitung	Zuss.	Zusammen-
verstr.	verstreut		setzung[en]
vgl.	vergleiche	→	Verweisungen

Aad f. ‚Elster (Vogel)‘ wWesterzg.

abäschern → *äschern*.

ab-drimo Interj. ‚fort!, weg!, los!‘ *Nu aber ins Bette! Ab-drimo!* – Etym. völlig unklar.

aber Konj. wie litspr.; im Vgtld., Westerzg. relikthaft noch in der Lautf. *oder*.

äber Adj. ‚frostfrei, schneefrei u. deshalb bearbeitbar (vom Acker-land)‘ veraltet, vorwieg. noch Oberlaus., Erzg., Vgtld.; *der Hausak-ker is schu ganz schie* (schön) *eber*. – Lautf.: *aber, äber, eber*; mhd. *æber* f. ‚Ort, wo der Schnee weggeschmolzen ist‘ ‚etym. wohl zu lat. *aprīcus* ‚sonnig‘.

Äber → *Erdbirne*.

abgenzern sw. V. ‚schlachten, töten‘ Osterländ., Meißn., Erzg., Vgtld.; *ich will heute zwee Karnickel abgentschern*. – Lautf.: *abgen[t]-schern*; wohl zu → *Genz* m. ‚altes, schlechtes Messer‘.

Abgereche n. ‚Strohabfälle, die nach dem Dreschen umherliegen; grobe Spreu‘ Vor-, Westerzg.

äbich Adj. **1.** ‚verkehrt herum; mit der falschen Seite nach außen (von Gewebtem, Gestricktem)‘ *du hast doch deine Jacke äbch an!* – **2.** übertr. ‚unwohl, übel‘ *mir is ganz äbsch in Maachen* (Magen). – Ein veraltetes, nur noch selten zu belegendes Wort; mhd. *ebich* ‚ab-, um-gewendet, verkehrt, böse‘; etym. zu *ab* gehörig (also eigtl. *ab-icht, ab-ig*).

abkrüppeln sw. V. ‚sterben, abkratzen‘ vorwieg. Osterländ.; *die-sen Winter wär'ch beinah abgekräpelt*. – Lautf.: *abgräbeln*.

abmarachen sw. V., refl. ‚sich abplagen, sich überanstrengen‘ Osterländ., Meißn.; *bei der Arweet hab'ch mich tichtch abmaracht*. – Wohl aus dem Rotwelschen, etym. zu jidd. *melochen* ‚arbeiten‘.

abnehmen st. V. neben den litspr. Bedeutungen auch ‚fotografieren' veraltet; *Liebesleute solln sich ni zesamm abnehm' lassen, da komm' se ni zesamm.*

abraffen sw. V. ,hinter dem Schnitter hergehen u. die abgehauenen Getreidehalme zu Garben bündeln und ablegen' (manchmal wird dazu ein *Abraffhaken* benutzt; die Tätigkeit wurde meist von Frauen ausgeübt), durch die Überwindung der alten Arbeitsweise nicht mehr im Sprachgebrauch.

Abscharre f. ,Durcheinander, Wirrwarr; Müll, Abfälle' Laus.; *das Zeug kannste alles in de Abscharre* (Müll) *schmeißen.*

ab-Seefe → *c'est fait.*

Abseite f. ,kleiner schuppenartiger Anbau an Haus od. Scheune' vorwieg. Ober-, Ostlaus.; *stell den Korb in de Abseite!* – Lautf.: *Ab[e]-seite.*

absolvieren → *observieren.*

Abteilung f. ,Scheitel (im Haar)' Laus., Meißn.; *deine Abteelche is ganz lähtsch* (schief). – Lautf.: *Abdeelche.*

Abzucht → *Agezucht.*

Achel f. (meist Pl.) ,die langen Grannen der Gerstenähre; die Gerstenährenspitzen' Südmärk., EEGeb., Osterländ., Schrad. – Etym. zu ahd. *aha* ,Ähre' gehörig. – Lautf.: *Hacheln* Pl., seltener *Acheln* Pl.

acheln sw. V. ,(viel u. schnell) essen' wNordosterländ. – Aus dem Rotwelschen; etym. zu jidd. *achlen* ,essen'.

Achtenkrutscher m. ,Kind, das in die 1. Klasse geht; Abc-Schütze' Südwestosterländ. – Die Bezeichnung geht darauf zurück, daß früher die 1. Klasse die „Acht" hieß.

Achterlein n. ,ein achtel Liter; eine kleine Menge Flüssigkeit' Westerzg., Vgtld.; *tu ner noch e Nachterle nei ins Gläsel!* – Lautf.: *Nachterle, Nächterle* (das anlautende *N*- ist aus dem unbestimmten Art. *ein* herübergezogen).

Ackerhaken m. ,Pflug; Gerät zum Pflügen' sOstmeißn.

ackern sw. V. ,pflügen' Südosterländ., Meißn., Laus., Erzg., Vgtld. (im übrigen Geb. gilt *pflügen*).

Ackerrädlein n. ,der vor dem eigentlichen Pflug befindliche Räderteil des Pfluges, auf dem der Pflugbalken aufliegt' öWesterzg., sOstmeißn., Westlaus.

Ackerwäglein n. Bed. wie → *Ackerrädlein;* Osterzg.

Adelhätsche f. ,Elster (Vogel)', nVgtld. – Lautf.: *Adelhatsch, -hätsch.*

ädern sw. V. ‚wiederkäuen' Südmärk., EEGeb., Nordosterländ., Schrad. – Die etym. Herleitung läßt mehrere Möglichkeiten offen: ahd. *itaruchen,* mnd. *ed[d]erkouwen* od. mndl. *ederecken.*

adieu! Interj. ‚auf Wiedersehen!' (Abschiedsgruß), veraltet, noch bis etwa 1920 von Mundartsprechern gebraucht; *hadjee, un komm bal mah wieder! –* Lautf.: *adjee, adchee, hadchee;* Fremdwort, frz. *adieu* eigtl. ‚zu Gott'.

adjustieren sw. V., refl. ‚sich ankleiden, anziehen' veraltet, relikthaft noch Vgtld., Oberlaus.; *wie haste dich denn heute wieder ahschustiert!* – Lautf.: *ahschusdiern;* Fremdwort, frz. *ajuster* ‚sich (dienstmäßig) ausrüsten, kleiden'.

Advokat m. ‚Rechtsanwalt' veraltet; *der schreibt wie so e Affegat.* – Lautf.: *Aff[e]gad, Abfegad, Uffgade* u. andere.

affen sw. V., refl. ‚sich zieren, vornehm tun' veraltet; *wie die sich widder afft mit ihrn nei'n Kleede!*

After n. ‚beim Dreschen abfallende Spreu' Ostlaus.

Age f. (meist Pl.) ‚Abfälle beim Brechen des Flachses' mit dem Niedergang des Flachsanbaus ausgestorben, relikthaft noch Vgtld., Erzg. – Lautf.: *Ohng, Nohng, Ahng, Orn, Arnen;* schon mhd. *agen[e]* ‚Spreu'.

Agezucht f. ‚Schleuse (für das Abfließen des Hauswassers); Jauchenrinne' Vgtld., Erzg., Laus. – Lautf.: *Ab-, Ah-, An-, Eizucht.* – Es handelt sich um eine alte Entlehnung aus dem Romanischen: lat. *aquae ductus* ‚Leitung des Wassers'.

Ahle f. wie litspr. ‚Werkzeug zum Durchstechen u. Belochen des Leders' Meißn., Laus., Erzg., Vgtld. (im übrigen Geb. → *Pfrieme*), im Erzg., Vgtld. häufig auch *Schuhahle.*

Ahlewand, Ahnewand → *Anwand.*

Ahzucht → *Agezucht.*

akkurat Adj. **1.** ‚sauber, gewissenhaft, sorgfältig' *mach nur deine Arweit racht akkerat!* – **2.** ‚gerade, ausgerechnet' *mußte denn akkerat itze* (jetzt) *kumm'!; du bist akkerat su wie dei Vater!* – Fremdwort, lat. *accuratus* ‚sorgfältig'.

äksern sw. V. ‚jmdn. necken, verspotten, ärgern' vorwieg. Vgtld.; *ihr wollt mich doch bluß äkstern!* – Lautf.: *äcksdern.*

Albschwanz m. ‚einfältiger, dummer Kerl; Narr' Laus., öOstmeißn.; *off das Gequatsche von dan Albschwanz kannste nischt gahm* (geben).

Alkoven m. ‚abgetrennter, fensterloser Schlafraum; Bettnische‘ veraltet; Fremdwort, aus dem Französischen entlehnt, *alcôve* ‚Schlafraum‘.

allehaufe Indefinitpron. ‚alle zusammen, alle Mann‘ Südmärk., EEGeb., Osterländ., Schrad., Nordmeißn.; *da seid ihr ja allehuppe oo mit derbei; allehope standen off'n Hofe beinander.* – Lautf.: *allehope, allehuppe, allehofe.*

allemeinetage Adv. ‚während meines ganzen Lebens; schon von jeher; immer‘ Westerzg., Vgtld.; *das is schuh allmeitog su gewasn.* – Lautf.: *allmeidog.*

allend[ig]en Adv. ‚überall, allerorten‘ vorwieg. Laus., Meißn., Osterländ.; *alleng'leit* (liegt) *Zeug rim; heute gibt's allendchen viel ze tun.* – Lautf.: *alleng, allenk, allendchen* (entstanden aus *allend-[ig]-en*; → *Ende*).

alleweile Adv. ‚schon seit längerer Zeit u. noch immer andauernd; fortwährend u. auch jetzt; zur gegenwärtigen Zeit‘ *das is schun alleweile har; meine Grußmutter hat alleweile gesaacht, mer soll hibsch freundlich sein; alleweile kann'ch s ni machen, aber morchen.*

allzuhand Adv. ‚gerade, gleich, sofort‘ Vgtld.; *komm ner ost emoll rei!* – *Lautf.: ost* (entstanden aus mhd. *al-zehant* ‚allsogleich‘, eigtl. „allzuhand“).

Alme[t] f. urspr. ‚(Wand-)Schrank zum Aufbewahren der Lebensmittel, Küchenschrank‘, später ‚Brotschrank‘, jetzt nur noch relikthaft im Westerzg., Vgtld. bekannt. – Lautf.: *Alm[ed], Olm[ed], Ulm[ed]*; es handelt sich um eine alte Entlehnung aus dem Romanischen, mlat. *almaria*, lat. *armarium* ‚Schrank‘ (eigtl. ‚Waffenschrank‘).

alterieren sw. V., refl. ‚sich heftig ärgern, sich aufregen‘ *wenn'ch mich nur ni so alteriern tät ieber den Quatsch!* – Fremdwort, lat. *alterare* ‚anders machen‘.

amende Adv. ‚vielleicht‘ in den Mundarten noch sehr lebendig; *ich komm emende widder; das hab'ch amende vergassen.* – Lautf.: *amende, emende, amenge, emenge.*

Ämmerling m. ‚Goldammer (Vogel)‘ Vgtld., Westerzg. – Lautf.: *Ammerlich, Ämmerlich.*

Amse f. ‚Ameise‘ vorwieg. Laus. – Lautf.: *Omse, Amse, Umse.*

ande Adv. in den Fügungen *mir ist es a., mir tut es a.* ‚ich sehne mich nach etw., mir ist es weh ums Herz, ich habe Heimweh‘ vorwieg.

Vgtld., Westerzg., seltener auch sMeißn., sLaus.; *wenn ich ohmds in Bett lieg, tut's mer and; mir tut's noch and nach meiner Grußmutter.* – Schon mhd. *ande* ‚schmerzlich, unleidlich' (*mir tuot ande nâch…*), etym. wohl zu *ahnen.*

ander Indefinitpron. interessant ist hier die im Vgtld., Westerzg. noch erhaltene Fügung *zewanner* (aus *zu ander*) ‚zu zweit', in der sich die urspr. Nebenbedeutung von *ander* ‚der zweite' gehalten hat; *mer giehn zewanner; das mach' mer zewanner.*

Andreasabend m. ausgestorbener alter Volksaberglaube: Am Abend des Andreastages (29. November) riefen die jungen Mädchen den heiligen Andreas an, ihnen den Liebsten zu zeigen od. erscheinen zu lassen:

> *Heiliger Andreas, ich bitte dich, / laß mir im Traum erschein' /*
> *den Herzallerliebsten mein! / Heiliger Andreas, gib mir ze ver-*
> *stiehn, / ob ich krieg' een' oder keen', / wie un was er is, / sag*
> *mir, heiliger Andreas!*

anfünken sw. V. ‚etw. anzünden, Feuer machen' Südmärk., EE-Geb., Nordosterländ.; *ich wer' mer glei ne Feife anfinken.* – Lautf.: *anfinken, anfenken.*

Angemenge n. ‚gemengtes Futter, Kraftfutter fürs Vieh'.

Angewand f. ‚der Streifen am Ende eines Feldes, auf dem der Pflug gewendet wird u. der dann am Ende rechtwinklig zu den anderen Furchen gepflügt wird; Pflugwende' vorwieg. Nordmeißn.

Angewende n. Bed. wie → *Angewand*; vorwieg. Ost-, Südmeißn.

Angst f. urspr. wohl im Gesamtgeb. ‚körperlicher Schmerz'; diese Bedeutung hat sich relikthaft in Zuss. wie *Kopf-, Zahnangst* gehalten (vorwieg. noch Osterzg., sOstmeißn., Oberlaus.); dagegen galt für das, was wir heute mit *Angst* (etym. zu *eng* gehörig) meinen, die Bezeichnung *Furcht.*

anheißen st. V. ‚jmdm. etw. befehlen, etw. anordnen' veraltet; *der Vorstand hat's angeheeßen.*

anhosen sw. V., refl. ‚sich anziehen', vor allem aber ‚sich merkwürdig, auffallend, liederlich, geschmacklos kleiden' *wie haste dich denne heite widder angehost?*

anhübschen sw. V., refl. ‚sich ordentlich u. hübsch kleiden' vorwieg. Meißn., Laus., Osterländ.; *tu dich nur erscht noch anhibschen, wenn de willst ze Balle giehn!*

ankehre Adv. in den Fügungen *de Tiere ankehre machen, die Tiere is*

ankehre ,die Tür anlehnen, ist angelehnt' wEEGeb., wNordosterländ.; gehört zu *kehren* ,drehen, wenden'.

Anmang m. Bed. wie → *Angemenge*; Ostmeißn., Westlaus.

Anmenge f. Bed. wie → *Angemenge*; Osterländ.

Anmengsel n. Bed. wie → *Angemenge*; Ober-, Ostlaus., sOst-,
Südmeißn., Osterzg.

Anreim[el] m. ,Rauhreif' Erzg., auch als Verb: *es is alles su schieh*
(schön) *ohgereim[el]t.* – Lautf.: *Ohraum, Onraum, Oh-, Ahreimel.*

anscheuseln sw. V., refl. ,sich auffallend u. merkwürdig kleiden;
sich verkleiden' Meißn., Laus.; *na, wie haste dich bluß heute angescheu-
selt, so gieh'ch ni mit dir.* → *Scheusel.*

Anschiebling m. ,kleiner schuppenartiger Anbau an Haus od.
Scheune' Meißn., Laus., Erzg., Vgtld. – Lautf.: *Ah-, Anschiebelch.*

Anstecker m. (meist Pl.) ,wollene, gestrickte Pulswärmer' sOstmeißn., sWestlaus.; *bei sicker* (solcher) *Kälte mußte Anstecker anziehn.*

ant-tun → *ande.*

Anwand f. Bed. wie → *Angewand.* – Lautf.: *Anwand, Ahnewand*
Laus., Ost-, Westmeißn., Osterzg., nVgtld., *Ahlewand* Vorvgtld.,
Vorerzg., Südmeißn., *Ahwand* Westerzg.

Anzeichen n. nach ehemals weit verbreitetem Aberglauben ,Vor-
zeichen für ein nahe bevorstehendes Unglück', bes. ,Zeichen für
den nahen Tod eines Familienmitglieds' als solche Zeichen werden
z. B. angesehen: das Stehenbleiben einer Uhr, ein unerklärliches
Geräusch; *der is stermskrank, un Anzeechen hat's oo schun gegehm.*

anziehen st. V. neben den litspr. Bedeutungen früher auch ,den
Dienst antreten bei einem Bauern (vom Gesinde)' mit der Ände-
rung der gesellschaftlichen Verhältnisse ausgestorben; *frieher wurde
ze Ustern oder ze Neujahr angezoochen, das warn de Anziehtaache; deine Leute
sin wuhl noch gar ni ahngezohng?*

Anzucht → *Agezucht.*

äpfeln sw. V. ,schnell gehen, rennen, sich beeilen' *da mußte aber äppeln, wenn de das noch schaffen willst!* – Lautf.: *äbbeln.*

Arfel → *Armvoll.*

arg Adj. **1.** ,böse, schlimm' *wenn's su tobrich* (schwül) *draußen is, sin
de Fliechen arch; das war e arch Ding!* – **2.** als Ersatzwort für ,sehr, heftig' bes. häufig im sVgtld., Oberlaus.; *s war e arches Sauwatter; der
Reeng* (Regen) *war doch zu arch!* – Lautf.: *arg, arch,* Laus. auch *irg, irch.*

ärgern sw. V. neben den litspr. Bedeutungen im Laus., sOstmeißn. auch ‚sich härmen, sich grämen, sich seinem Kummer hingeben‘ *se ärgert sich su, daß ihr Mann gestorm is.*

ärmlich Adj. ‚unwohl, kränklich; schwächlich‘ Meißn., Laus.; *bei der Hitze werd's mir ganz ärmlich; euer Kleener is cha e ärmliches Kerlchen!*

Armsäule f. ‚Wegweiser‘ im Gesamtgeb. außer Vgtld., Erzg.; *kumm nur ma mit bis an de Armsäule, da find'ch mich alleene.*

Armstecker m. (meist Pl.) Bed. wie → *Anstecker*; öVgtld., wWesterzg.

Armvoll f., selten m. od. n. ‚ein Arm voll, eine ansehnliche Menge‘ (z. B. auch eine Gabel voll Heu od. Getreide); *breng ma enne Arvel Struh mit aus der Scheune!* – Lautf.: *Arfel.*

arne → *irgend.*

arrivieren sw. V. ‚sich ereignen, geschehen‘ vorwieg. Vgtld., Erzg.; *was glaabt ihr, was mir da arreviert is!; s werd doch net gleich ewos arrefiern!* – Fremdwort, frz. *arriver* eigtl. ‚ankommen‘.

ärschling[s] Adv. ‚verkehrt herum, umgedreht, rückwärts‘, übertr. auch ‚verkehrt, falsch‘ *ich hau dich ärschlch zur Tiere naus!; s gibt kenn Menschen, der gar nischt ärschelch macht.*

Arschmarter f. (meist Pl.) ‚Sorge, Angst, Unruhe, Aufregung‘ veraltend; *hast woll Arschmartern, daß de ze spät kimmst?*

artlich Adj. ‚ungewöhnlich, eigenartig, sonderbar‘ Vgtld., Erzg., Laus., sMeißn.; *das is e artlicher Kerl; s gibt ehm artliche Dinge off der Welt.*

Asch m. ‚größeres (tönernes) Gefäß, Schüssel‘ veraltet; *frieher ham mer de Milch glei in' Asch gegossen.* – Etym. zu *Esche* gehörig, was darauf schließen läßt, daß das Gefäß urspr. aus Eschenholz war.

äschern sw. V. ‚außer Atem kommen, sich beeilen, schnell arbeiten‘, häufig auch *sich abäschern* ‚sich abhetzen‘ *du brauchst dich doch ni so abzeäschern, mach hibsch langsam!* – Lautf.: *äschern, äschbern*; etym. wohl zu *Asche*, nämlich urspr. ‚Wäsche in (Asch-) Lauge einweichen; beizen‘.

Aschkuchen m. ‚der in einer runden, hohen Form (früher aus Ton, jetzt aus Blech) gebackene Kuchen‘ Vgtld., wWest-, Vorerzg., Vorvgtld., Westmeißn., wOsterländ., EEGeb., Südmärk. (im übrigen Geb. → *Bäbe*).

ästimieren sw. V. ‚schätzen, achten, würdigen‘ *der tat unser Geschenk gar ni richtch ästimiern.* – Fremdwort, lat. *aestimare*, frz. *estimer* mit gleicher Bed.

Atel m. ,Jauche' Vgtld., sWesterzg. – Lautf.: *Odel*; altes deutsches Wort, wohingegen → *Jauche* aus dem Slawischen entlehnt ist.

auf Präp. neben den litspr. Verwendungsweisen im Vgtld., Westerzg. auch ,nach' als Richtungsangabe, wenn eine Ortsbezeichnung folgt: *mer machen* (fahren, begeben uns) *heit emoh af Plaue* (Plauen).

aufdröseln sw. V. ,(etw. Gestricktes) auftrennen' vorwieg. sOstmeißn., Osterzg.; *den Strump kannste mah offdrieseln.* – Lautf.: *offdrieseln, -drieseln, -druseln*; etym. wohl zu *drehen* gehörig.

aufhalten st. V. neben den litspr. Bedeutungen auch ,aufhören' *s hat aufgehalten mit räächen* (regnen); *nu halt endlich auf mit dein' Quatsch!*

aufstücken Adj. (meist adverbial od. präd.) ,entzwei, kaputt' Osterzg., Ostmeißn., veraltet; *der Topp is offsticken gegang'*; *das ahle Kuppchen* (Tasse) *is nu uffsticken.* – Die alten mundartlichen deutschen Wörter *entzwei, aufstücken* sind von dem Fremdwort *kaputt* verdrängt worden.

aufstützig Adj. (nicht attr.) ,stutzig, aufmerksam' Vgtld., Erzg., sOstmeißn., Oberlaus.; *wie'ch das hurrte* (hörte), *wurd'ch uffstitzch.*

auftriefeln sw. V. Bed. wie → *aufdröseln*; Vor-, Westerzg.

auftroddeln sw. V. Bed. wie → *aufdröseln*; EEGeb., Osterländ., Nordmeißn.

auftrudeln sw. V. Bed. wie → *aufdröseln*; Westmeißn., Vorvgtld., nVgtld.

aufwaschen st. V. ,Geschirr säubern' *mer muß ehm cheden Taach paarmah offwaschen.*

aufzwicken sw. V. ,schnell losmarschieren, kräftig ausschreiten' Vgtld., Westerzg.; *frieh im fimfe sei mer aufgezwickt.*

Augen[aus]stecher m. ,Libelle' Meißn., Erzg. – Diese Wortbildung beruht auf einer falschen volkstümlichen Vorstellung, sie ist heute fast ausgestorben.

Augenbräme f. ,Augenbraue' Südmärk., EEGeb., Nordosterländ.

Augenbraue f. wie litspr., Südosterländ., Meißn., Laus., Vgtld.

Augenhaar n. ,Augenbraue' Erzg.

ausbaldowern sw. V. ,auskundschaften, herausbekommen' *na, hastes nu endlich ausbaldowert?*; *mah sehn, wie mer das ausbaldowern kenn'* (können). – Aus dem Rotwelschen, etym. zu hebr. *bal-dowor* ,Herr der Erkundigung'.

Ausbund m. ,wildes, übermütiges, freches Kind' *was hast du alter Ausbund hier schun wieder gemacht!*

ausdemeinen Adv. ‚auseinander' öSüdmärk., öEEGeb., öNordosterländ.; *nu tuck mich ja nich das bißjen Glut ausneen kricken* (schieb mir
nicht das bißchen Glut auseinander)!; *da kann bloß s Bräht* (Brett)
ausneen geleimt sein; der kricht doch de Zähne nich auseneen'. – Lautf.: *auseneen, ausneen.*

Ausgedinge n. ‚vereinbarte Sonderrechte für die alten Leute, die
ihren Bauernhof bereits den Nachfolgern überlassen haben, u. zwar
der Wohnraum, der diesen alten Leuten zur Verfügung gestellt
wird, aber auch Naturalien, Feldbestellung, Gerätemitbenutzung
für sie' vorwieg. Laus., aber durch die Veränderung der sozialen
Verhältnisse nicht mehr üblich; *unser Suhn hat de Wirtschaft, wir Ahln
sen uff'n Ausgedinge; zun Ausgedinge krieg'ch in Monate anne Kanne* (= 4
Stück) *Butter.* – Die alte Bedeutung von *Ding* ‚Gericht, Rechtssache'
ist hier noch erkennbar.

ausheißen st. V. ‚jmdn. mit groben Worten schelten, ausschimpfen' *nee, wie der ahle Gemeendediener uns Kinder manchmah ausgeheeßen hut!*

ausnähen sw. V. **1.** ‚verprügeln' *wenn de de gruße Gusch hast, war'ch*
(werde ich) *dich mol richtch ausnehe!* – **2.** Part. Perf.: *ausgenäht* ‚ver-
schlagen, hinterhältig, durchtrieben' *su e ausgenehter Dingerch, wie das
is!* – Vgtld., Westerzg.

ausrußen sw. V. ‚jmdm. Schaden zufügen, jmdm. eins auswi-
schen, jmdn. übervorteilen, betrügen', aber auch ‚sich Schaden zufügen, sich weh tun, sich verletzen' *mit den Pflanzen ham se mich awer
ausgerußt, lauter kleene sin's; ich hab mich tichtch ausgerußt mit der Garten-
schere.*

ausstopfen sw. V. ‚jmdn. necken, foppen, ärgern' Laus., Ostmeißn.; *du kannst weiter nischt wie de Leute ausstoppen!*

auswärts Adv. *auswärts gieh* (gehen) ‚Frühling werden' veraltet,
Vgtld.; hier steckt wohl die Vorstellung dahinter, daß das Jahr sei-
nem Höhepunkt zustrebt (wenn das Jahr *einwärts* geht, dann wird es
Herbst u. Winter).

auswinden st. V. ‚mit den Händen das Wasser aus der nassen
Wäsche pressen' Vgtld., Erzg., Ostmeißn., Laus.

auswringen st. V. Bed. wie → *auswinden*; Südmärk., EEGeb.,
Osterländ., West-, Nordmeißn.

auszahlen sw. V., refl. ‚sich (erheblich) körperlich verletzen'
Mensch, gestern hab'ch mich aber ausgezahlt bei'n Hulzhacken!

Auszug m. ‚der Wohnraum, der nach vertraglicher Vereinbarung den alten Besitzern von den Nachfolgern auf einem Bauernhof zur Verfügung gestellt wurde' Gesamtgeb. außer Laus. (dort gilt → *Ausgedinge*); *iebers Chahr wull'mer offhiern met wertschaften, do ziehn mer off'n Auszug.*

autern sw. V. ‚lärmen, laut schimpfen' Vgtld.; *horch ner, wie de Kinner daun* (draußen) *autern!*

Azucht → *Agezucht.*

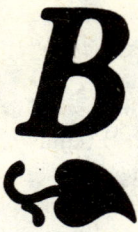

Bäbe f. Bed. wie → *Aschkuchen*; Vor-, Ost-, öWesterzg., Ostmeißn., Schrad., Laus. – Altes Lehnwort aus dem Slawischen, obersorb. *baba* ‚alte Frau; Aschkuchen‘.

babeln sw. V. ‚gemütlich plaudern, sich oberflächlich u. harmlos
unterhalten‘ vorwieg. Meißn., Laus., dazu auch *Gebabel, Babelei*;
sein Babelchen machen; de Weiber off der Straße ham wieder was ze babeln.

Babrensch, Babsch → *Paprosch*.

Babuschen Pl. ‚weiche Haus-, Filzschuhe‘ veraltend; *meine Babuschen stiehn unner der Ufenbank.* – Lautf.: *Babuschen, Bambuschen*;
Fremdwort, frz. *babouche*.

Bacchus m. ‚kräftiges, strammes, dickes Kind‘, auch ‚großer, kräftiger, dicker Mann‘ veraltend; *der Kleene hat sich aber rausgemacht, das
is e richtcher Bachus geworn.* – Lautf.: *Bachus, Backus*.

bächten sw. V. ‚Stroh, Heu, Gras, Futter aus Unachtsamkeit verlieren; Futter verschwenden; Essen vergeuden; mit etw. wüsten‘
vorwieg. Meißn., Laus.; *iebern ganzen Huf haste mit’n Struh gebächt‘.* –
Etym. zu mhd. *bäht* ‚Unrat, Kehricht‘.

Bachter m. Bed. wie → *Bacchus* u. wohl auch etym. zu diesem
Wort gehörig.

Bäcke m. ‚Bäcker‘ veraltet; *ich gieh zen Bäck.* – Lautf.: *Bäck, Bäcke*.

Backenbirnen Pl. ‚gebackene, getrocknete Birnen, die man für
den Winter aufhob‘ (sie konnten dann aufgequellt, gekocht u. zu
Mus verarbeitet werden), nicht mehr üblich.

Backenbirnenmännchen, -lein n. ‚kleines, schmächtiges Männ-
chen‘ *das is so e Backenbern’männel un hat so ne dicke, fette Frau!*

Backs m. ‚Gericht aus geriebenen gekochten Kartoffeln, etw. Salz,
Zucker u. Mehl, mit wenig Fett in Pfanne od. Tiegel gebraten‘ vorwieg. Vorvgtld., Vor-, Westerzg.

Bademutter f. ‚Hebamme‘ Ober-, Ostlaus.

33

Badschaf n. ‚einfältiger, gutmütiger Mensch, der von anderen ausgenutzt wird‘ Vgtld., Erzg.; *ihr denkt wuh* (wohl), *iech bie eier Bodschof?*

Bagage f. ‚Pack, Gesindel‘, insbes. ‚Horde frecher Kinder‘ *die ganze Bagaasche rannte hinner mir her.* – Fremdwort, frz. *bagage* ‚Heerestroß‘; volksetym. häufig an *Pack* angelehnt.

bähen sw. V. **1.** ‚durch Wärme, warme Dämpfe Schmerzen lindern, Entzündungen heilen‘ *ich hab schon tichtch gebäht, aber mei Finger werd ni besser.* – **2.** ‚Brot rösten‘ *dreiches* (trockenes) *Brut schmeckt besser, wenn's gebeht is.* – Lautf.: *bähn, behn*; mhd. *bæhen* schon mit derselben Bedeutung.

Bähnert → *Pänert.*

Balbier → *Barbier.*

Ballmiezel → *Palmmiezchen.*

Bambe → *Pampe.*

Bambel → *Pampel.*

Bambes → *Pamps.*

Bambuskeule f. ‚Rohrkolben‘ Südmärk., EEGeb., Nordosterländ., Schrad. – Am häufigsten in der Lautf. *Bumskeile*, die auf volksetym. Verstümmelung von *Bambus-* beruht.

Bamme → *Bemme.*

Band n. neben der litspr. Bedeutung auch als Schimpfwort für ‚altes, nutzloses Tier‘ od. ‚alte Frau‘; *Das ahle Band! Wenn die kimmt, hab'ch schun genung!*

Bänert → *Pänert.*

bange Adj. (nur präd.) **1.** wie litspr., ‚angstvoll, Angst habend‘ *in Finstern is mer ganz bange.* – **2.** ‚dunstig, schwül (vor einem Gewitter)‘ *heute is' richtch bange draußen.* – Lautf.: *bang[e], bande.*

Bankhader m. ‚Scheuertuch‘ (eigtl. ‚Tuch zum Abwischen der Bänke, Tische u. Stühle‘) Laus.; *gib mer mah n Bankhader, ich hab Milch vergussen!*

Banse f., **Bansel** f., **Bansen** m. ‚Speicherraum für Heu, Stroh, Getreidegarben in der Scheune (meist links u. rechts neben der Tenne)‘, hierzu auch das Verb *banse[l]n* ‚etw. in die Scheune einlagern‘ die Wörter veralten heute, sind auch unter der bäuerlichen Bevölkerung kaum noch lebendig.

Banselhahn m. *du hast den B. erschlagen*, sagte man zu dem, der beim Flegeldreschen den letzten Schlag machte, u. der mußte dann für die Drescher etw. spendieren; veraltet, West-, Südmeißn., Vor-, Osterzg.; → auch *Humpsch* und *Hacksch 4.*

Banselräumer m. wenn der Flegeldrusch beendet u. die *Banse* leer war, schickte man einen Unerfahrenen zum Nachbarbauern, um den B. zu holen. Diesen B. gab es natürlich gar nicht, u. der Nachbar packte irgend etw. Schweres u. Unhandliches (z. B. Steine) in einen Sack, womit sich der Neuling dann abschleppte. – Meißn., Laus.; → auch *Flegelschrape.*

Banster → *Panster.*

Bärbelie → *Parapluie.*

Barbier m. ‚Friseur, Haarschneider‘ veraltet; *heite muß'ch noch zen Balwier.* – Lautf.: *Balwier;* Fremdwort, frz. *barbier* aus mlat. *barbarius* ‚Bartscherer‘.

Bärdel → *Beerlein.*

Bärlatsch m. **1.** (meist Pl.) ‚ausgetretene, dicke Filz-, Hausschuhe‘ *ich setz mich an Ufen un zieh de Bärlatschen an.* – **2.** übertr. ‚schwerfälliger, ungeschickter Kerl; Tolpatsch‘.

bärlen → *brüllen.*

barmen sw. V. ‚klagen, jammern‘, häufig auch *Gebarme; du hast aber oo egal was ze barm'!*

bärscheln, bärschen sw. V. (mundartlich nicht immer refl.!) ‚sich aufplustern, das Gefieder sträuben, sich sträuben‘, auch ‚sich wichtig machen, angeben‘, sehr häufig *sich aufbärsche[l]n;* Laus., öOstmeißn.; *de Kinder bärschen'ch ban* (beim) *Waschen; wie der sich bloß bärschtelt, damit er gesehn werd!* – Lautf.: *bährsche[l]n, bärsche[l]n, bärscheln;* wohl ein slaw. Lehnwort, etym. zu niedersorb. *peršyš* ‚prahlen‘.

Bärtel → *Beerlein.*

Basch m. od. n., **Baschel** n. ‚(kleines) Schwein, Ferkel‘, meist als Lockruf: *basch-basch-basch;* Osterländ., Meißn., Osterzg. – Etym. wohl weder zu niedersorb. *baś* ‚verschnittener Eber‘ noch zu → *Petze* ‚weibl. Hund‘ gehörig.

Baßblich, Baßbrich → *Paßprich.*

Bastardrasse f. ‚Mischrasse‘ (z. B. bei Kaninchen) *ich hab nischt Besonnersch, bluß Basterrasse.* – Lautf.: *Básderrasse* mit volksetym. Anlehnung an *Pastor.*

Bataille f. ‚Mühsal, Plage, schwere Arbeit‘, auch ‚Kampf‘ (bes. in *Schneebataille* ‚Schneeballschlacht‘), *so e Umzug is ne tichtche Batallche.* – Fremdwort, frz. *bataille* ‚Schlacht, Kampf‘.

bataillen sw. V. ‚schwer arbeiten, schwere Lasten schleppen‘, häufig auch *Bataillerei; mer ham die ganzen Kisten off'n Boden batallcht.*

Batterle → *Perllein.*

Bauer[n]wezel m. ‚Ziegenpeter, Mumps‘ Laus.; *mei kleener Bruder hat'n Bauerwäzel.* – Etym. wohl zu *Warze[l].*

Baumel f. ‚Schaukel‘ West-, Südmeißn.

Baumhacker m. ‚Specht (Vogel)‘ Süd-, sOstmeißn., Osterzg.

Bauwerk n. ‚eingebautes (Holz-)Regal, Brettergestell, Schuppen, Bude, baufälliges Haus, altes Bett‘ *hau s Hulz glei in de Buwerzche; in der alten Bufferzche mecht'ch ni wohn‘.* – Lautf.: *Bubberzche, Bufferzche, Boberzche, Bower, Bowerch[e]* u. andere. – Das Wort hat lautlich u. bedeutungsmäßig enge Berührungen mit → *Poblatsche,* so daß heute eine exakte Trennung dieser beiden Wörter kaum möglich ist. Die mannigfaltigen Lautf., die in den Mundarten vorkommen, lassen sich aber wohl nur erklären, wenn man von zwei Ursprungswörtern ausgeht: *Poblatsche* (eine frühe slaw. Entlehnung) u. deutsch *Bauwerk,* wobei Wortbildungen auf -*werk* in den Dialekten sehr verbreitet sind.

bechten → *bächten.*

bedeppert Adj. ‚betroffen, kleinlaut, verdutzt, überrascht‘ *mer standn alle beede ganz bedeppert da.* – Etym. nicht klar; eventuell zu *toben,* → *töbern.*

Bee[je]eis → *Biegeeis.*

Beerlein n. ‚kleine wild wachsende Pflaume‘ Vorvgtld., Vor-, Westerzg.; metaphorische Bezeichnung (motiviert durch die geringe Größe); allerdings wird der etym. Zusammenhang mit *Beere* nicht mehr erkannt wegen der schwer zu durchschauenden Lautf.: *Berdel, Bardel.*

Begebenheit, Begebung f. ‚Aufhebens, Umstände, Wesen‘ *nu macht nur nich so ne Begehmheet dadraus!* – Lautf.: *Begähmheed, Begahmheed; Begähbche, Begahbche.*

Begrabe f. ‚Beerdigung, Begräbnis‘ wEEGeb., wNordosterländ.; *zur Begrabe geht mer nich in bloßen Koppe* (ohne Kopfbedeckung).

behaben unregelm. V., refl., in der Fügung *sich nicht b. können* ‚keine Bewegungsfreiheit haben‘ Laus., öOstmeißn.; *in der neuen Chacke kann'ch mich noch gar ni behan.*

Behelfchen n. in der Fügung *sich ein B. machen* ‚einen Vorwand erfinden, der dazu helfen soll, eine Absicht zu verwirklichen‘ Meißn.;

das neue Haus wollt'ch unbedingt mah von drinne sehn, da hab'ch mer mah e Behelfchen gemacht.

behen → *bähen.*

bei Präp. wie litspr., aber im Südmärk., EEGeb., Osterländ., Schrad. u. auch nMeißn., nLaus. mit Akk. in der Bedeutung ‚zu': *kumme mah bei mich!; eire Hihner kumm' dauernd bei uns.*

beigleichem Adv. in der Fügung *jmdn. b. lassen* ‚jmdn. in Ruhe lassen' Meißn., Laus.; *nu laß mich endlich beigleichen, ich will schlafen!*

Beikästchen, -lein n. ‚an der Schmalseite der → *Lade* (od. Truhe) angebrachtes Kästchen für die Aufbewahrung wichtiger u. kostbarer Kleinigkeiten (z. B. Briefe, Schmuck, Gesangbuch)'; veraltet.

belemmern sw. V. ‚jmdn. hereinlegen, täuschen, betrügen' *paß off, die wolln uns belemmern!*; häufig im Part. Perf.: ‚betrüblich, enttäuschend, beschissen' *mit der Gesundheet sieht's bei mir belemmert aus.* – Aus dem Niederdeutschen, etym. zu *lähmen, lahm.*

Bello m. ‚schwerer, großer Hammer' sOstmeißn.

Bemme f. ‚bestrichene Brotscheibe; zwei zusammengeklappte, beschmierte Scheiben Brot' *mach mer nur noch paar Bemm' for de Reese!; eene Bemme tät'ch schon nuch assen.* – Häufig auch in Zuss., z. B. *Butter-, Quark-, Wurstbemme.* – Lautf.: *Bemme, Bamme.* – Zur Etymologie dieses Wortes gibt es eine umfangreiche Literatur. Lange Zeit wurde es als Entlehnung aus dem Slawischen angesehen (*pomazka* ‚beschmierte Schnitte Brot'). Jedoch sowohl die Lautung als auch die Verbreitung des Wortes (bis ins Gebiet des Rheinlandes) sprechen gegen seine slaw. Herkunft. Viel eher leuchtet eine Herleitung aus dem Niederländischen ein: ndl. *boterham*, Pl. *boterhammen* ‚Schnitte Brot mit Butter, zwei aufeinanderliegende Butterschnitten'. In den rheinischen Dialekten hat sich diese Zus. (*boterham[e]*, wobei das Grundwort eigtl. ‚hinteres (herabhängendes) Teil (z. B. an der Sense); Hinterschenkel, Schinken' bedeutet) – sicherlich als Kinderwort – zu *Bamme, Bemme* entwickelt u. ist von dort mit den Siedlern bis zu uns gelangt.

Benehmung f. **1.** ‚Anstand, gutes Benehmen' *du hast doch kee bissel Benahmche!* – **2.** ‚Mädchenpensionat' veraltet; *dich wer'mer in de Stadt off de Benehmche schicken.* – Lautf.: *Benähmch[d]e, Benahmch[d]e.*

benümen sw. V. ‚jmdn. (beim Namen) nennen, erwähnen' *ich bin gar ni beniemt worn.* – Lautf.: *beniem';* mhd. *benüemen* ‚mit Namen nennen'.

Berl → *Perl.*

bernsch → *pirnaisch.*

berzen → *bürzen.*

beschicken sw. V. ‚das Vieh im Stall versorgen (füttern, tränken, melken)‘ vorwieg. Meißn., sOsterländ.; *unser Vieh beschicken mir* (wir) *um fimfe.*

Beue → *Boie.*

Beulchen n. ‚Süßigkeit zum Lutschen, Bonbon‘ EEGeb., Osterländ. – Lautf.: *Boll[d]chen, Beulchen.*

Beunde f. ‚tief liegende, feuchte Wiese‘ Vgtld. (auch als Flurname). – Lautf.: *Beind*; mhd. *biunde.*

Beute f. ‚Backtrog‘ sMeißn., sLaus., Erzg., Vgtld. – Lautf.: *Beute, Beit[e].* – Schon mhd. *biute* ‚Backtrog, Bienenkorb‘.

bewuspert Adj. ‚flink, beweglich, rege, aufgeweckt‘ Laus.; *das is ja e bewuschpertes kleenes Kerlchen.* – Lautf.: *bewuschberd.*

bibbern sw. V. ‚zittern (vor Kälte, Aufregung)‘ *ich bibbre schon an ganzen Leibe.* – Iterativbildung zu *beben.*

biebelig, biebslich → *pöpelig.*

biedeln → *bütteln.*

Biegeeis ohne Art. Kinderspiel: im Frühjahr über das morsche Eis laufen, ohne einzubrechen; Südmärk., EEGeb., Osterländ., Meißn.; *kommt met uff'n Teich Biejeeis machen!* – Lautf.: *Bieje-, Beeje-, Bie-, Beheis.*

Biele f., **Bielchen** n. ‚kleine Gans, Gänschen‘ Meißn., Osterländ.; als Lockruf *biele-biele* für kleine Gänse (seltener auch für kleine Enten) im Gesamtgeb. verbreitet. – Eine etym. Herleitung aus dem Slawischen (sorb. *běly* ‚weiß‘) ist nicht belegbar.

biene → *böne.*

bieseln sw. V. ‚aufgeregt, geschäftig sein; hasten, eilen‘ Vgtld., Erzg., sMeißn., Oberlaus.; *biesel när net esu* (so), *iech kumm doch gar net enooch* (nach)!

Biestmilch f. ‚die erste Milch der Kuh nach dem Kalben‘ (wird entweder weggeschüttet od. ins Futter gemischt). – Lautf.: *Biez-, Biesdmilch.*

bietschen → *pietschen.*

biezen sw. V. ‚saugen, trinken an der Mutterbrust‘ (von Säuglingen, Jungtieren), im Gesamtgeb. außer Vgtld., Erzg.; *die kleene Zicke will nich biezen.*

Billett n. ,Fahr-, Eintrittskarte' veraltet; *habt ihr denne schon de Billetter gekooft?* – Fremdwort, frz. *billet* ,Quartierschein'.

Bilsenschnitt m. ausgestorbene abergläubische Vorstellung: eine schnurgerade durch ein Getreidefeld gehende Linie, auf der sämtlichen Halmen die Ähren von einem Unhold abgeschnitten worden sind; etym. wohl zu mhd. *bilwīz* ,Kobold'.

bimbeln → *pimpeln*.

Birl → *Perl*.

bischbern → *pispern*.

bischen sw. V. ,ein Kind auf den Armen wiegen (u. beruhigen)' *wenn se su unruh'ch is, mußte se bissel bischen.* – Das Wort ist wohl slaw. Herkunft (sorb. *byžgaś*).

bitteln → bütteln

Bläke → *Blöke*.

bläken → *blöken*.

blärräugig Adj. ,verwirrt, verdreht, benommen' Laus.; *bei den Radau werd mer cha ganz blärreedch.* – Lautf.: *blärreedch, blärreckch.*

Blase f. neben den litspr. Bedeutungen auch **1.** ,üble Gesellschaft, unliebsame Gruppe von Menschen, Gruppe ungezogener Kinder' *die ganze Blase soll bleim, wo der Pfeffer wächst!* – **2.** ,der Wasserbehälter im Küchenherd' auch *Wasserblase*, Südmärk., EEGeb., Osterländ.

Blatt n. neben den litspr. Bedeutungen früher auch ,Zeitung' (häufig im Dim.: *Blättchen, Blättel*), veraltet; *gestern hat's in Blatt gestanden.*

blattig Adj. ,wellig, verbogen (von einem Sensenblatt, wenn es schlecht gedengelt wurde)' Vgtld. – Lautf.: *blohdich.*

blattschäl[er]ig Adj. Bed. wie → *blattig*; Laus., Ostmeißn. – Lautf.: *bladdschäl[er]ch.*

blessen sw. V. **1.** ,sich beeilen, rennen' *mißt denn ihr so sehre blessen?* – **2.** ,jmdn. antreiben, hetzen' *ich muß de Hihner in' Stall blessen.* – Häufig auch *herumblessen*; Laus., öOstmeißn.

Blöke f. **1.** ,Zunge' EEGeb., Nordosterländ.; *der Lausejunge steckte seine Bläke raus.* – **2.** ,Kind, das sehr zum (lauten) Weinen neigt'. – **3.** in der Fügung *an der B. liegen* ,sehr leicht greif- u. sichtbar sein, offen daliegen' Meißn.; *die geflickte Wäsche häng' mer weiter hinger (uusaet), ni so off de Bläke.* – Lautf.: *Bläke.*

blöken sw. V. ,schreien, brüllen', auch ,(laut) weinen', häufig *an-, herumblöken, Blökerei, Geblöke; bläk mich nich so an!; dauernd das elende Gebläke!* – Lautf.: *bläken.*

bloß, bloßig Adj. ‚zu leicht angezogen‘, vor allem ‚ohne Kopfbe-deckung‘ *so bloß'ch kannste bei der Kälte nich giehn!*; *ich bin glei mit bloßn Koppe gegang'*.

Blubber f. ‚Blase (auf Flüssigkeiten)‘ Südmärk., EEGeb., Nord-osterländ., Schrad.; *wenn's Bluwwern rähnt* (regnet), *rähnt's drei Tage*.

Blümchen m. (weil *-kaffee* zu ergänzen ist) ‚dünner Bohnenkaf-fee‘, auch ‚Ersatzkaffee‘; *in der Woche gibt's bei uns bloß Bliemchen.* – So genannt, weil man durch den Kaffee hindurch das Blumenmuster in der Tasse sehen kann.

blümerant Adj. (nicht attr.) ‚schwindelig, unwohl, angst u. bange‘ *als ich von dort ohm runnerguckte, wurde's mir ganz blimerant.* – Lautf.: *bli-merand*; Fremdwort, frz. *bleu mourant* ‚blaßblau‘ (eigtl. ‚sterbend‘).

Bobelatsche → *Poblatsche.*

Boberich, Boberzche → *Bauwerk.*

Bocksterz m. ‚Purzelbaum‘ Vorvgtld., Vor-, West-, Osterzg., Südmeißn. – Lautf.: *Bocksterz, -stirz, -sturz.*

bofer → *power.*

Bohrtenne → *Portenne.*

Boie f. ‚Wiege‘ im Gesamtgeb., außer Vgtld., Westerzg.; *s Kleene liecht nuch in der Beue.* – Dazu das Verb *boien* ‚wiegen‘. – Etym. viel-leicht zu → *bischen* gehörig u. damit slaw. Herkunft.

böken sw. V. Bed. wie → *blöken,* Vgtld., Westerzg.; *mer hohm gebekt vor Lachen.* – Lautf.: *beken.*

boll Adj. (nicht attr.) ‚hohl‘, auch ‚ausgetrocknet, holzig‘ (z. B. von Radieschen), Südmärk., EEGeb., Osterländ.; *wenn mer hier droffkloppt, klingts bolle.* – Ein niederdeutsches Wort, das hier seine südlichsten Belege hat.

Bollchen → *Beulchen.*

Bomätscher → *Pomätscher.*

Bombenisseln Pl. ‚Flieder‘, Vor-, nWesterzg. – Lautf.: *Bombenis-seln, Bumbe[r]nisseln.*

böne Adj. (nicht attr.) ‚dicht, wasserundurchlässig (von Holzgefä-ßen)‘ Südmärk., EEGeb., Nordosterländ.; *gieß mal Wasser rein, daß's Faß bahle* (bald) *biene werd!* – Lautf.: *biene*; ein Wort mit niederländi-scher Herkunft, das im niederdeutschen Raum weit verbreitet ist u. vom Norden her in unser Mundartgebiet hineinreicht.

boofen → *pofen.*

Borbe f. ‚kleines Kind, etwa 3—4 Jahre‘ (meist: Mädchen); *die kleene Borbe will schun einkoofen!*

Borbs m. Bed. wie → *Borbe* (meist: Junge); *den klenn Borbs kannste noch nich alleene nach Milch schicken.*

Borg m. ‚beschnittenes männl. Hausschwein‘, seltener auch ‚Zuchteber‘ Vgtld., Vorvgtld., Vor-, Westerzg., Westmeißn., wOsterländ. (Lautf.: *Borg, Barg, Birg*), Ober-, Ostlaus. (Lautf., Dim.: *Birgel, Bargel*). – Etym. zu mhd. *barc* mit derselben Bedeutung.

Born m. ‚Brunnen; die Stelle im Dorf, wo man das Wasser holte‘ noch im Gesamtgeb. belegt, außer im Vgtld. (dort nur *Brunnen*); *wenn enne Wechnern* (Wöchnerin) *s erschte Mah an’ Born ging, mußte se ne Handvoll Salz neinschmeißen.* – Es handelt sich um eine durch *r*-Umsprung entstandene lexikalisierte Lautf. von *Brunnen*.

Bornkindlein n. **1.** ‚Christkind, das am Heiligabend durchs Dorf geht u. die Geschenke bringt‘ *das hoht mer s Bornkinnel gebracht.* – **2.** ‚Weihnachtsfest‘ *wos host’n heier zen Bornkinnel kriegt?* – **3.** ‚Weihnachtsgeschenk‘ *die schiene* (schöne) *Pupp war mei Bornkinnel.* – Vgtld., Westerzg.; etym. wohl zu mhd. *barn* ‚Krippe, Raufe‘.

Borstwisch m. **1.** ‚der kleine Handbesen, Handfeger‘ ein in früheren Zeiten in der Hauswirtschaft wohl nicht bekannter Gegenstand (man benutzte statt dessen einen Gänseflügel, → *Fittich*, od. einen Strohwisch); als mundartliches Wort wird *B.* heute von *(Hand-)Besen, Handfeger* verdrängt. – *Nimm n Borschbisch un kehr zamm!* – **2.** übertr.: harmloses (gutmütiges) Schimpfwort; *na, du Borschtbisch, wo kimmste denn itze* (jetzt) *erscht her?* – Lautf.: *Borsch[d]wisch, Borsch[d]-bisch, Borschbiesch.*

Bosheit f. ‚Jähzorn, Wut‘ Vgtld., Westerzg., Oberlaus.; *in sanner* (seiner) *Bosset hoht er alles kurz un klaa* (klein) *geschlahn.* – Lautf.: *Busset, Bosset, Buhst.*

Boß → *Posse.*

boßeln sw. V. ‚rollen, kullern‘ Vgtld., häufig *herab-, herunter-, hinunterboßeln; mer hohm den Staa* (Stein) *glei rohgeboßelt* (herabgerollt). – Mhd. *bōzen* ‚klopfen, schlagen, Kegel spielen, würfeln‘.

botscheremo → *potscheremo.*

Botten m. **1.** ‚Bauch, Leib, Magen‘ (von Tieren, aber grob auch vom Menschen) *der hat sich mah wieder n Botten vollgesoffen.* – **2.** übertr., Schimpfwort ‚freches, boshaftes Kind; böser Kerl‘ *wart nur, du Botten, dir hau’ch de Gusche voll!*

Bowerich → *Bauwerk.*

bräbeln → *präpeln.*

Bradem → *Brodem.*

brägeln sw. V. ‚braten, schmoren' *s riecht gut, wenn's in der Kiche su brächelt; was brächelste denn schon widder Gutes?*

Brägelsalz n. früher ‚im Tiegel gebratenes Gemisch aus Speck, Brot u. schwarzem Kaffee, das zu Pellkartoffeln gegessen wurde', jetzt ‚gebratene, fettige Zutat an Speisen aus Speck, Mehl u. Zwiebeln' Laus.; *frieher gab's uft emoh Bragelsalz un ganze Abern* (Pellkartoffeln).

Brägen m. ‚Kopf, Schädel' (eigtl. ‚Gehirn') Südmärk., EEGeb., Nordosterländ.; *mich brummt heite der Bräjen.* – Ein niederdeutsches Wort, das hier seine südlichsten Belege hat.

Branz m. ‚klebriger Schmutz, angebrannter Rest am Topf', auch ‚Haut auf der gekochten Milch' vorwieg. Ostmeißn., Laus.; *an den Tuppe klebt duch nuch der ganze Branz dran!*

Bränzel m. od. n. **1.** ‚der verbrannte Abfall vom Docht einer Kerze od. Petroleumlampe' Vgtld., Westerzg. – **2.** ‚angebrannter Rest am Topf' Westerzg. – **3.** ‚die verhärtete Absonderung in den Augenwinkeln, Schlaf' Vgtld., Westerzg. – **4.** ‚die verhärteten Kotklümpchen an den Schenkeln der Kühe' Laus. – Lautf.: *Bränzel, Branzel, Brinzel.*

braschen, bräschen sw. V. ‚sich lange u. eingehend unterhalten, viel reden', auch ‚aufschneiden, prahlen, großtun', häufig *herumbraschen, Gebrasche*; vorwieg. Laus., Meißn.; *dan sei Gebrasche kann'ch ni derhiern* (erhören).

Brasen m. ‚Wasserdampf' (z. B. in der Küche), Südmärk., EEGeb., Osterländ., Schrad., Meißn., Osterzg.; *so e Brasen hier hinne* (drin)! – Lautf.: *Wrasen, Brasen, Brassen.*

Bräune f. ‚Diphtherie' veraltet; *den ihr Chunge is an der Bräune gestorm.*

Braus, Brausch m. ‚Schaum' (z. B. auf dem Bier), Laus.; *trink dei Glasel aus, ehb* (ehe) *der Brausch weggitt* (weggeht)!

Brauschche, Brausche f. ‚Schwellung, Beule am Kopf (durch einen Schlag od. Stoß)' vorwieg. Osterländ., Nordmeißn. – Schon mhd. *brüsche* ‚mit Blut unterlaufene Beule'.

brausen sw. V. ‚brünstig sein (vom weibl. Schwein)' Meißn., Laus., Erzg.; *unse Saue braust, die miß' mer treim* (zum Eber bringen).

Braz m. ‚Knall, Krach' Oberlaus.; *off eemah gab's ann firchterlichen Braz!*

Bredouille f. ,Verlegenheit, Bedrängnis' veraltet; *du hast mich tichtch in de Bredullche gebracht.* – Fremdwort, frz. *bredouille* urspr. ,Dreck'.

Breh → *Präh.*

breiten sw. V. **1.** ,ausbreiten, breit machen' vor allem in der Fügung *Mist b.*; im Gesamtgeb. – **2.** ,vermögen, können, etw. zustande bringen' Laus.; *ich kann's ihr hundert mah weisen* (zeigen), *se breet's ahm* (eben) *ne!* – Wohl mhd. *bereiten* ,bereit machen, ausrüsten, bilden'.

Breme f. ,Viehbremse, große Stechfliege' Meißn., Laus., Erzg., Vgtld.; *wenn's so tobrich* (schwül) *is, wern de Brahm' arg* (schlimm). – Lautf.: *Brahme, Brähme.*

Briezel m. harmloses Schimpfwort für einen Jungen ,Lausejunge, Tunichtgut' *was hast'n du Briezel schon wieder ausgefressen?*

bringen unregelm. V. neben der litspr. Bedeutung auch ,vermögen, können, etw. zustande bringen' *das mußte mir zeichen, sunst breng'ch das ne.* – Lautf.: *bring', breng'.*

Brinkel n. ,ein bißchen, kleines Stück, Bröckchen' Laus.; *s fahlt a Brinkel Sahlz*; *kumm ock* (nur) *a Brinkel rei!* – Etym. wohl zu *Brocken* gehörig.

Britschel n. ,dünne Scheibe' (z. B. von Wurst, Backobst, Kartoffeln; *Britscheln* Pl. ,Bratkartoffeln') Osterzg., sOstmeißn., sWestlaus.; *geb mer mah a Britschel Worscht!*

Brockein m. ,in Kaffee od. Milch eingebrockte harte Brotstückchen' (bereiten sich oft alte Leute). – Lautf.: *Brockei.*

Bröckelkloß m. ,Gericht aus geriebenen gekochten Kartoffeln, etw. Salz u. Mehl, mit wenig Fett in Pfanne od. Tiegel gebraten' Vgtld.; *der Breckelklueß is ahgebrennt.*

brockenieren → *proponieren.*

Brodel m. ,Wasserdampf' (z. B. in der Küche) Vgtld., Vorvgtld., West-, Vorerzg., Westmeißn., Südwestosterländ. – Lautf.: *Brodel, Brudel, Broddel, Bruddel.*

Brodem m. Bed. wie → *Brodel*; Laus., öMeißn. – Lautf.: *Broden, Braden, Brodden, Bradden.*

Brosame f. ,das Innere, Weiche, von der Rinde Umgebene des Brotes'. – Lautf.: *Brosse, Brusse.*

Brothäuslein n. ,Schrank zur Aufbewahrung des Brotes u. auch anderer Lebensmittel' (meist zweiteilig, im Hausflur stehend), veraltet, Oberlaus.

43

Brudel → *Brodel*.

brühsieden-, brühsiedig[en]heiß Adj. ‚sehr heiß' *so briehsiedichenheeß will'ch de Suppe ni, mer verbrennt sich doch n Schlunk!*

brüllen sw. V. wie litspr., jedoch im Vgtld. mit der durch *r*-Umsprung lexikalisierten Lautf. *bärln*, deren etym. Zusammenhang mit *brüllen* man nicht mehr durchschaut.

Bubberzche → *Bauwerk*.

bubern sw. V. Bed. wie → *wubern*; *mei Herze hat tichtch gebubbert!* – Lautf.: *buwern, bowern, bubbern, buwwern*.

Bubelatsche → *Poblatsche*.

bubig → *pupig*.

¹Bucht f. **1.** ‚liegengebliebene Heu-, Getreidereste (nach der Ernte, nach dem Drusch), Holzreste (nach dem Hacken)', auch ‚Abfall, Kehricht, Unrat' Laus., öOstmeißn.; *mer missen nuch de Bucht vun Falde huln.* – **2.** urspr. ‚Strohlager, Schlafplatz', jetzt ‚Notbett, Bett' Laus., öMeißn.; *ich mach dir ne Bucht zerechte, daß de bei uns schlafen kannst.* – **3.** übertr. ‚üble Gesellschaft, Horde, Gesindel' im Gesamtgeb. *geb dich nich mit der Bucht ab!* – Etym. (wie → *bächten*) zu mhd. *bāht* ‚Unrat, Kot'.

²Bucht f. ‚Verschlag, abgegrenzter Raum für Tiere (z. B. Kaninchen, Hühner, Schweine)' Südmärk., EEGeb., Nordosterländ. – Ein Wort mit niederländischer Herkunft.

Budike f. ‚baufälliges altes Haus' *in die Budike tät'ch ni ziehn.* – Lautf.: *Budíge, Budícke, Búdige* mit volksetym. Anlehnung an *Bude*. – Fremdwort, frz. *boutique*.

Bufferzche → *Bauwerk*.

bügelhoch → *pichelhoch*.

bügeln → *picheln*.

Bühne f. ‚der über die Treppe erreichte Vorraum vor der Wohnung im Obergeschoß des Wohnhauses', auch ‚Oberboden des Wohnhauses' Oberlaus., Osterzg.; *uff der Biehne stieht e grußer Schrank.*

bulksen → *polksen*.

Bulltaube → *Polltaube*.

Bulmes m. ‚großer, kräftiger, ungeschlachter Kerl' Vgtld., Westerzg.

Bummelatsche → *Poblatsche*.

Bummer → *Pommer*.

Bumskeule → *Bambuskeule.*

Bunienich → *Päonie.*

Burkert m. ‚Tanzabend mit Damenwahl am Fastnachtsdienstag‘ veraltend, Westerzg., Vogtld.; *ben* (beim) *Burkert mußten de Mahd* (Mädchen) *de Zech bezohln.*

Burnus m. ‚dicker Mantel, dicke Überzieh-Joppe‘ veraltend; *zieh nur den dicken Burnus oo no* (auch noch) *drieber! –* Fremdwort, frz. *burnous,* lat. *birrus* ‚kurzer Mantel‘.

burren sw. V. ‚(schwirrend) fliegen‘ Südmärk., EEGeb., Nordosterländ.; häufig auch in Zuss. wie *herum-, hinaus-, fortburren*; *nu is mei Maiguz* (Maikäfer) *fortgeburrt. –* Ein altes schallnachahmendes Wort, das aus dem Niederdeutschen bis in unseren Raum nach Süden reicht.

bürzen sw. V. **1.** ‚einen Körperteil hervorrecken, herausdrücken; sich aufbäumen‘, meist *herausbürzen*; *du sollst bein Laafen n Arsch net su rausberzen! –* **2.** übertr. ‚sich brüsten, angeben, stolz tun‘ *was berzt de diech däh* (denn) *su? –* **3.** ‚(ungestüm) rennen‘, häufig auch *herum-, los-, fortbürzen; iech bie schu in ganzen Durf rimgeberzt. –* Ein vogtländisch-erzgebirgisches Wort, das etym. zu obd. *borzen* ‚in die Höhe stehen‘ gehört.

Busch m. in der litspr. Bedeutung selt., meist ‚(kleiner) Wald‘ *mer ham glei in Busch eweng* (ein wenig) *Reis'ch gehult.*

büßen sw. V. ‚Zaubersprüche murmeln u. dadurch (nach altem Volksglauben) Krankheiten heilen‘ Nordosterländ.; *in Nachbardorfe is ne Frau, die kann fer de Rose bießen; die Warzche mußte bießen laaßen, da jeht se weg. –* Mhd. *büezen* ‚bessern, gut machen, von etw. befreien‘.

Butte f. ‚großes Gefäß, das man auf dem Rücken trägt‘ (urspr. aus Holz, später aus Blech), früher in der Landwirtschaft verwendet (vor allem zum Transport von Jauche od. Mist), später im Baugewerbe bevorzugt.

bütteln sw. V. **1.** ‚umherstreuseln, schlendern, spazierengehen‘ Meißn., Laus.; *ich gieh bluß e bißchen bitteln in Durfe. –* Lautf.: *bitteln. –* **2.** ‚jmdn. verpetzen, (wegen eines kleinen Vergehens) anzeigen, verraten‘, häufig auch *ausbütteln*; Vgtld., Westerzg.; *na, du Bietelgusch, haste n Voter schuh* (schon) *alles ausgebietelt? –* Lautf.: *biedeln. –* Etym. gehört das Wort zu *Büttel* ‚Bote, Diener‘.

butten sw. V. ‚nicht richtig wachsen u. gedeihen, kränklich sein‘ (von Pflanzen u. Tieren); → *verbutten; meine Tomaten tun dies Chahr aber butten!*

Butten[i]che → *Päonie*.

Butterbemme f. neben der Bedeutung ‚mit Butter beschmierte Brotscheibe' übertr. auch: ‚ein flacher Stein, den man so über die Wasserfläche wirft, daß er mehrmals springt'; *Butterbemmen schmeißen, machen, schießen, schmieren*; vorwieg. Südmärk., EEGeb., Osterländ., selt. auch Meißn.

Buz m. ‚schwächliches, verkümmertes, in der Entwicklung zurückgebliebenes Lebewesen' (Pflanze, Tier, aber auch Mensch) vorwieg. Ost-, Nordmeißn., öOsterländ.; *aus den kleen' Buz werd ni viel wern.* – Gebildet wohl zu dem Verb → *buzen*.

buzen sw. V. ‚kümmern, in der Entwicklung zurückbleiben' (von Pflanzen, Tieren, selten auch von Menschen), vorwieg. im gleichen Geb. wie → *Buz*; *mei Rosensteckchen buzt, das muß'ch wegtun.* – Hierzu auch *de Buze ham* ‚eine leichte Krankheit haben, nicht ganz gesund sein'.

c'est fait! Interj. fast nur in der Fügung *ab-Seefe!* ‚fort; Schluß damit; weg damit!' – Der Ausruf wird volksetym. an *Seife* angelehnt u. hin u. wieder auch künstlich zu *ab-Seife* verhochdeutscht (frz. *c'est fait* ‚es ist getan').

chaisen sw. V. ‚hasten, rennen', häufig auch *fort-, herum-, loschaisen; die scheeßt'n ganzen Tag in der Stadt rum.* – Zu frz. *chaise* ‚Stuhl, Kutsche'.

Chemisett, Chemisettchen, -lein n. ‚auf das Hemd aufknöpfbares, steifes Vorhemdchen, das nicht viel größer war als der Westenausschnitt u. nur durch den Kragenknopf festgehalten wurde' bürgerliches od. zu festlichen Anlässen getragenes Kleidungsstück um 1900; *der wullte was Bessersch sein, den hab'ch nie andersch wie in Kragen un Schemisett gesehn.* – Fremdwort, frz. *chemisette* ‚Hemdchen'.

Christbrot n. ‚Stolle[n], Weihnachtsgebäck' Ober-, Ostlaus.; *zu Weihnachten krick ich jedes Jahr a Christbrut.*

cito Adv. ‚sofort, auf der Stelle' Vgtld.; *er is zito ze mir komme.* – Fremdwort, lat. *cito* ‚schnell'.

Courage f. **1.** ‚Körperkraft' veraltend, Südmärk., EEGeb., Osterländ., Meißn.; *das brengst du fort, du hast doch Kurahsche!* – **2.** ‚Mut' als jüngere Bedeutung im Gesamtgeb.; *hast woll gar keene Kurahsche, du Feichling?* – Hierzu auch *couragiert* ‚beherzt'. – Fremdwort, frz. *courage* ‚Beherztheit' (zu *cœur* ‚Herz').

da-außen Adv. ‚draußen‘ *daußen tut's rähn* (regnen). – Diese von der Litspr. abweichenden Formen ohne -r- (mhd. *dā-ūʒen*) finden sich heute noch im Süd-, sOstmeißn. u. im gesamten Erzg. *(daußen, dassen)* u. mit Assimilation des -s- im Vgtld. *(daun)*.

Däbe → *Tebe[n]*.

Dachtel f. ‚Ohrfeige‘ *paß uff, sunst krichste ne Dachtel!*

Däde → *Tete*.

daheim Adv. wie litspr. ‚zu Hause‘ *morchen sei mer ni derheeme*. – Lautf.: *derheeme*, Westerzg., Vgtld. *derham*. – Häufig auch in der Zuss. *daheimherum (derheemerim, -rum)*, ‚(nur noch) für den Umgang in der eigenen Wohnung (geeignet)‘ (von Kleidungsstücken) *die Hosen kannste bloß noch derheemerim anziehn*.

da-ig Demonstrativpron. ‚dieser, diese, dieses‘ (stets in Verbindung mit dem best. Art.) Laus.; *das diche Watter paßt uns grade; dar diche Karl* (Kerl) *sull sich furtmachen!*

da-innen Adv. ‚darin, drinnen‘ *met sei dinne der Stub gebliem*. – Vorwieg. noch im Vgtld. u. Westerzg., → *da-außen*.

Dalbe → *Talpe*.

dalen sw. V. ‚sich ziel- u. zwecklos beschäftigen, herumspielen, Zeit vertrödeln‘, häufig auch *herumdalen, Dalerei*, vorwieg. Vgtld., Erzg.; *du sollst net esu* (so) *dahln, halt dich eweng* (ein wenig) *derzu!*

dalfern → *talfern*.

Dallewalle n. ‚ungeschickter Mensch, Tolpatsch‘ Vgtld., Westerzg. – Etym. vielleicht zu → *dalen (dal-ein-Weilchen)*.

dämisch Adj. ‚verrückt, (sehr) dumm; schwindelig, taumelig‘, häufig auch zur Steigerung verwendet ‚groß, sehr‘ vorwieg. Vgtld., Erzg., Oberlaus.; *das is e damsches Luder; mir war'sch ganz damsch in Koppe; iech hoh enn damschen Hunger.*

dämmeln, dämmern sw. V. ‚unruhig stehen, mit den Füßen hin

u. her treten, trampeln' vorwieg. Meißn., Osterländ., Laus.; *ich bin
in ewas Weeches gedämmelt.*

dampern → *tempern.*

dampffeucht Adj. in der Redensart *sich d. machen* ,ausreißen, sich
davonmachen' EEGeb., Osterländ.; *wie der Vater heemgam, ham mer
uns dammfeichte gemacht.*

Däms'che, Dämse f. ,Gewitterschwüle, drückende Hitze' *bei der
Dämse geh'ch nich naus.* – Die Formen mit -*che* vorwieg. sOsterländ.,
West-, Nordmeißn., sonst *Dämse.*

Dangeln → *Tangeln.*

Danster[ich] m. ,dicke Schmutzkruste' (meist an der Kleidung)
Osterländ., Meißn., Laus.; *off deiner Weste klebt cha noch der Danster von
gestern droff!*

daran Adv. wie litspr., aber im Vgtld. in der Lautf. *dorahne* ,hier':
dorahne is wuehl noch e Platz frei?

därmlich → *türmelig.*

Daubenbrett n. (meist Pl.) ,die langen aufgestellten Seitenteile
beim Kastenwagen' öOsterländ., Nordmeißn. – Lautf.: *Donn-,
Dumm-, Dumb-, Dung-, Dammbretter* (fast alle mit volksetym. Anlehnung, weil der etym. Zusammenhang mit *Daube* nicht mehr durchschaut wurde).

dauern sw. V., refl. ,leid tun' *der alte Mann dauert mich; fer sulches Zeig
dauert mich s Geld.*

daußen → *da-außen.*

Däz → *Dez.*

debern → *töbern.*

dechten → *deuchten.*

Deebs → *Töbs.*

Dehm → *Tebe[n].*

Delle f. ,Vertiefung (im Gelände), eingedrückte Stelle (z. B. an
Töpfen)' *der ahle Topp hat schon e paar Delln.* – Das Wort herrscht im
Gesamtgeb. außer im Vgtld. (dort dafür → *Tulke*), im Erzg.,
Vorvgtld., Südwestosterländ. häufig in der Form *Dille.* – Etym. zu
Tal gehörig (germ. *dalja* ,Vertiefung').

Demelee n. ,Lärm, lauter Streit, Aufregung' im Gesamtgeb. außer
Vgtld., Erzg.; *was war denn das fer e Demelee off der Straße!; die beeden
machten e tichtches Demelee.* – Lautf.: *Déemelée, Déeminée*; Fremdwort,
frz. *démêlé* ,Streit'.

dengeln sw. V. ‚die Sense mit dem Hammer schärfen, klopfen‘ (eine schwierige u. zeitraubende Arbeit, die der Bauer meist am Feierabend verrichtete u. zu der er einen Dengelamboß u. Dengelhammer brauchte), die alte Arbeitsweise gibt es nicht mehr, aber das Wort ist noch im sOsterländ., Meißn., Laus., Erzg., Vgtld. lebendig; *er klemmte sich de Sense zwischen de Beene un fing an ze dengeln.*

deppern → *töpfern.*

Deputat n. ‚(der jmdm. zustehende) Anteil‘, meist ‚die neben dem Lohn jmdm. laut Vertrag zustehenden Naturallieferungen‘, aber auch ‚Anteil‘ überhaupt; *die Zeit, wo ich Knecht war, kricht'ch achtzch Mark Lohn, un dann gab's noch Depentat.* – Lautf.: *Debendád, Dippendád*; Fremdwort, lat. *deputatum* ‚Zugeteiltes‘.

deret → *töricht.*

derháufen unbestimmtes Zahlwort ‚viel‘, aber nur negiert verwendet; *das is nich mehr derhaufen wert*; *ich hab nich derhaufen Zeit.* – Zu einem Wort zusammengezogen aus *der Haufen.*

derquere → *Quere.*

[1]**derwegen** Konjunkt. (stets mit der Betonung auf der 1. Silbe: *dérwegen*) ‚deswegen, deshalb‘; *derwagen mußte doch trotzdem komm'!*

[2]**derwegen** (stets mit der Betonung auf der 2. Silbe: *derwégen*) **1.** Konjunkt. ‚trotzdem‘ *er war krank, aber er hat derwechen gearbeet'*; *s tat weh, aber er hat derwechen ni geschrien.* – **2.** Adv. ‚eigentlich, immerhin‘ *s war derwechen frieher oo ganz schen; du hast derwechen recht.*

derweile Adv. ‚inzwischen‘ *mer mußten derweiln warten; setzt euch ock* (nur) *derweile!* – Lautf.: *derweile, derweiln, derweilns[d].*

desderwegen Konjunkt. ‚deswegen, deshalb‘ *desderwechen brauchste ni glei ze heuln!; desderwehng bin'ch doch hier!* – Häufig sind auch Formen mit *desser[t]-.*

Dese f. ‚Behälter, in dem der Brotteig angerichtet wurde; Backtrog‘ Schrad., Ostmeißn., West-, Oberlaus. – Altes, aus dem Slawischen entlehntes Wort (altsorb. *děža*).

Detriment n. *ins D. kommen* ‚in Ungelegenheiten kommen, in eine schlechte Lage geraten‘ veraltet. – Lautf.: *Dekerménd*; Fremdwort, lat. *detrimentum* eigtl. ‚das Abgeriebene‘.

deuchten sw. V., refl. neben der in den Mundarten vorkommenden litspr. Bedeutung (‚dünken‘) auch ‚stolz sein (auf etw.) u. sich (daran) freuen‘ Vgtld., Westerzg.; *nu kah* (kann) *er sich aber dechten mit senn* (seinem) *neie Ahzug* (Anzug).

Dez m. ‚Kopf' vorwieg. umg.; *ich hau der glei eens uff'n Däz!* – Fremdwort, frz. *tête* ‚irdenes Geschirr, Hirnschale, Kopf'.

Dezem m. eigtl. ‚die zu entrichtende Steuer der Bauern, der Zehnte', aber in dieser Bedeutung nicht mehr bekannt; relikthaft noch ‚großes Stück, (großer) Anteil' Westerzg.; *sull ich dan Dazen Brut dreich* (trocken) *frassen?*

diche → *da-ig.*

dickdrebisch → *tückdräuisch.*

dickschen → *tückischen.*

Diemen m. ‚aufgeschichteter Stroh-, Getreidehaufen' Südmärk., EEGeb., Nordosterländ.

Diesel → *Üsel.*

Dille → *Delle.*

Ding n. neben den litspr. Bedeutungen in den Mundarten vor allem auch für ‚das heimatliche Dorf, das Heimatgrundstück, die heimatliche (Haupt-)Straße' *dort macht er grade ne Dinge naus* ‚dort geht er gerade die Straße entlang zum Dorf hinaus'; *itze* (jetzt) *macht er s Ding nim* ‚jetzt geht er um die Straßenecke'. – Sehr häufig tritt das Wort in adverbialen Zuss. auf: *dinghin, dinghinan, dinghinauf, dinghinter, dinghinüber, dinghinunter; zengstding[e]hin* (→ Ende) usw.; *hier mußte immer zengstdingenunnergiehn* ‚hier mußt du immer geradeaus das Dorf hinunterzu gehen'. – Es scheint fraglich, doch ist es erwägenswert, daß hier die alte germ. Bedeutung ‚Ort, Platz, an dem Gericht gehalten wurde' in gewisser Weise erhalten blieb.

Dingerts m. ‚Kerl, Bursche', abwert. für ‚Mann' Vgtld.; *des is e aller geizcher Dingkerts.* – Lautf.: *Dingkerts.*

Dingrich m. Bed. wie → *Dingerts; mit den Dingrich mecht'ch nischt ze tun ham!* – Lautf.: *Ding[e]rich.*

dinne → *da-innen.*

diskurieren sw. V. ‚sich (lebhaft) unterhalten, verhandeln' *mer sin dann ins Dischgeriern gekumm', un da war de Zeit fix weg.* – Lautf.: *dischgeriern;* Fremdwort, lat. *discurrere* eigtl. ‚umherlaufen'.

Diskurs m. ‚(lebhaftes) Gespräch, Unterhaltung' *was habt ihr denn fer enn Dischgur mitennanner gehat?* – Lautf.: *Dischgur.*

doberig → *toberig.*

Docke f. **1.** ‚das runde Mangelholz, um das die Wäsche gewickelt wird' – **2.** ‚Woll-, Garngebinde (leicht zusammengedrehtes Bündel)' früher wurde Wolle, Garn in *Docken* gekauft. – **3.** ‚(billige, selbstgefertigte) Puppe zum Spielen' Vgtld.; *iech hoh die alle Dock nei der Eck gepfeffert!* – Mhd. *tocke* ,Puppe, walzenförmiges Holzstück'.

Dohle f. **1.** ,Krähe' *s werd Winter, de Dohln komm'.* – **2.** übertr. ,schäbiger, alter (eigtl. wohl schwarzer) Hut'.

Doktor m. ,Arzt' *wenn's ni besser werd, miß'mer n Dukter huln.*

Dorsche f. ,Kohlrübe' Westerzg. – Lautf.: *Dorsch, Dursch, Duhrsch.* – Mhd. *torse* ,Kohlstrunk', frühe Entlehnung aus dem Romanischen, mlat. *thyrsus.*

dorwieren → *turbieren.*

dottig → *tottig.*

douce, doucement Adj. (nur adverbial) ,leise, sanft, langsam' *s räächent* (regnet) *ganz duhse; er machte ganz duhsemang de Tiere zu.* – Fremdwort, frz. *doux, doucement* ,süß, sanft, mild'.

Drachen m. neben den litspr. Bedeutungen auch in der veralteten abergläubischen Vorstellung ,böser Geist, Geld herbeischaffender Unhold' *ich mecht ma wissen, wo die das viele Geld hernemm', das is fast, als wenn die n Drachen hätten!*

Drahsel → *Trageseil.*

drandeln → *trandeln.*

dranschen → *transchen.*

Drasch m. ,aufgeregte Geschäftigkeit, nervöse Hast, Eile' *mer hatten tichtchen Drasch wechen der Kermes* (Kirmes); *das hab'ch in mein' Drasch vergassen.* – Lautf.: *Draasch.*

draschen sw. V. ,nervöse Eile haben, hasten, überaus geschäftig sein', häufig auch *herum-, sich abdraschen; ich hab mich heite n ganzen Tag bloß abgedrascht.* – Lautf.: *draaschen.*

Draubel, Drauchel f. ,Kurbel, Drehling' Laus., Ostmeißn. – Mhd. *drüche,* etym. wohl zu *drehen.*

dräuisch Adj. ,stur, eigensinnig, dickköpfig' EEGeb., Nordosterländ., Schrad.; *mit den is kee Auskomm', der is zu dremisch!* – Lautf.: *drebisch, drewisch, dremisch.* – Die etym. Herkunft des Wortes ist nicht im Slawischen zu suchen, sondern es handelt sich um eine ganz normale Ableitung (analog z. B. → *käuisch* zu *kauen*) aus dem Verb *dräuen* (veraltet für *drohen*), mhd. *dröuwen, drouwen, drewen;* die eigtl. Bedeutung ist also ,drohend, drohisch'; → *tückdräuisch.*

Dräusch m. ,kurzer, heftiger Regenguß' *off'n Heemwage sim'mer noch in enn mächtchen Dreesch gekumm'.* – Lautf.: *Dreesch* Osterländ., Meißn., Laus., *Draasch* West-, Vorerzg.

dräuschen sw. V. ‚heftig regnen' Lautf. u. Verbr. → *Dräusch.* – Etym. zu got. *[ga]driusan* ‚[herunter]fallen'.

drebisch → *dräuisch.*

dreckfress[er]ig Adj. ‚sehr geizig, verhungert' *das dreckfreßriche Luder rickt nischt raus!*

Dreckschleuder f. ‚loses Mundwerk' meist in Wendungen wie *der ihre Gusche geht wie ne Dreckschleuder.*

dreeschen → *dräuschen.*

Drehmel → *Dremmel.*

Drehturm m. Bed. wie → *Pyramide*; Vgtld.

Drehwind m. ‚Wirbelwind' Osterländ., Meißn., Vorvgtld., Vorerzg.; *deckt alles zu, s kimmt e Drehwind!*

dreist Adj. ‚ohne Hemmungen, zutraulich; frech (u. klug)' EEGeb., Osterländ., Meißn., Laus.; *die Kleene is drieste, die jeht bei jedn hen.* – Lautf.: *drieste, dreiste.*

Dremmel m. ‚großer, kräftiger, ungeschlachter Kerl' vorwieg. Vgtld., Erzg., aber auch Meißn., Laus.; *su e aller grußer Drehmel – un bringt nischt zestande!* – Lautf.: *Drehmel, Drähmel, Dremmel*; mhd. *drëmel* ‚Balken, Riegel'.

Drempel m. ‚senkrechte Ummauerung eines Raumes unter einem spitzen Dach' (bes. auf dem Heuboden der Scheune), aber auch dieser ummauerte Raum, der nicht die volle Höhe eines Wohnraumes hat, selbst; EEGeb., Nordosterländ.; *de Kinder missen ohm im Drempel schlafen.* – Mhd. *drempel* ‚Türschwelle'; → aber *Trempel.*

dreuge Adj. ‚trocken' im Gesamtgeb., außer Nordosterländ., EEGeb., Südmärk. (dort → *dröge*); Lautf.: *dreuche, dreiche.*

Dreusel → *Trageseil.*

driefeln → *triefeln.*

Driesch m. ‚gepflügtes Brachland, gepflügte Wiese' veraltend, sOst-, Südmeißn., Erzg. – Mhd. *driesch* ‚unangebautes Land'.

Drischel m. od. f. ‚(Klöppel am) Dreschflegel' Vgtld. – Mit der alten Arbeitsweise ist auch das Wort fast vergessen.

dröge Adj. ‚trocken' Nordosterländ., EEGeb., Südmärk. (übriges Geb. → *dreuge*); Lautf.: *drehe, drehje.*

Drückel, Drücker m. ‚Türklinke' (urspr. Bezeichnung für den einfachen Holzgriff zum Herunterdrücken, hat sich auf die moderne Klinke übertragen) Vgtld., Erzg., Oberlaus.; *iech kah net nauf'n Dricker* ‚ich kann nicht bis zur Klinke langen'.

drucksen sw. V. ‚nicht mit der Sprache herauswollen, unentschlossen sein, zögern', auch von einem Witterungszustand ‚ungewiß, unsicher sein', meist *herumdrucksen*; *erscht hat er ne Weile rumgedruckst, un dann hat er'sch endlich gesaht.*

duberig → *toberig.*

Dulke → *Tulke.*

Dummbrett → *Daubenbrett.*

dummöhrig Adj. ‚dumm, ungeschickt, unbeholfen' *stell dich ni so dummärig an!* – Von den Sprechern meist volksetym. an *dumm-märig* angelehnt.

dunker Adj. ‚dunkel' Nordosterländ., EEGeb., Südmärk. – Eine landschaftliche Kreuzungsform zwischen nördl. *duster* u. südl. *dunkel.*

Dünnung f. ‚der schmale, dünne Mittelteil des Fußes, des Schuhs', auch ‚Taillen-, Leistengegend'; *ich hab mer enn Naachel in de Dinnche getraten.* – Lautf.: *Dinnung, Dinnche.*

Dunsel m. ‚einfältiger, dummer Kerl; Tolpatsch' *du Dunsel hast mich gelatscht* (getreten)!

Dunst m. od. f. wie litspr., häufig aber als Femininum; im Vgtld. auch in der Bedeutung ‚Wasserdampf' (z. B. in der Küche).

dürr Adj. neben der im Gesamtgeb. verbreiteten litspr. Bedeutung. auch ‚klein' EEGeb., Nordosterländ.; *off'n Ofen stehn e derrer un e großer Topp.*

dürrwänstig Adj. ‚unterentwickelt, unscheinbar, klein u. mager' (von Personen, aber auch von Gegenständen), Osterländ., Meißn.; *was haste denne hier fer derrwänstche Gerschen* (Kirschen) *eingegooft!*

duse[mang] → *douce[ment].*

ebenvoll Adj. ‚gestrichen voll, ganz voll' Meißn., Laus., Erzg., Vgtld.; *der Topp is ehmvoll.* – Lautf.: *ihemvoll* Vgtld., *ehm-*, *ahmvoll* Erzg., Meißn., *ahnevoll* Laus.

eckel → *eitel.*

eelitzch → *einlützig.*

eesend → *eisend.*

eestern → *eistern.*

egal Adj. **1.** ‚gleichartig' *das sin zwee egale Latschen* (Schuhe). – **2.** ‚gleichgültig' *das kann doch dir ganz egah sein, ob ich komme!* – **3.** ‚immer, fortwährend' *habt ihr denne eechal bloß Bledsinn in Koppe?*

ehe Konjunkt., Adv. **1.** wie litspr., aber auch als Konjunkt. wird meist der Komp. verwendet: *ehr de giehst, sahste* (sagst du) *mir Bescheed!* – **2.** Komp. *eher* ‚erst' Südmärk., EEGeb., Nordosterländ.; *da brauchste nich ehr ze fraachen.* – Lautf.: *ehb, iehb*; Komp. *ehr[e], iehr[e].*

ehegestern Adv. ‚vorgestern' veraltet; *ehrgestern hatt'mer Besuch.*

ehrbar Adj. ein Wort, das in den Mundarten eigene, von der Hochsprache abweichende Bedeutungen entwickelt hat: **1.** ‚niedlich, zierlich, adrett, ordentlich' (Verhalten u. Aussehen betreffend), Meißn., Laus.; *su e ahrweres Madchen wie das is, das sitt mer glei!* – **2.** ‚schwächlich, unterentwickelt, unansehnlich' Vor-, Westerzg.; *nää, is dos e kläänes ahrwersch Dingel* (Kind)! – Lautf.: *ährwer, ahrwer.*

Eichelgabsch m. ‚Eichelhäher' Nord-, Ost-, Südmeißn., Schrad., West-, Neulaus. – Etym. wohl zu *Habicht* gehörend.

Eichelhäher m. wie litspr., Osterländ., Ostlaus.

Eichkauz m. ‚Eichhörnchen' Südmärk., EEGeb., Nordosterländ. – Lautf.: *Eechkuuz, Ee[k]kuuz.*

eigen Adj. ‚peinlich genau, ordentlich, akkurat; eigentümlich, sonderbar' vorwieg. Laus.; *a* (in) *manchen Sachen is die sihre* (sehr) *eegen; er hat mich su eegen angeguckt.*

eilig Adj. ,stumpf, rauh (von den Zähnen)' nach dem Genuß saurer Speisen (z. B. Rhabarber, Zitrone); Erzg., Vgtld.; *vun dan sauern Gelump warn* (werden) *de Zäh eilich.*

einbarmig Adj. ,Mitleid erregend, erbarmenswürdig' Oberlaus.; *du machst heute e racht eebarmches Gesichte.* – Lautf.: *eebarmch.*

Einbieger m. ,Taschenmesser' veraltet, Südosterländ., Meißn., Westlaus. – Lautf.: *Ei[n]beecher.*

Einbrenne f. ,Beigabe an Soßen od. Gemüse, die aus gebräuntem Mehl, gerösteten Zwiebeln, etw. Fett u. Salz besteht' *mußt ni gar su viel Einbrenne ans Essen tun!*

einfältig Adj. ein Wort, das in den Mundarten viele von der Hochsprache abweichende Bedeutungsschattierungen hat: ,eigensinnig, albern, einfallsreich, lustig, merkwürdig, verrückt' (nicht nur auf Personen bezogen) *das Zeig hat ein' aafaltigen Geruch!*; *ich hatt enn eefältchen Troom*; *unser Nachber is e eefälcher Kerl.*

Eingelenke n. ,Platz, um einen Wagen wenden zu können' meist in den Fügungen *das E. kriegen, holen,* Meißn., Laus.; *mer hatten Miehe* (Mühe), *off der Straße s Eingelenke ze kriechen.*

Eingeschnittene Pl. eigtl. ,in den Tiegel geschnittene gekochte Kartoffeln', also ,Bratkartoffeln' Vgtld., Westerzg.; *heit ohmd gibts Eigeschnietne.*

einlützig Adj. ,einzeln (von einem Paar), allein, abgesondert' Osterländ., Meißn., Laus., Vorerzg., Vorvgtld.; *der eelitzche Latsch* (Schuh) *nitzt mer nischt meh*; *rennt ni alle so eelitzch rim!*; *biste immer noch aalitzch* (ledig)? – Lautf.: *eelitz[i]ch, aalitz[i]ch*; → *zweilützig.*–

Einmietes, Einmietich ohne Art. *E. machen* ,ein (Mittags-)Schläfchen halten' Ober-, Ostlaus.; *ich war* (werde) *a bissel Eimittch machen.*

Einnehmich n. ,Arznei' veraltet, vorwieg. noch Vgtld.; *murgen hull ich fer diech e Flasch Einemmich.*

einrennen unregelm. V., refl. ,sich heftig stoßen' vorwieg. sOst-, Südmeißn., Osterzg.; *ich hab mer in Finstern s Been eingerannt.*

einsam Adj. wie litspr., aber auch ,einsilbig, bedrückt' veraltet, Ostmeißn., Laus.; *'s ging ihr ni gutt, se war racht eensen.* – Lautf.: *eensen.*

einteilig Adj. ,gut einteilbar, sparsam verwendbar' vorwieg. West-, Nordmeißn., Osterländ.; *ich koof gerne Leberworscht, die is einteelch.*

eintürlich Adj. ,einträchtig' Oberlaus.; *se saßen ganz eetierlch beisamm'.* – Lautf.: *eedierlch.*

Einzeichen n. ‚Lesezeichen' veraltet, Osterländ., Meißn.; *du hast mer s Einzeechen rausgenomm'.*

eisen sw. V. ‚sich beeilen, rennen' veraltet, Meißn., Laus., Erzg.; *eis ni su, kimmst schun na* (noch) *hen!*

eisend Adj. ‚Schrecken einjagend, Abscheu verbreitend, unheimlich' veraltet, Laus.; *die hat a eesendes Getue; wenn dar der Finger bissel blutt, tutt die glei eesende.* – Zu mhd. *eisen* (aus *egesen*) ‚Schrecken empfinden'.

Eiskahn m. ‚kleiner, primitiver Kinderschlitten' (urspr. wohl ein Brett mit einem Paar eiserner Kufen darunter), Südmärk., EEGeb., Nordosterländ., Schrad.

Eisrößchen n. Bed. wie → *Eiskahn*; Osterländ.; *dei Eisreßchen jeht besser wie meins.*

eisterlich Adj. Bed. wie → *eisend*; Westlaus., sMeißn.; *mir is ganz eesterlich zemute.* – Lautf.: *eesderlich, eusderlich*; zur Etymologie → *eisend*.

eistern sw. V., refl. ‚sich ekeln; schaudern' Verbr. u. Etymologie → *eisend*; *ich eester mich vor sowas.* – Lautf.: *ees[d]ern, eus[d]ern.*

eitel Adj., Adv. **1.** ‚rein, ohne Zusatz', fast ausschließlich in der Fügung *etw. eitel essen* ‚ohne Brot' *der frißt cha de Worscht glei ekel nei!* – **2.** ‚wählerisch (in bezug auf das Essen)' Westlaus., Ostmeißn.; *sei ni so ekel, wenn de off Besuch bist!* – **3.** ‚immerzu, fortwährend; nur, nichts außer' Erzg.; *iech bie* (ich bin) *eitel derhäm; du denkst när eitel an diech* (dich)! – Lautf.: *eckel, ekel* (in Bedeutungen 1,2; volksetym. an *ekel, heikel* angelehnt), *eidel* (Bedeutung 3); mhd. *ītel* ‚leer, ledig; ausschließlich, nur; rein, unverfälscht'.

eitelganz Adj. eigtl. eine Tautologie (wohl dadurch entstanden, daß *eitel* – bes. in der entstellten Lautf. *eechel* – nicht mehr verstanden wurde): **1.** ‚ganz u. gar, durch u. durch, völlig', auch ‚unversehrt, heil' veraltet; *de tepperne* (tönerne) *Schissel is mer runtergefloochen, aber se blieb eechelganz.* – **2.** ‚steif, starr' Ostlaus. – **3.** ‚verblüfft, erstaunt' Westerzg., Vgtld.; *dar war vor Schreck ganz eecheleganz.*

e-ja! Interj. Ausruf der Ablehnung, Verneinung (auch in dem Sinne ‚das kann doch nicht sein! das ist doch nicht möglich!'); *Saachen se denne in Leipzch immer noch „escha"? – Escha!* – Der Ausruf ist aber nicht nur in Leipzig, sondern in ganz Sachsen üblich!

ekel → *eitel.*

elend Adj. in den litspr. Bedeutungen ‚kümmerlich, beklagenswert; krank, schwach', aber sehr häufig auch als Mittel der Verstärkung, Steigerung ,sehr, tüchtig, groß' *dar war mir elende bese*; *ich hawwe elenden Hunger.*

Eller f. ,Erle (Baum)' Südmärk., EEGeb., Osterländ. (aus dem niederdeutschen Raum sich bis ins Obersächsische erstreckend).

emende → *amende.*

Ende n. es handelt sich hier um das zum Adverb gewordene *zengs[d]*, seltener *zens[d]* (aus *ze ende* durch den md. Wandel *-nd-* zu *-ng-*, analogisch angefügtes *-s* u. das unorganische auslautende *-d*), das uns nahezu ausschließlich in Zuss. begegnet, wie z. B.: *zengsthin* ,entlang' *de Straße zengsthin machen* (entlanggehen); *zengst[en]dingehin* ,die Dorfstraße stets in einer Richtung entlang' *hier mußte aafach immer zengstendingehie laafen*, häufig auch *zengst[en]dingenunner, zengst[en]-dingenauf*; *zengstrim* ,rundherum, ringsumher' *zengstrim war nischt ze sah* (sehen). – Auch substantiviert tritt das Adverb auf: *Zengstnaus* m. ,großer, lang aufgeschossener Kerl' *su e langer Zengstnaus kah* (kann) *aus der Dachrinn saufen.* – All diese Bildungen sind in den sächs. Mundarten noch lebendig; bes. häufig treten sie bis heute im Vgtld., Erzg. u. Laus. auf, wo sie geradezu als charakteristisch für Dialektsprecher gelten können. – Die Zuss. *wuleng* (aus *wo enden*) ,irgendwo' ist vorwieg. noch im Süd- u. Ostmeißn. anzutreffen; *ich ho's* (habe es) *doch wulenk hingeleht* (hingelegt). Auch in anderen Zuss. findet sich *Ende*: → *amende, allend[ig]en.*

entgegen Adv., Präp. die auffälligen oberlaus. Lautf. *ei-de-kehne, a-de-kehne* zeigen noch deutlich die etym. Herkunft des Wortes, nämlich *in-die-Gegene.*

entzwei Adj. (nicht attr.) wie litspr., aber im Gesamtgeb. veraltet (ebenso wie → *aufstücken*), wird von dem Fremdwort *kaputt* verdrängt; *Mutter, der Kaffeetopp is anzwee, der leeft* (läuft aus). – Lautf.: *a[n]zwee, enzwee, inzwaa*; etym. eigtl. *in zwei (Teile).*

epper → *etwa.*

erbellen sw. V., refl. ,sich durch einen harten Stoß od. Schlag (den Fuß, die Ferse, die Hand) verletzen, sich prellen, sich etw. verstauchen' veraltend; *vor zwee Jahrn hab'ch mer n Fuß erbellt, das merk'ch heite noch.* – Lautf.: *er-, der-, verbelld.*

Erber → *Erdbirne.*

Erdapfel m. (meist Pl.) ,Kartoffel' Vgtld., Vorvgtld., Erzg., Vorerzg.; früheste Anfänge des Anbaus bereits im ausgehenden 17. Jh. (im Vgtld.!), im 18. Jh. breitet sich der Kartoffelanbau auf das Erzg.

u. Meißn. aus. Sachsen ist damit für das gesamte deutsche Geb. das „Mutterland" der Kartoffel. – Lautf.: Pl. *Erdepfeln* (Vgtld.), sonst *Ard-*, *Erdäppeln*.

Erdbirne f. (meist Pl.) Bed. wie → *Erdapfel*; Osterländ., Meißn., Laus. (*ganze Erdbirnen* ,mit der Schale gekochte Kartoffeln, Pellkartoffeln'). – Lautf.: Pl. *Arbern, Erbern, Abern, Äbern, Aburn, Äburn*.

erhast Adj. (nicht attr.), eigtl. Part. Perf. ,erschrocken' Vgtld.; *als die dos derzehlt* (erzählt) *hot, war'ch ganz derhost.* – Etym. *er-hasen* ,furchtsam sein (wie ein Hase)'.

erkarten sw. V. ,sich etw. ausdenken, etw. ersinnen, erfinden' Vgtld., Westerzg.; *do miß' mer was annersch* (etw. anderes) *derkarten!*

erkobern sw. V., refl. ,sich erholen' Vgtld.; *iech hoh miech wieder fix derkobert.* – Schon mhd. *er-koberen* ,sich erholen' (aus lat. *recuperare*).

ermäckern sw. V. ,etw. (mit letzter Kraft) schaffen, bewältigen, zuwege bringen' *ich konnte's grade noch ermäckern; das läßt sich bei'n besten Willen nich ermäckern.* – Etym. zu *machen* gehörig (mit Intensivierung).

erne → *irgend*.

Erpel m. ,männl. Ente, Enterich' Südmärk., EEGeb., Osterländ., Schrad., West-, Nord-, nOstmeißn., nWest-, nOstlaus. – Lautf.: *Erbel[d], Arbel[d]*.

Erst f. *in der E.* ,zu Beginn, anfangs' veraltet; *in der Erscht ging's noch ganz gut.*

escha! → *e-ja!*

espern → *äschern*.

Esse f. wie litspr. ,Schornstein' im Gesamtgeb. außer Südmärk., EEGeb., Nordosterländ. (dort → *Schornstein*). – Lautf.: *Eßd* Vgtld., Westerzg., sonst *Esse*.

Essenkehrer m. wie litspr. ,Schornsteinfeger' im gleichen Geb. wie → *Esse* (nördl. davon → *Schornsteinfeger*).

etwa Adv. **1.** wie litspr. ,ungefähr' *s warn er* (ihrer) *etwan hunnert Leite.* – **2.** wie litspr. ,vielleicht, womöglich' *haste epper grod geschlofen?* – **3.** als häufig gebrauchtes Flickwort im Gespräch, um einer Bemerkung Nachdruck zu verleihen, im Sinne von ,aber' Vgtld., Westerzg.; *den hoh iech's epper gesoocht* (gesagt)!; *do gibt's epper nix!* – Lautf.: *epper* (Vgtld., Westerzg.), sonst *edwah*, häufig auch *edwahn*.

eurisch Adj. **1.** ,Angst verbreitend, unheimlich, gruselig' Meißn., Erzg.; *s tat mich ruffen, un das klung* (klang) *su euersch.* – **2.** ,gierig, hastig' (bes. beim Essen) Westmeißn., Vor-, Westerzg., Vorvgtld.; *iß ner net su eirisch!* – Etym. zu *auer-* ‚wild'.

eustern → *eistern.*

ewig Adj. ‚übermäßig lange, nicht enden wollend; fortwährend, sich oft wiederholend' *das dauert cha ehbch, bis du ma kimmst!; das is enne ehbche Märerei* (Zeitvergeudung durch langsames Verhalten) *mit dir!; das dauert cha ehbch un drei Taache, bis du fertch werscht.* – Lautf.: *ehbch, iebch.*

facherieren → *vagerieren.*

facken sw. V. **1.** ,etw. mit Nachdruck [weg]werfen‘, häufig auch *hin-, wegfacken; den Mist fack'ch eefach in de Ecke! −* **2.** ,nach hinten ausschlagen‘ (von Pferden, Rindern), auch *aus-, herausfacken; paß off, der tutt gerne ausfacken!*

fädeneln sw. V. ,die Fadenenden in die Nadeln der Stickmaschine einfädeln‘, aber auch überhaupt ,an der Stickmaschine arbeiten‘ Vgtld.; *fänneln mußt mer scha* (schon) *als Kinner.* − Lautf.: *fänneln.*

fagat → *vacat.*

fähnsen → *fänsen.*

Fahrmaus f. ,Wühlmaus‘ Meißn., Westlaus., Vgtld. − Lautf.: *Fahr-, Fuhrmaus.*

Fahrt f. neben der litspr. Bedeutung auch **1.** ,Steigleiter in den Bergwerksschacht; Leiter‘ Westerzg. (aus der Bergmannsspr.). − **2.** ,so viel Wasser, wie man auf einmal tragen kann; zwei Eimer, zwei Kannen Wasser‘ im Gesamtgeb. außer Südmärk., EEGeb.; *ich muß noch enne Fahrt Wasser huln.*

Fake f. ,Ohrfeige‘ Meißn., Osterländ.; *du krichst enne Fake, daß dir Hiern un Sahn vergitt!*

Fangele, Fangeles ohne Art. ,Haschespiel der Kinder‘ Vgtld.

Fanger ohne Art., Bed. wie → *Fangele*; Erzg., Vorerzg.; *mer machen e bissel Fanger.*

Fanges ohne Art. Bed. wie → *Fangele*; Vorvgtld., Vorerzg., Erzg.

Fangnis ohne Art., Bed. wie → *Fangele*; Vor-, Westerzg.

fänneln → *fädeneln.*

fanscheln sw. V. ,handeln, tauschen, kleine Geschäfte machen‘ (unter Kindern) Westerzg.; *de Kinner tunne garn e wingk* (ein wenig) *fanscheln.*

fänsen sw. V. ,(grundlos) weinen, heulen‘ (von Kindern) vorwieg.

Meißn., Laus., aber auch im Gesamtgeb. bekannt; dazu auch *Gefänse, Fänserei; Fänsliese; deswäächen brauchste doch ni glei ze fänsen!* – Lautf.: *fähnsen*.

Fape, Fäpe f. ‚kleine selbstgefertigte Pfeife der Kinder‘ (aus Holunder- od. Weidenast, Gras- od. Getreidehalm) Osterländ., Schrad., West-, Nordmeißn.; *in Friehling ham mer uns frieher immer ne Fäpe gemacht*.

Fase f. ‚Faser, die an der Kleidung hängenbleibt‘ Vgtld., Westerzg., häufiger aber im Dim.: *Fäslein* n. in gleicher Bed. u. übertr. ‚kleines bißchen, wenig‘ *wart ner e Fesele, iech kumm glei miet!* – Lautf.: *Fohs*, Dim. *Fehsel[e]*.

fasennackicht Adj. ‚splitternackt‘ Vgtld., Westerzg. – Lautf.: *fohsenackett*.

Fastnacht ohne Art., wie litspr.; echtes altes Brauchtum hat sich vor allem im Vgtld., Erzg., Oberlaus. gehalten:

> *Ich bin der kleene Fosnachtsnarr, / ich mecht fer ann Dreier*
> *Worscht, / fer ann Dreier Speck, / morne is de Fosnacht weg.*

Lautf.: *Fahs-, Fohsnacht* Osterzg., Laus., Schrad., Nordmeißn., nur noch selt. Osterländ.; *Fohsend* Vgtld., Westerzg., *Fohsned* sVgtld.; die Formen *Fohsend, Fohsned* gehen vielleicht nicht auf *fasten* zurück, sondern auf mhd. *vasen* ‚Wurzeln schlagen, gedeihen, sich fortpflanzen‘.

fauchen sw. V. neben der litspr. Bed. auch refl. ‚sich kratzen, sich scharren‘ Vor-, Westerzg.; *ich muß mich mah offn Buckel richtch fauken.* – Lautf.: *fauken*.

Fäue f. ‚Reinigungsmaschine in der Landwirtschaft (Schüttelsiebe für Getreide, Lattengestell für Kartoffeln u. Rüben)‘ mit der Sache veraltet; *mach enne andre Feie* (Sieb) *nein, sunst krieng mer ze viel Geringes* (kleine Körner) *mit!* – Lautf.: *Fege, Feie*; etym. zu mhd. *vewen, väwen* ‚sieben‘.

fäuen sw. V. **1.** ‚Getreide reinigen‘ (u. zwar mit Sieben, vor allem aber durch das Hochwerfen mit einer → *Mulde*), mit der Tätigkeit veraltet, aber noch im Meißn., Laus., Westerzg. bekannt. – Lautf.: *fegen, feien*. – **2.** ‚sehr fein regnen, nieseln‘ Vgtld. – Lautf.: *s faat*. – Zur Etymologie → *Fäue*.

fauken → *fauchen*.

Faunze f. ‚Ohrfeige‘ vorwieg. Westerzg.; *frieher gob's in der Schul fix paar Faunzen.*

Fäustel m. od. n. ‚schwerer Hammer, Vorschlaghammer' Südmeißn., Erzg.

Faustpinsel m. eigtl. ‚die große Bürste des Maurers', übertr. ‚großes Schnapsglas' (das man mit der ganzen Hand anfassen muß); *geb nur noch enn Faustpinsel aus!*

Fauze f. ‚Ohrfeige' Laus.

feckig → *pföckig*.

feder[n] → *förder[n]*.

Federschleißung f. ‚die abendliche Zusammenkunft einiger Dorfbewohner zur gemeinsamen Tätigkeit des Federnschleißens' früher an den langen Winterabenden beliebt, veraltet, aber im Meißn., Laus. noch bekannt. – Lautf.: *Fader-, Federschleißche*; → *schleißen*.

¹Fege → *Fäue*.

²Fege f. ‚Nachgeburt der Kuh' sVgtld. – Etym. zu mhd. *vegen* ‚fegen, reinigen, putzen'; → auch *Reinigung*.

fegen → *fäuen*.

fei → *fein*.

feien → *fäuen*.

Feifalter m. ‚Schmetterling', seltener auch ‚Kohlweißling' Vgtld., Westerzg., veraltend. – Lautf.: *Weißfalle[r], Zwei[s]faller, Zweifels-, Zweiselfalter*, Nordbair. *Feierfalk*; all diese volksetym. Bildungen gehen zurück auf mhd. *vī-valter*, ahd. *vivaltra*; vielleicht zu lat. *papilio*.

Feime f. ‚zum Überwintern von Hackfrüchten angelegte flache, lange Grube, die dann zum Schutz gegen Frost mit Stroh u. Erde abgedeckt wird' Nord-, Ost-, Südmeißn., West-, Oberlaus., Erzg., Vgtld.

fein Partikel ‚nun, ja' (eine Verstärkung ausdrückend) Vgtld., Westerzg.; *das is fei schie* (schön); *die is fei liederlich; das darfste fei net machen.* – Lautf.: *fei* (unbetont).

Feise f. ‚kleiner Aufenthaltsraum (mit Schlafgelegenheit) des Müllers in der Windmühle'; mit der Sache veraltet. – Das Wort ist wohl aus dem niederdeutsch-westfälischen Raum nach Osten vorgedrungen.

Feldscheune f. ‚ein Büschel Getreide, das man beim Abschluß des Getreidehauens stehenläßt, zusammenbindet u. mit Blumen schmückt' (der Brauch sollte garantieren, daß das Getreide auch gut in die Scheune gelangt); veraltet, Westmeißn., Vorvgtld.

Ferl[i]chen → *Forelle*.

Ferns'che → *Firnis'che*.

ferten Adv. ‚voriges Jahr‘ Nordbair., Oberlaus., in Verbindungen wie *fer-Jahre, fern-Jahre* (Laus., Meißn., Vgtld.) steckt aber wohl das alte Adv., das von den Sprechern nicht mehr verstanden wurde, auch noch drin. – Etym. zu mhd. *vërn[e], vërn[en]t* ‚im vorigen Jahr‘, ahd. *firni* ‚alt‘.

Fetzchen n. *das F. haben* ‚beim Flegeldreschen den letzten Schlag tun, beim Hauen den letzten Sensenhieb tun, beim Binden die letzte Garbe binden‘; veraltet, Meißn.; *wer's Fetzchen hatte, mußte een' ausgehm*.

Feueresse f. ‚Schornstein‘ Oberlaus. (Lautf.: *Feueresse*), Vgtld., Erzg. (Lautf.: *Feiereßd*).

Feuerrüpel m. ‚Schornsteinfeger‘ Erzg., Süd-, Ostmeißn., West-, Oberlaus., Osterländ., Nordmeißn. (als kinderspr. Wort häufig neben *Essenkehrer*); *Feierriepel, putz dei Schniepel, gab mer doch e Zuckertietel!*

fichelant → *vigilant*.

Ficke f. ‚Hosentasche‘ veraltet, Südmärk., EEGeb., Osterländ.; *er hatte beede Hände in de Ficken; kee Gald in der Ficke*.

Fiduz m. ‚Unternehmungsgeist, Elan, Lust‘, aber auch ‚Zuversicht, Vertrauen, Hoffnung‘ veraltet; *er wollt uns ne Fiduz net namme* (nehmen); *er hot kaa* (keinen) *Fiduz ze mir*. – Fremdwort, lat. *fiducia* ‚Vertrauen‘.

Fiebch → *Viehweg*.

Fiedel n. ‚kleines, mundgerecht geschnittenes Stückchen Brot‘ Ober-, sWestlaus., sOstmeißn., Osterzg.

Fieder m. Bed. wie → *Fiedel*; häufig auch im Dim.: *Fiederchen*, Laus., Ostmeißn.; *ich kann ni mehr gut beißen, ich muß mer Fieder machen; e paar Fiederchen eß'ch noch*. – Etym. zu *Fuder*.

Fiehl → *Pfühl*.

Fiepe f. Bed. wie → *Fape*; Osterländ., Schrad., Nordmeißn.

fiepig Adj. ‚zu klein, zu eng, dünn (von Kleidungsstücken)‘ *das Jäckel is ze fiepch, das kannste ni mehr anziehn*.

fiet-fiet! Interj. Lockruf für die kleinen Enten, wEEGeb., wOsterländ.

Fieze f. ‚bestrichene Brotscheibe; zwei zusammengeklappte, beschmierte Scheiben Brot‘ Erzg.; *Mutter, geb mer ne Fiez, ich hab Hunger!*

64

figelant → *vigilant*.

Fillbes m. ‚kleiner, runder od. ovaler Korb‘. – Lautf.: *Fillbes, Fillbis* Westerzg., *Fillfoß* Nordbair.; etym. zu mhd. *vëlwe, vëlwer* ‚Weidenbaum, Geflecht aus Weiden‘, volksetym. an *füllen* angelehnt.

Finke f. ‚Gefängnis‘ EEGeb., Nordosterländ.; *wenn de Dummheeten machst, kimmste in de Finke*.

Finkel → *Fünklein*.

Finster f. ‚Finsternis, Dunkelheit‘ Vgtld., Westerzg.; *er wollt sich in der Finster aus’n Staab machen*.

Finsterigkeit f. Bed. wie → *Finster*; veraltet; *enne Finstrichkeet is das heute!*

Firnis’che f. ‚Kopf‘ Südwestosterländ.; *ich hab mich an de Ferns’che gerammelt*.

fischeln → *pfischeln*.

Fisimatenten Pl. ‚Ausflüchte, Umstände; Versuche, etw. Unangenehmes hinauszuzögern‘ *mache nur keene Fissematenzchen!* – Lautf.: *Fissemadenzchen*; Fremdwort, mlat. *visae patentes (literae)* ‚ordnungsgemäß erworbenes, geprüftes (Dokument)‘.

fispern sw. V. ‚etw. mühsam suchen, nach etw. greifen, tasten‘ häufig auch *herumfispern*; Vgtld., Erzg., Laus.; *ich hab erscht lange rimgefischpert, bis ich’s hatte*. – Lautf.: *fischbern*.

fissentieren → *visitieren*.

Fist m. 1. eigtl. ‚Furz‘ – 2. übertr. ‚kleiner, schwächlicher, empfindlicher Junge‘ veraltet; *is denne unser kleener Fist wieder off’n Damme (gesund)?*

fitscheln sw. V. ‚(lange u. nutzlos) hin u. her bewegen‘ (z. B. mit einer Säge, einem stumpfen Messer), meist in Zuss. wie *ab-, herumfitscheln*, häufig auch *Fitschelei, Gefitschel; deine ehbche* (ewige) *Fitschelei nitzt gar nischt!*

Fitschepfeil → *Pfitschepfeil*.

Fittich m. 1. ‚Flügel‘ (meist ‚Gänseflügel‘). – 2. übertr. ‚großes Stück‘ (z. B. Stoffetzen, großes Feld, großes Stück Kuchen). – 3. übertr. ‚frecher Kerl‘. – Verbr. des Wortes: Südmärk., EEGeb., Osterländ., wSchrad., Nordmeißn.; Lautf.: *Flettch, Flittch* (eigtl. eine Kreuzungsform zwischen *Flügel* u. *Fittich*).

flähen sw. V. *Wäsche f.* ‚Wäsche spülen‘ Westerzg., Vorvgtld., Vgtld. – Lautf.: *fläh[e], flah[e]*; mhd. *vlæjen, vlöuwen* ‚Wäsche spülen, säubern‘.

flämisch Adj. *f. lachen* ‚höhnisch, spöttisch' Vgtld. – Lautf.: *[b]flahmsch.*

Flappe, Fläppe f. ‚trotzig, weinerlich verzogener Mund' *ziehe bloß nich so ne Fläppe!*

Flarren m. ‚Wunde, Narbe; Fleck, Schandfleck' Vgtld., Ober-, Ostlaus.; *hast ann ganz schinn* (schönen) *Flarrn off'n Schienbeen.* – Mhd. *vlarre, vlerre* ‚breite Wunde'.

Flaschner m. ‚Klempner' sVgtld., Nordbair., sWesterzg.

Flate f. ‚mißmutiges, mürrisches Gesicht' Vgtld.; *zieh kaa sette* (solche) *Flat!*

Flatschen m. ‚ausgedehnter, großer Fleck; großes, räumlich ausgedehntes Stück; Fetzen' *den ganzen Flatschen Fleesch krich ich gar ni in' Tiechel.*

fläumeln sw. V. **1.** ‚langsam (bei großer Kälte) schneien' *draußen fängt's sachte ah ze flaameln.* – **2.** refl., ‚müßig sein, sich ausruhen u. pflegen' *er flaamelt sich in senn Garten.* – Verbr.: Vgtld., Oberlaus.; Lautf.: *flaameln, fläämeln.*

Flausch m. ‚Haarbüschel', seltener auch ‚Gras-, Strohbüschel' EEGeb., Osterländ., Schrad.; *die hat mich enn janzen Flausch Haare rausjeruppt!*

Flecke Pl. ‚Innereien, Kaldaunen als Speise zubereitet' Meißn., Vorerzg., Erzg., Vorvgtld., nVgtld.; *an Flecke kann ich nich nan* (kann ich nicht essen).

flecken sw. V. ‚gut vorangehen, mit etw. gut vom Fleck kommen' *heite fleckt de Arweet; die sin noch chung, bei den' fleckt's.*

Flederwisch m. ‚Gänseflügel' (früher als Besen u. Staubwischer benutzt) Laus., West-, Ost-, Südmeißn., öSchrad., Vorvgtld., Vgtld., Vorerzg., Erzg.

Flegelschrape f. fiktiver Gegenstand, den ein unerfahrener Flegeldrescher nach Abschluß des Dreschens beim Nachbarn holen sollte (dieser tat ihm dann Steine od. irgend etw. Lustiges in seinen Korb od. Sack), mit dem Brauch u. der alten Arbeitsweise ausgestorben, urspr. Vor-, Westerzg.; → auch *Banselräumer.*

Fleischergang m. ‚ein Weg, den man umsonst gegangen ist' vorwieg. noch Westerzg., Vgtld., sonst selt.; *das war e Flaaschergang, bei dan' war niemand derham* (zu Hause).

flennen sw. V. ‚(grundlos) weinen, heulen' (von Kindern) *warum flennste denne?; nu her bloß off ze flenn' wechen den bissel Mist!*

fleschen sw. V. **1.** Bed. wie → *flennen*; Vor-, Westerzg. – **2.** ‚fauchen (von der Katze)‘ Osterzg., Südmeißn.

Flettich → *Fittich.*

fletzen sw. V. ‚stark regnen, Flüssigkeit verschütten‘ Ober-, Ostlaus.; *heute hat's aber amoh wieder gefletzt!* – Kausative Bildung zu *fließen* (eigtl. ‚fließen machen‘).

Fletzen m. ‚große, flache, behauene Steinplatte vor der Haustür‘ Oberlaus.; *uffm Fletzen is' gefrurn.* – Mhd. *vletze* ‚Tenne, Hausflur, Lagerplatte‘.

fliechelant → *vigilant.*

Fließei n. ‚Ei ohne Kalkschale‘ *die eene Henne leecht Fließeier.* – Lautf.: *Fließei, Fleßei, Floßei*; im Vgtld. *Flezei, Fliezei.* – Etym. wohl nicht zu *fließen*, sondern zu *Vlies* ‚Fell, Haut‘.

Flietschlein n. ‚kleines Stück‘ (z. B. von Wurst, Brot) Westerzg.; *er hoht de Worscht in klaane Flietscherle geschnieten.* – Lautf.: *Flietschel, Flietscherle.*

Flintenstein m. ‚kleines, flaches Bonbon‘ auch im Dim.: *Flintensteinlein*; veraltet.

Flittich → *Fittich.*

Flitzebeen → *Veloziped.*

Floge f. ‚kurzer Regenschauer‘ vorwieg. Ostmeißn., aber auch Osterländ., Nordmeißn., Laus.; *s is bloß ne Flooche, die is bahle wieder vorbei.*

Flunsch m. ‚trotzig, weinerlich verzogener Mund‘ *du ziehst enn Flunsch wie drei Taache Räächenwetter!*

Flurfleck ohne Art. ‚kleines Fest bei Beendigung einer Erntearbeit‘ (z. B. Kartoffel-, Getreideernte), übertr. auch überhaupt ‚Abschluß einer Arbeit‘ Vgtld.; *heit mach mer Flurfleck.*

flutschen sw. V. ‚gut vorwärtsgehen, rasch vorankommen‘ *heute hat's geflutscht bein Reenemachen.* – Lautf.: *fluhtschen.*

Focht m. ‚Streit, Zank‘ Westerzg.; *was habt ihr däh* (denn) *fer enn Focht mitenanner?* – Etym. zu *fechten.*

Focke → *Pfocke.*

fockig → *pföckig.*

Folgen Pl. alter Flurname, der Flurstücke bezeichnet, die abseits vom Besitz der Bauern lagen u. in Einzelparzellen gegliedert waren. – Etym. zu mhd. *vollunge* ‚Vervollständigung‘ u. erst später an *Folge* angelehnt.

förder Adv. ‚vorwärts, voran' Vorvgtld., Vgtld., Vorerzg., Erzg.; *lus, s gieht feder!; kummt, mer machen feder! –* Lautf.: *feeder.*

fördern sw. V. ‚rasch vorankommen, gut vorwärtsgehen; schnell machen, sich beeilen' *heite hat de Arweet gefedert; bei dir federt's aber!; lus, mer wolln e bißchen federn! –* Lautf.: *feedern.*

Forelle f. neben der litspr. Bed. (vorwieg. als Dim.: *Forellchen*): **1.** ‚kleiner, einfacher Kreisel' – **2.** übertr. ‚flinkes, bewegliches, munteres Kind' *die is gerannt wie so e Ferlichen. –* Lautf.: *Forálle* Laus., Erzg., *Fórelle* vorwieg. noch Vgtld., sonst *Forélle*; Dim.: Meißn., Laus. *Ferl[i]chen.*

Forsche f. ‚Körperkraft, Energie' *der hat Forsche wie e Fahr* (Pferd). – Fremdwort, frz. *force* ‚Kraft', lat. *fortis* ‚kräftig'.

förstern sw. V. meist *herumförstern,* auch *angeförstert kommen* ‚eilig u. geschäftig umherlaufen' *n ganzen Taach bin'ch in der Stadt rumgeferschtert.*

fosch Adj. **1.** ‚hohl, ausgetrocknet, morsch, pelzig' (z. B. von Holz, aber auch von Radieschen). – **2.** ‚falsch, heimtückisch, hinterhältig, böse' *der guckt schon janz fosch. –* Ein niederdeutsches Wort, das ins Südmärk., EEGeb., Nordosterländ. hineinreicht; Lautf.: *foosch.*

Fratzen m. (meist Pl.) ‚Kartoffelpuffer' Vor-, Westerzg.; *heit mittch* (mittag) *gibt's Fratzen.*

freiledig Adj. ‚unverheiratet, ledig' Laus., Ostmeißn.; *dazumal war'ch noch freiledch.*

Freiviertelstunde f. ‚Pause' (bei der Arbeit, in der Schule) veraltet, Westerzg.

Freudenweichlein n. **1.** ‚kleines Fest (mit Kaffee u. Kuchen), zu dem ein Taufpate den Vater des Kindes u. die Mitgevattern einlud'. – **2.** ‚kleines Geschenk, das man bei einem Besuch mitbringt'. – Ein altes vgtld. Wort, das heute kaum noch gebraucht u. verstanden wird. – Lautf.: *Fraadenwaachele (-waachele* war wohl urspr. ‚die eingeweichte Semmel', die es zum Kaffee gab).

Freundschaft f. nicht in der litspr. Bedeutung, sondern ‚die Gesamtheit der Verwandten, die ganze Familie', zwar veraltend, aber im Vgtld. u. Westerzg. noch häufig; *de ganze Freinschd war off Besuch.* – Lautf.: *Freun[d]schafd, Frein[d]schafd, Freun[d]schd, Frein[d]schd;* es handelt sich um eine erhaltene alte Bedeutung, weil urspr. *Freund* sowohl den ‚Verwandten' als auch den ‚Freund' bezeichnete.

Frieme → *Pfrieme*.

Friesel m. ‚Schnittlauch' wOsterzg., Südmeißn., Vorerzg.

Frieselich m. Bed. wie → *Friesel*; öWesterzg. – Lautf.: *Frieslich*, *Brieslich*.

Frieserich m. Bed. wie → *Friesel*; wWesterzg. – Lautf.: *Friesrich*, *Friesbrich*.

Froschgehecke n. ‚Froschlaich' sWest-, wOberlaus., Vorerzg.

Froschgerecke n. Bed. wie → *Froschgehecke*; Oberlaus., sErzg. – Lautf.: *Freschg[e]recke[e]*.

Frosthucke f. ‚jmd., der leicht u. oft friert' vorwieg. Erzg., Südmeißn.

Frostkatze f. Bed. wie → *Frosthucke*; vorwieg. Südmärk., EEGeb., Osterländ.

Frostmemme f. Bed. wie → *Frosthucke*; Meißn., Vorvgtld., Vorerzg.

Frostziege f. Bed. wie → *Frosthucke*; Vgtld., wWesterzg.

Frums m. ‚liederliche, schlechte Arbeit; Pfusch' Osterländ.; *den Frums gennt'er* (könnt ihr) *nich abliefern!*

fuchtig Adj. ‚wütend, zornig' *wenn'ch das sehe, wer'ch glei fuchtch.* – Lautf.: *fuchdch*. – Etym. zu *fechten*.

Fucke → *Pfocke*.

führen sw. V. in den litspr. Bedeutungen, aber mundartlich vor allem in der speziellen Variante ‚das brünstige weibl. Tier (z. B. Kuh, Ziege, Stute) zum Decken schaffen' *heute miß'mer noch de Ziege fiehrn.*

Fuhrende → *Furchenende*.

Füllbis → *Fillbes*.

Füllhals m. ‚Trichter' Vgtld.; *nimm ne Fillhals zen Eifilln!*

fünfern sw. V. *du kannst mich f.!* ‚du kannst mir gestohlen bleiben, den Buckel runterrutschen' umg.

Fünklein n. ‚ein kleines bißchen, wenig' Vorvgtld., Vgtld., Vorerzg., Erzg., West-, Oberlaus.; *du hast doch kee Finkel Verstand; tu mah noch e Finkel Salz an der Supp nah!*

Furchel f. ‚Rechenstiel' meist → *Rechenfurchel*.

Furchenende n. ‚der Streifen am Ende eines Feldes, auf dem der Pflug gewendet wird u. der dann zuletzt rechtwinkelig zu den anderen Furchen gepflügt wird; Pflugwende' Südmärk., EEGeb., Osterländ. – Lautf.: *Vor-*, *Fuhrende*.

Furchenhaupt n. Bed. wie → *Furchenende*; EEGeb. – Lautf.: *Vorheefd*.

fürzeln sw. V. ‚geschäftig tun, fortgesetzt hin u. her laufen‘, auch ‚fortgesetzt zur Tür heraus- u. hineingehen‘ (von Kindern), häufig *hin und her-, heraus- und hereinfürzeln, Gefürzel, Fürzelei*; *was du nur egal ze ferzeln hast!* – Ost-, Ober-, sWestlaus., sOstmeißn.

Fussel f. (selt. m. od. n.) ‚Faser, die an der Kleidung hängenbleibt‘ *du hast ne Fussel an Hosenbeene häng’*.

Fußzehe f. ‚Zehe‘ Südmeißn., Vorerzg., Erzg., Vorvgtld., Vgtld.; *ich hab mer ne Fußzieh derfrorn*.

futtern sw. V. **1.** ‚viel u. mit Appetit essen‘ umg. – **2.** ‚vor sich hin schimpfen, verdrießlich sein u. schimpfen‘ *du hast dauernd was ze futtern*.

Futtich m. ‚altes, stumpfes Messer‘ Osterländ.; *off den ahln* (alten) *Futtch kannste reiten.* – Lautf.: *Futtch*, etym. zu mhd. *vut* ‚Scheide, vulva‘.

fuzen → *pfuzen*.

Gaad → *Geude.*

gabberig → *koberig.*

gächen → *jächen.*

gächzen sw. V. ‚schwer atmen, keuchen; hüsteln, husten‘ dazu auch *Gegächze, Gächzerei; häre endlich off mit dein' Gegäkse!* – Lautf.: *gäcksen, gächzen.*

Gäcke → *Käcke.*

gäckern sw. V. ‚stockend reden, stottern‘ Oberlaus.; *fang ock* (nur) *ni ah ze gäckern!*

Gacksch m. ‚Spaß, Ausgelassenheit‘ umg.; *heite hatt'mer ein' Gacksch in der Schule!*

gädern sw. V. ‚kindlich u. fehlerhaft sprechen, plappern; sinnloses Zeug daherreden‘ Vgtld., Westerzg.; *gader net sich* (solches) *Zeig!* – Lautf.: *gadern.*

gäfern → *geifern.*

Gaffe f. ‚(klaffende) Wunde‘, auch ‚Spalte, Ritz‘ (z. B. in Holz), Laus.; *ar hat'ch mit'n Masser anne ganz schiene Gaffe geschnitten.*

Gahd → *Geude.*

Gähl[i]chen → *Gelbchen.*

gähling → *jähling.*

Gähnaffe m. ‚einer, der (mit offenem Mund) untätig u. dumm herumsteht‘, auch in der Redensart *Gähnaffen feilhalten;* Laus., söOstmeißn.; *n ganzen Tag an Fenster sitzen un nausgucken, e richtcher Gahnaffe is das!* – Etym. wohl nicht zu *Affe,* sondern zu *auf, offen* gehörig (manchmal auch fälschlich an *Ganove* angelehnt).

Gake f., seltener auch **Gäke** f. **1.** ‚Entzündung, kleines Geschwür an der Lippe, in den Mundwinkeln‘ Osterländ., Meißn.; *Chunge, du hast doch schonne widder deine Gake offgekratzt!* – **2.** ‚Krähe‘ Laus., Ost-, Südmeißn., Osterzg.; *s kimmt Schnie* (Schnee), *de Gaken fliegen in' Busch*

(Wald). – **3.** übertr. ‚Spaß, Unfug‘ Laus., sOstmeißn.; *nischt wie Gaken hast du in Koppe!* – **4.** abwert. ‚dumme, neugierige Frau‘ umg.

gaken sw. V. ‚neugierig u. dumm gucken‘, auch ‚hervorgucken (von Kleidungsstücken)‘ *was gakste denne so blede?*

gäken sw. V. (selt. refl.) ‚sich übergeben, kotzen‘ *ich gloobe, ich muß gäken.* – Lautf.: *gäken* Westlaus., Ost-, Nordmeißn., *käken* Südmärk., EEGeb., Nordosterländ., *gäcken* Oberlaus.

gäkig Adj. ‚bleich, blaß, kränklich aussehend‘ *was is'n mit dir, du siehst so gäkch aus?*

Gala ohne Art. ‚festliche, feine Kleidung‘ in den Fügungen *in G. sein, sich in G. werfen; na, biste schon in Schale?* – Lautf.: *Schale, Galle, Galla*; Fremdwort, spanisch *gala* ‚Prunkkleidung‘.

gälchen → *jähling.*

Gallazie → *Kollation.*

Galon m. (fast nur im Pl.) ‚Abteilung, Gruppe, Kolonne‘ *mer sin ze viel Leute heute, da miß'mer off zwee Kallungs assen.* – Lautf.: *Kallungs, Kollons* (mit Anlehnung an *Kolonne*), *Gallongs*; Fremdwort, frz. *galon* ‚Borte, Litze‘.

Gamel m. ‚Heißhunger, Appetit auf etw. Besonderes‘ Vor-, nWesterzg.; *mich bringt der Gamel ball im* (bald um). – Lautf.: *Gahmel*; etym. vielleicht zu *jäh* gehörig.

Ganker → *Kanker.*

Gänsebecht m. ‚Bauchteil, Rumpf der geschlachteten Gans‘ veraltet, Vgtld.; *kahste* (kannst du) *net af de Feiertog enn Gahsbecht besorng?* – Lautf.: *Gahsbecht, Gahsbicht*; etym. wohl zu *Bauch* (*-bäuchicht*).

Gänsemichel m. ‚(spitzes) Küchenmesser‘ Südwestosterländ., Westmeißn., Vorvgtld.; *bring'n Gänsemichel mit aus der Kiche!* – *Michel* vielleicht etym. hier zu *meucheln?*

Gänsert m. ‚Gänserich‘ wOsterländ., Westmeißn., Vorvgtld., Vgtld. – Lautf.: *Gännerd, Ganserd, Gäns[ch]erd.*

Gäntsch m. Bed. wie → *Gänsert*; Südmärk., EEGeb., öOsterländ., nNord-, nOstmeißn.; *eier Gäntsch is biss'ch wie e Hund.*

Gapse f. ‚Tasche in Kleidungsstücken‘ Laus., öOstmeißn.; *ich hab keen Fengk* (Pfennig) *in der Gapse.* – Lautf.: *Gabse, Kabse*; Lehnwort aus dem Sorbischen (*kapsa* ‚Tasche‘), etym. zu lat. *capsa* ‚(Bücher-)Kapsel‘.

garstig Adj. ‚schlecht, böse, ungezogen, frech‘ *heit is ober garschtches Watter draußen; bis ni su garschtch mit deiner kleen' Schwaster!*; häufig auch verwendet, um eine Steigerung auszudrücken: ,tüchtig, mächtig, sehr' *s gibt glei garschtche Senge!*; *die ham mich garschtch angeschmiert.*

Gas m. od. n. wie litspr., aber unter älteren Sprechern noch häufig als Maskulinum; *gestern hatten se uns n Gas abgedreht.*

Gattung f. ,unliebsame Gesellschaft, Horde; eine Gruppe wilder Kinder' Laus.; *breng mer ni die ganze Gattche as* (ins) *Haus!* – Lautf.: *Gattche.*

gatzen sw. V. ,gackern (von Hühnern)', übertr. auch ,laut reden, schimpfen' Vgtld., Westerzg.; *du hast egah* (immerzu) *was ze gatzen.*

Gauderich m. ,Truthahn' Nord-, Ostmeißn.; *der Gauderch plustert sich off.*

gäukeln sw. V. **1.** ,unsicher laufen, taumeln, wanken', häufig auch in Zuss.: *heruntergäukeln* ,herunterfallen', *hingäukeln* ,hinfallen'; *mer werd alt un fängt an ze geekeln*; *gestern bin'ch tichtch hingegeekelt.* – **2.** ,mit Feuer spielen' vorwieg. Oberlaus. (*geekeln*), Vgtld., Westerzg. (*gaakeln*); → *gokeln.* – Mhd. *goukeln* ,Zauberei, Possen treiben'.

gauksen → *jauchzen.*

gauzen, gäuzen sw. V. ,schreien, brüllen; laut lachen' Ober-, Ost-, Westlaus.; *de Kiehe gauzen heute wie ni gescheite.* – Lautf.: *gauzen, geezen.*

Gebächte n. ,liegengebliebene Heu-, Getreidereste (nach der Ernte, nach dem Drusch), Holzreste (nach dem Hacken)', auch ,Abfall, Kehricht, Unrat' Vor-, Osterzg., Südmeißn.; *bis off's Gebächte is alles rein.* – Lautf.: *Gebächd[e], Gebachd[e], Gebach*; etym. zu mhd. *bäht* ,Unrat, Kot', → *¹Bucht.*

Gebette n. ,vollständige Ausrüstung für ein Bett (Deck-, Unterbett, 2 Kopfkissen), ohne Bezüge' veraltend; *de Braut bruchte zwee Gebette mite.*

Gebröse n. Bed. wie → *Gebächte*; Nordmeißn.

gedeesche Adj. (nicht attr.) ,kleinlaut, niedergeschlagen, gedemütigt' *erscht hatt'er de gruße Gusche, aber dann war er racht gedeesche.* – Etym. wohl zu mhd. *dæsic* ,still, in sich gekehrt, dumm'.

Gedinge n. selt. für → *Ausgedinge.*

Geduld f. neben der litspr. Bedeutung mundartlich auch ,ruhige, windgeschützte Lage' veraltend; *das Beemel* (Bäumchen) *stieht in der Geduld.*

geefern → *geifern.*

geekeln → *gaukeln.*

geezen → *gauzen.*

Gefocke n. ‚üble Gesellschaft, Gesindel, Pack' Vgtld., Westerzg.; *mit dan Gefock will'ch nischt ze tuh hohm.* – Lautf.: *Gefock.*

gefüge Adj. (nicht attr.) ‚beweglich, geschmeidig, weich, biegsam' (vom Körper, aber auch von Stoffen); *du bist noch ganz schen gefieche fer dei Alter!*; *das Band mußte bissel reim* (reiben), *da werd's gefieche.*

Gehäck n. ‚kleingehacktes Heu od. Stroh für das Viehfutter, Häcksel' Vgtld., Westerzg.; *iech muß noch Gehäck schneiden.*

Gehärsche n. Bed. wie → *Gebächte*; Westerzg. – Lautf.: *Gehäsch*, *Gehasch*, seltener *Gehärsch*, *Geharsch*.

Gehottich n. ‚üble Gesellschaft, Gesindel, Pack' *dorte wohnt doch bloß solches Gehottche!* – Lautf.: *Gehottch[e]*, *Gehuttch[e]*.

Gehre f. ‚keilförmiges, spitz zulaufendes Feldstück' (häufig auch als Flurname), auch ‚keilförmiger, spitzer Einsatz in einem Kleidungsstück' *in den Rock mußte ne Gehre einsetzen.* – Lautf.: *Gehre*, *Giere*; etym. zu ahd. *gēro* ‚keilförmiges Stück Zeug od. Land'.

Geide → *Keute.*

Geiferlätzchen, -lein n. ‚kleines Tuch, das Kinder beim Essen umgebunden bekommen' *ich war* (werde) *euch allen glei Geeferlätzeln imbinden!* – Lautf.: *Geefer-*, *Gaafer-*, *Gääferlätzel*, *-lätzchen.*

geifern sw. V. ‚Speichel aus dem Mund fließen lassen' (beim Essen, Sprechen), übertr. auch ‚laut schimpfen, sich ereifern' im Gesamtgeb. außer Südmärk., EEGeb., Osterländ. (dort → *sabbern*); *manche tun geefern, wenn se in Wut sein.* – Lautf.: *geefern*, *geewern*, *gaafern*, *gääfern.*

Geißel f. ‚Peitsche' sOstmeißn., sWestlaus. – Lautf.: *Gees[d]el.*

gekeln → *gäukeln.*

gelamper → *gelenkbar.*

Gelangel m. od. n. ‚Verlangen, Begierde; Appetit auf etw. Besonderes' Westerzg.; *mich brengt der Gelangel ball im* (bald um). – Dazu auch *gelänglich* Adj. ‚begierig, verlangend, Appetit habend' *bie* (sei) *ner net gar esu gelanglich!*

Gelbchen n., **Gelbling** m. ‚Pfifferling' Südmärk., EEGeb., Osterländ., Meißn. – Lautf.: *Gähl[i]chen*, *Gahl[i]chen*, *Gählerchen*, *Gähling*, *Gahling*, *Gählerling.*

Gelbhühnlein n. Bed. wie → *Gelbchen*; Ober-, Westlaus. – Lautf.: *Gahlhihnl.*

Gelbschwämmlein n. Bed. wie → *Gelbchen*; Westmeißn., Vorvgtld., Vgtld., Ostlaus. – Lautf.: *Gahl-*, *Galbschwammel*, *-schwämmel.*

Gelegde f. (selt. n.) ‚kleines Häufchen ungebundenen, auf der Erde liegenden Getreides (meist Hafer)‘ Meißn., Laus., veraltet; *frieher wurden ben Hafer Gläden gemacht.* – Lautf.: *Glähde.*

gelenkbar Adj. ‚gelenkig, biegsam; lebendig, flink‘ Westerzg., Vorvgtld., Vgtld.; *meine Finger sei heit net racht gelamber.* – Lautf.: *gelamber.*

gelfern sw. V. ‚hastig u. laut reden, schimpfen‘ Laus., dazu auch *Gegelfer, herum-, dazwischengelfern; du hast oo egah* (immer) *was ze galfern!* – Lautf.: *gelfern, galfern;* mhd. *gëlfern* ‚schreien, prahlen‘.

gelind Adj. **1.** ‚mild, angenehm‘ (vom Wetter); *s werd draußen schon widder gelinde.* – **2.** ‚mild im Geschmack, zu schwach gesalzen‘ *das is mir ze gelinde, da muß Salz dran!* – **3.** ‚noch nicht ganz trocken, ein bißchen feucht‘ *de Wäsche is noch ze gelinde, die miß’mer noch bißchen häng’ lassen.*

gelt Interj. ‚nicht wahr‘ Vgtld.; *iech hoh’s* (habe es) *doch glei gesaht, gelle?* – Lautf.: *gelle, galle;* eigtl. *(es) gelte, es möge gelten.*

Gelte f. urspr. ‚Gefäß, in das gemolken wird‘ → *Melkgelte,* aber auch ‚hölzernes Schöpfgefäß‘ *du krichst glei enne Gelte Wasser iebern Kopp!*

gemecke Adj. (nicht attr.) ‚lebendig, munter; übermütig, frech‘ Laus; *mach dich ock* (nur) *ni su gemecke!* – Etym. wohl zu mhd. *ge-mach* ‚bequem, gemächlich‘.

Gendarm m. ‚Polizist‘ veraltet; *paß off, glei kimmt der Schandarm!* – Lautf.: *Schandarm,* aber auch entstellt zu *Schanzer, Schandeckel, Gänsedarm;* Fremdwort, frz. *gendarme* ‚Polizeisoldat‘ aus *gens d’armes* ‚bewaffnete Männer‘.

Geneck n. in der Wendung *damit hat es sein G.* ‚das bereitet gewisse Schwierigkeiten, es ist nicht ganz so einfach‘ Vgtld., Westerzg.; *ober mit dan Singe hot’s sei Geneck.*

Geniste n. eigtl. ‚Vogelnest‘, übertr. aber auch ‚baufälliges altes Haus‘ od. ‚kleines, dürres Reisig‘ (aus dem ein Nest gebaut wird); vorwieg. Laus., Ostmeißn.; *in den ahln* (alten) *Geniste mecht’ch ni wohn’.*

gentag → *jener.*

Genz m. ‚altes, stumpfes Messer‘ Osterländ., Meißn.; *off den Gentsch kann mer cha bis Wurzen reiten!* – Lautf.: *Zen[t]sch, Tschen[t]sch, Schen[t]sch, Gen[t]sch;* etym. zu mnd. *genze, gemtze* eine Art ‚Dolchmesser‘.

Gereinige n. ‚Nachgeburt der Kuh‘ Westmeißn., sOstmeißn., Westlaus. – Lautf.: *Geren[i]ch[d]e*, → *Reinigung*.

Gereute n. ‚wertloser Kram, Abfall, Unrat‘, auch ‚kleines, dürres Reisig‘ od. ‚angeschwemmtes Geröll‘ vorwieg. Laus.; *was sich doch so fer Geriede ansammelt!* – Lautf.: *Geriede, Geritze*; etym. wohl zu mhd. *rītern* ‚sieben‘ (→ *Reiter* ‚Sieb‘), also eigtl. ‚das im Sieb Zurückgebliebene‘.

Gerille → *Geröll*.

gering Adj. **1.** ‚minder wertvoll, wenig gehaltreich‘ (meist von Getreidekörnern), *wenn’s Korn ze zeitch gehaun werd, dreucht’s* (trocknet es) *oo, aber s werd geringes Korn.* – **2.** ‚schlecht, übel (vom körperlichen Befinden)‘ *vun den Essen is mer’sch ganz geringe.*

Gerisse n. ‚nach der Ernte liegengebliebene Getreidereste auf dem Feld‘ Südmärk. – Lautf.: *Jeresse*; etym. zu mnd. *gerise*.

Geröll n. **1.** ‚Hausrat, den die Braut auf dem Wagen in die Wohnung des Bräutigams mitbringt; Aussteuer‘, aber auch ‚hinterlassener Hausrat von Verstorbenen‘ u. überhaupt ‚alter Hausrat, Gerümpel‘ Laus., Meißn.; *das ganze Gerille miß’mer derweile off’n Boden schaffen.* – **2.** ‚beim Dreschen abfallende grobe Spreu‘ Ostmeißn. – Lautf.: *Gerille, Gerelle*.

Gesaßer[ich] m. ‚Sitzgelegenheit‘ Westerzg.; *is däh* (denn) *fer miech kaa Gesoßerich do?* – Lautf.: *Gesoßer[ich], Gesozer[ich]*.

Gescheuche n. ‚Vogelscheuche‘, aber übertr. auch ‚auffällige Gestalt, bes. großer Mensch‘ vorwieg. Laus.; *mer ham a Gescheeche uff’n Kurschboom.*

geschleechte, geschlichte voll → *schlichten*.

Geschühe n. ‚Schuhwerk‘ veraltet; *wie’ch noch Chunge war, mußt’ch immer s ganze Geschiehde putzen.* – Lautf.: *Geschiehde, Geschiehche*.

Geschwisterkind n. (meist Pl.) ‚Vetter, Base; Cousin, Cousine‘ veraltet; *meine Geschwisterkinner warn aa mit do.*

Gespe f. ‚zwei Hände voll; was man mit den zusammengelegten Händen fassen kann‘ (Maßbezeichnung); veraltet, EEGeb., Nordosterländ.; *mache noch drei Jespen Schrot in’ Eemer!*

Getzen m. (meist Pl.) ‚in der Pfanne gebackene Speise aus Mehl, Milch, Eiern‘ (auch mit geriebenen rohen od. gekochten Kartoffeln: *Erdbirnen-, Erdapfelgetzen*, od. mit Buttermilch: *Buttermilchgetzen*), vorwieg. Erzg., Vgtld.; *s stiehn noch paar Getzen in der Rähr* (Ofenröhre).

Geude f. ‚freudige Aufregung, Freude, Spaß, lustiges Treiben‘

Westerzg., Vgtld.; *de Fosend* (Fastnacht) *war allemol e Gaad fer uns Kinner.* – Altes Lehnwort, etym. zu lat. *gaudium* ‚Vergnügen, Spaß‘.

Gewese n. ‚Aufhebens, Umstände, Betriebsamkeit‘ Laus., Schrad.; *mach kee sich* (solches) *Gewase!*

Gewirre n. Bed. wie → *Gerisse;* EEGeb., Osterländ.; *s Jewerre werd in Bingel* (Bündel) *jebung’.*

gewohne Adj. (nicht attr.) in der Fügung *etw. g. sein* ‚an etw. gewöhnt sein‘ EEGeb., Osterländ., Meißn.; *das weite Loofen bin’ch nich gewohne.*

Gezäue n. ‚das Handwerkszeug‘ u. zwar z. B. ‚das handwerkliche Gerät der Bergleute‘ Erzg., ‚der Handwebstuhl‘ Oberlaus. – Lautf.: *Gezäh, Gezehe*; schon mhd. *ge-zouwe* ‚Gerät, Werkzeug, Webstuhl‘ zu *zouwen* ‚sich beeilen, etw. fertig machen, bereiten‘.

Gezinge n. ‚der Räderteil des Pfluges, auf dem der Pflugbalken liegt‘ Nord-, Süd-, Ostmeißn., Ostlaus.; *hast cha s Gezinge noch ni uffgeladt* (noch nicht auf den Wagen geladen zum Transport auf den Acker).

Gieke f. ‚altes, stumpfes Messer‘ EEGeb., Osterländ., Meißn., Laus.; *mit der alten Gieke brengste keene Bemme ab.*

gieksen sw. V. ‚(jmdn. mit einem spitzen Gegenstand) stechen‘ *der hat mich mit’n Stocke in’ Ricken gegiekst!*

giepsen sw. V. ‚stoßweise, mühsam atmen; außer Atem sein‘, auch ‚heiser sein‘ *ich kunnte kaum noch giepsen, su war’ch gerannt.* – Eigtl. eine niederdeutsche Lautung (nd. *giepen* ‚Luft schnappen‘), dazu hd. *geifen,* → *geifern.*

Gift m. od. n. wie litspr., veraltet als Mask.; *setzt eich nich off de Erde, da is der Gift noch drinne!* (im Frühling ist es gefährlich, sich auf die Erde zu setzen, weil man sich schnell erkälten kann).

Gipfel m. wie litspr., daneben aber auch ‚höchster Teil eines Baumes, Baumkrone, Wipfel‘ *der Baam hoht enn derrn Giebel.* – Lautf.: *Gippel, Gipfel, Giebel.*

Glähde → *Gelegde.*

glatt Adj. neben der litspr. Bedeutung auch ‚hübsch, adrett, sauber u. ordentlich‘ (vom Aussehen, von der Kleidung) Nord-, Ostmeißn.; *euer Madchen gieht immer su glatt.* – Hier haben die Dialekte alte Bedeutungen des Wortes (‚glänzend, angenehm‘) bewahrt.

Glätte f. neben der litspr. Bedeutung auch ‚Glasur, Emaille‘ (an Geschirr, Töpfen); *an den Topp is doch schon de ganze Glätte ab!*

glauch Adj. ‚noch nicht ganz trocken, ein bißchen feucht‘ *de*

Wäsche faßt sich noch ganz glauch an. – Etym. wohl zu mhd. *g[e]lüch* ‚geschwollen, aufgedunsen'.

Glinse → *Klünse.*

Glück auf! Interj. Begrüßungsformel unter Männern (soviel wie ‚Guten Tag!'), Westerzg. (aus der Bergmannssprache).

Gokelmosch m. ‚wertloses Zeug, wirres Durcheinander' vorwieg. wOsterländ.; *was quatschste dir denne bloß fer e Gokelmosch zerechte!* – Lautf.: *Gokelmoosch.*

gokeln sw. V. ‚mit Feuer spielen' dazu auch *an-, herumgokeln, Gokelei*; *Gegokel*; *de Kinner ham gegokelt, als'ch ni derheeme* (zu Hause) *war.*

Goldmutter f. ‚Goldkäfer' Nord-, Ostmeißn., Westlaus.

Goller → *Koller.*

Gollicht n. ‚Kerze' Vgtld. – Lautf.: *Gohlichd.*

Gotel m. ‚dummer (aber eingebildeter), ungeschickter Kerl; Tolpatsch' Ober-, Ostlaus.; *du Gotel weeßt ni, was de willst!* – Urspr. wohl Abkürzung des Namens *Gottfried.*

Gottesacker m. ‚Begräbnisplatz, Friedhof' noch im Gesamtgeb. belegt (außer im Laus.), aber veraltet; *hinner der Karch* (Kirche) *is der Guttsacker.* – Lautf.: *Gott[e]s-, Gutt[e]sacker, Gott-sácker* (mit Betonung auf der 2. Silbe u. von der Hochsprache abweichender Silbentrennung).

Götzen → *Getzen.*

Grabscheit n. ‚das Gerät zum Umgraben des Gartenlandes, Spaten' Vorvgtld., Vgtld., Vorerzg., Erzg., sOstmeißn., West-, Oberlaus.; *s Grawescheet is iebern Winter rostch geworn.* – Lautf.: *Grob[e]-, Grab[e]scheed, -scheid, Grabschd.*

granatig Adj. **1.** ‚tüchtig, mächtig, sehr' *du krichst granatche Senge!*; *da werschte* (wirst du) *granatch versohlt!* – **2.** ‚zornig, wütend' Westerzg.; *mei Vater, der konnte granatch wern!*

grante Adj. (nicht attr.), **grantig** Adj. **1.** ‚herb, scharf (im Geschmack)' *dei Schnaps is mer ze grante!* – **2.** ‚kurz angebunden, grob, abweisend' *warum bist'n heite so grantich ze mir?*

grassieren sw. V. ‚(lärmend) schimpfen, sich ärgern' Vgtld., Westerzg., häufig auch *herumgrassieren*; *er hoht de ganze Nacht rimgrassiert.* – Fremdwort, zu lat. *grassari* ‚[los]schreiten'.

grätig Adj. ‚gereizt, zornig, übellaunig' im Gesamtgeb. bekannt, aber bes. häufig im Oberlaus.; *du bist schunne grätch uffgestandn heute frieh!*

grätsch Adj. nur in der Wendung *g. machen* ‚schlapp werden, zusammenbrechen, sterben' umg.; *unnerwächens* (unterwegs) *hab'ch beinah grätsch gemacht.* – Etym. zu *gräten* (mhd. *grēten*) ‚die Beine spreizen'.

grätscheln sw. V. ‚unsicher u. vorsichtig gehen' Laus.; *bei den Eise muß mer aber graatscheln.*

Grau m. ‚Ekel, Abscheu' Erzg., West-, Ober-, Ostlaus.; *wenn'ch bloß dran denke, kimmt mer glei der Grau an!*

Graue f. ‚große, tönerne Schnapsflasche (die man früher mit aufs Feld nahm zur Arbeit)' Osterländ., Meißn.; *meine Großemutter hatte de Graue immer nehm* (neben) *Bette stehn.* – Lautf.: *Graue, Grawe, Gräwe.*

greinen st. V. ‚weinen' Vgtld.; *er hoht Rotz un Wasser gegrinne.* – Inf.: *greine*; Part.Perf.: *gegrinne.*

Griebs m. **1.** ‚Überrest eines gegessenen Apfels, Kerngehäuse', auch ‚unreifes, minderwertiges, zu klein geratenes Obst' *n Griebs hab'ch weggeschmissen; aus den Griebschen kann mer bloß Äppelmus machen.* – **2.** ‚Kehlkopf, Gurgel (des Menschen)' häufig auch in der Redensart *jmdn. beim G. nehmen* ‚jmdn. am Hals, Genick packen, beim Kopf nehmen; jmdn. umarmen' *wenn de ni folchst, nemm'ch dich bein Griebse; die beedn ham s'ch schon widder bein Griebse.* – Lautf.: *Griebs, Griebsch, Gräbs, Gräbsch*; mhd. *grobiz* ‚Kerngehäuse' mit unklarer Etymologie.

Grieschlein n. ‚kleine Gans, Gänschen' West-, Neu-, Ostlaus.; *anne junge Gans un a ahler Ganserch gahn* (geben) *de besten Grieschel.* – Lautf.: *Grieschel* Sg. u. Pl.

grimmen sw. V. ‚jucken', auch ‚sich reiben' sOstmeißn., sWest-, Oberlaus.; *mich han de Micken gestochen, das grimmt iewerahl* (überall); *mir grimmt de Nase, da fall'ch heute noch in' Drack.*

Grindel m. od. n. ‚(der obere lange) Pflugbalken' im Gesamtgeb. außer Südmärk., EEGeb. (dort *Pflugbalken*) u. Westerzg. (dort *Pflugbaum*). – Lautf.: *Grindel, Grinnel, Grengel*, etym. zu ahd. *grintil* ‚Riegel, Balken'.

grinsen sw. V. ‚(grundlos) weinen, heulen' häufig auch *Gegrinse, Grinserei*; *here endlich off ze grinsen!* – Intensivbildung zu *grinnen*, → *greinen* ‚(mit den Zähnen) knirschen, weinerlich das Gesicht verziehen'.

großartig Adj. ‚eingebildet, stolz, großtuerisch, vornehm tuend' *der eingebildte Affe tutt wer-weeß wie großartch!*

großbrotig Adj. Bed. wie → *großartig*; *das is fillei* (vielleicht) *e großbrotches Luder!*

großmächtig Adj. ‚sehr groß, gewaltig' *ach, du grußmachtigs Uhge-lick* (Unglück)!

großmogulig Adj. Bed. wie → *großartig*; *tu nur ni so alt großmoglich!*; *ihr seid tichtch großmoblich geworn!* – Lautf.: *gruß-, großmohglich, -bohb-lich, -mehlich.*

Grummet f. od. n. ‚Heu', das durch den zweiten Grasschnitt ge-wonnen wird' *off enner guten Wiese wächst de Grummt zweemol.* – Lautf.: *Grumm[e]d*; mhd. *gruonmāt* ‚grüne Mahd'.

Grüngeniffte Pl. (meist ohne Art.) ‚Klöße aus geriebenen rohen Kartoffeln, vgtld. Klöße' Vgtld.; *mer essen gern Griehgeniffte mit Schweinsknochen un Krähbrieh* (Meerrettichsoße); → *niffeln* ‚reiben'.

grunigeln → *hornnägeln.*

Grünschling m. ‚Grünfink (Vogel)', auch ‚Goldammer' EEGeb., Osterländ., Nordmeißn.

Gucke f. ‚Tüte' sVgtld., Nordbair.; *iech kaaf mer e Guck Staanle* (Bon-bons).

Guckeritz → *Kukuruz.*

gulkern, gulksen sw. V. Bezeichnung für das Geräusch, das beim Ausgießen einer Flüssigkeit (aus einer Flasche) entsteht, auch ‚(ge-räuschvoll u. hastig) trinken' *gieß hibsch sachte, das darf ni so gulchern!* – Lautf.: *gulchern, gulgern, gulksen.*

Gums → *Kompost.*

Gunks m. ‚Stoß' *er hat mer enn Gunks in' Ricken gegähm.*

gunksen sw. V. ‚stoßen' *wenn de mich nochmah gunkst, hau'ch der eene runter!*

Gursche f. ‚kurzer, heftiger Regenguß' EEGeb., Nordosterländ.; *wart nur noch die Jorsche ab!* – Lautf.: *Jursche, Jorsche.*

gurschen sw. V. ‚heftig regnen' zu → *Gursche*, im gleichen Geb.

gürteln sw. V., refl. ‚die Röcke (bei grober u. schwerer Arbeit od. bei Nässe) hinaufraffen u. mit einem Gürtelband zusammenschnal-len' vorwieg. Meißn., Laus., aber veraltet; *meine Mutter kunnte uff'n Fald gar ni giehn, wenn se sich ni gegurtelt hutte.*

Gutentagstecken m. ‚Spazierstock' vorwieg. noch Vgtld., Erzg., Oberlaus., aber veraltend; *gab mer moh mein' Gutentogstacken, do kumm'ch besser feeder* (vorwärts).

Guter-Mut m. ‚Kindtaufe, Kindtaufsschmaus' veraltet, Vgtld.; *be* (bei) *den' is heit Guter-Mut.* – Hier ist eine der alten Bedeutungen von *Mut* (mhd. *muot*) bewahrt: ‚Stimmung, Gemütszustand'.

gutmachen sw. V. ‚Bäume veredeln, pfropfen' vorwieg. Vorerzg., Vorvgtld.; *den Äppelbaam hab'ch lassen gutmachen.*

Gutschmeckchen ohne Art. in der Redensart *G. macht Bettelsäckchen* vorwieg. Meißn.

gutschnäuzig Adj. ‚wählerisch im Essen, mäkelig' Nordosterländ.; *du gutschneizcher Gerl hast an cheden Essen was ze mäkeln.*

gutundgar Adv. ‚ganz und gar' Westerzg.; *die Ardäppeln sei guttegar offgefrassen.* – Lautf.: *guttegar.*

Haad[el] → *Haupt*.

Haamel → *Heimel*.

Haanz → *Heinz*.

Haar f. wie litspr., aber das Wort ist mundartlich ein Femininum; *da is doch ne Haare in der Suppe!*

Habchen-und-Babchen n. ,das Hab u. Gut, der gesamte kleine Besitz' *mei bissel Habchen-un-Babchen hab'ch damals verlorn.* – Im Vgtld.: *Habich-Babich.*

Häberling m. ,junge weibl. Ziege, die gerade geschlechtsreif geworden ist' Vgtld., Westerzg. – Lautf.: *Haberling, Haberlich.*

Habít, Habítchen, -lein n. ,Kleidung; Anzug, Kleid' veraltet; *da hab'ch duch wieder e schenes Habittel!* – Fremdwort, lat. *habitus* ,äußere Erscheinung'.

Hachel → *Achel*.

Häck m. od. f. od. n. ,gehacktes Heu u. Stroh, das man dem Vieh ans Futter mengt; Häcksel' Vgtld.; *welln* (wollen) *mer fix emohl ewing* (ein wenig) *Häck schneiden.*

Häcker m. Bed. wie → *Häck*; Ostmeißn., Westlaus.

Hacksch m. **1.** ,unbeschnittenes männl. Schwein, Eber' *de Saue muß bei'n Hacksch.* – **2.** ,männl. Kaninchen, Bock'. – **3.** übertr. ,jmd., der gern anrüchige Geschichten erzählt; Zotenreißer' *hal' dei Gusch, du aller Hacksch!* – **4.** wer den letzten Schlag beim Flegeldreschen tat, der „hatte den Hacksch" (er mußte etw. spendieren), ein Brauch, der mit der Arbeitsweise veraltet ist, früher Südmärk., EEGeb.; → auch *Banselhahn* und *Humpsch*.

Hader m. ,Scheuerlappen' häufig auch in Zuss.: → *Bank-, Waschhader; wer iewer'sch frisch Gescheuerte leeft, kricht n Hader im de Beene!*

hadern sw. V., refl. ,sich zanken' veraltend; *mißt er eich denn schon wieder hadern!*

Hahnebalken m. (meist Pl.) ‚der oberste waagerechte Balken im Dachstuhl' (in Haus od. Scheune), auch ‚der oberste Raum auf dem Boden (direkt unterm Dach)' *das is's letzte Fuder, das miß'mer ibbern Hahnebalken stecken.* – Lautf.: *Hahne-, Hah-, Ahnebalken*; vielleicht etym. nicht zu *Hahn*, sondern zu *hoch: (auf dem) hohen Balken.*

Hahnebänder Pl. (selt. m.) Bed. wie → *Hahnebalken*; sOsterländ., West-, Nord-, nOstmeißn.; *in' Hahnebängern hängt ne Fleddermaus.* – Lautf.: *Hahnebänner, -bänger*; zur Etymologie → *Hahnebalken.*

hahtuig → *hohntuig.*

Hakel m. ‚(schwer heilende) Hautrisse an Händen od. Füßen' Vgtld., Westerzg., Oberlaus.; *als Junge hab'ch an Frihjuhre* (im Frühjahr) *eftersch n Hakel gehat.*

Halbabend m. ‚die kleine Mahlzeit zwischen Mittag- u. Abendessen; das Kaffeetrinken; die Vesper' veraltend; *von Lichtmeß* (2. Februar) *an gab's wieder Halbahmd* (im Winter bekam das Gesinde keine Vespermahlzeit). – Lautf.: *Halbahmd, Halberahmd.*

Hälmerchen n. ‚Kamille' West-, Nordmeißn.; *trink nur enn Tupp Hälmerchentee!* Lautf.: *Hälmerchen*, seltener *Härmchen*; etym. wohl zurückgehend auf lat. *armamilla*, das sowohl im Westslawischen als auch im Ostmitteldeutschen Grundlage für mundartliche Wörter war.

Halskopfseil f. od. n. ‚Tragegurt am Schubkarren' (man legte ihn um das Genick u. konnte dadurch die Arme entlasten), Meißn., Laus.; *zun Schiebbock gehärt oo de Halskapsel.* – Lautf.: *Halskapsel, Halskuppel, Halskupsel.*

hälzeln sw. V. ‚(mit den Schuhen) auf dem Eis gleiten' wVgtld. – Etym. zu mhd. *hæl[e]* ‚verborgen, schnell vorübergehend, glatt, schlüpfrig'.

Hamberch → *Handwerkich.*

Hamen m. ‚Nachgeburt der Kuh' Südmärk., EEGeb. – Etym. zu mhd. *ham[e]* ‚Haut, Hülle, sackähnliches Fangnetz'.

Hamfel → *Handvoll.*

hamflich → *handvollig.*

hämischen sw. V., refl. ‚sich verletzen' Laus., Ostmeißn.; *itze hab'ch mich awer gehämscht mit dan stumpen Masser!*

Hamme f. ‚der hakenartige Fortsatz am breiten Ende des Sensenblattes, mit dem dieses am Sensenstiel befestigt wird', aber auch ‚die gesamte Hinterzone des Sensenblattes' im Gesamtgeb., außer

Südmärk., EEGeb. (dort *Angel*). – Etym. ein interessantes, altes Wort; urspr. eine Flurbezeichnung ‚inselartig umfriedetes Terrain, äußerer Bogen einer Flußkrümmung, Gemarkung innerhalb einer Flußschleife, Winkel, Bucht‘, auch ‚Hinterschenkel (beim Vieh)‘; → *Bemme.*

Hämmel n. (meist Pl.: *Hämmeln*) ‚kleines, mundgerecht geschnittenes Stückchen Brot‘ Vorvgtld., Vorerzg., nwWesterzg.; *ich mach mer glei Hammeln vun den harten Brot.* – Lautf.: *Hammeln*; etym. wohl zu → *Hamme.*

Handiger m. ‚das im Gespann rechts gehende Zugtier‘ auch *Handpferd, Handochse; paß off, der Handche tutt beißen!*

Handquehle f. ‚Handtuch‘ eigtl. eine pleonastische Zus., weil die Sprecher das Simplex (→ *Quehle*) nicht mehr verstanden.

Handrute f. ‚Stiel des Dreschflegels‘ mit der Sache veraltet, *der Weuner* (Wagner, Stellmacher) *muß mer ne neue Handrutte machen.*

Handvoll f. wie litspr., stets in der mundartlichen Lautf. *Hamfel*, die etym. nicht durchschaut u. als Simplex aufgefaßt wird; *strää* (streu) *n Hihnern anne Hamfel Kerner hie!*; *der hat glei ne ganze Hamfel Salz drangeschmissen!*

handvollig Adj. ‚unbescheiden, gierig, rücksichtslos; grob, derb‘ *gieh bill sachte roh* (geh bißchen langsam heran), *nich glei so hamflich!*; *eß nich so hamflich, laß dir Zeit!*

Handwerkich m. eigtl. ‚Handwerksbursche‘, meist aber im Sinne von ‚Landstreicher, Bummler, Bettler‘ *zieh was annersch an, kannst doch nich rimloofen wie so e Hamberch!* – Lautf.: *Hamberch.*

Hänslein n. nach altem Aberglauben ein glückbringender Kobold, vorwieg. noch Vorvgtld., Vor-, Westerzg.; *du hast heit e Glick, du mußt doch s Hansel ham!* – Lautf.: *Hansel.*

hänt! Interj. Ausruf der Beteuerung ‚wahrhaftig, tatsächlich, nicht wahr‘, aber auch der Verwunderung, des Staunens ‚nanu, denkt nur‘ Vgtld., Erzg., Oberlaus.; *des war e schiener Traam* (Traum), *hänt!*; *na su wos, hänt!* – Lautf.: *hätte, hänt,* auch in Zuss.: *Jesus-hänt!, Teufel-hänt!*

Häppe f. ‚Ziege‘ Vorvgtld., Vgtld., Vorerzg.; *will iech ner glei de Häpp fittern.*

Harke f. wie litspr., Südmärk., EEGeb., Nordosterländ.

Harken m. ‚Harke, Rechen‘ sOsterländ. (als Mischform zwischen nördl. → *Harke* u. südl. → *Rechen*).

härscheln sw. V. ‚die auf dem Feld liegengebliebenen Getreidere-ste mit einem großen Rechen (dem *Härsch[el]rechen*) zusammen-schleppen' Westerzg., → *Gehärsche*. – Lautf.: *häscheln, härscheln*.

häschen sw. V. ‚hörbar u. schnell atmen, keuchen, schnauben', auch *sich abhäschen*; Vgtld.; *gieh ner langsam, brauchst diech net su ohze-häschen!* – Mhd. *hëschen* ‚schluchzen'.

Hasenbrot n. ‚Rest vom mitgenommenen Frühstück od. vom Rei-seproviant, den man wieder mit nach Hause bringt' veraltet; *s Ha-senbrot ham mer als Kinder immer ahmds noch gegessen, oo wenn's ni schmeckte.*

hatschen sw. V. ‚mühsam gehen, hinkend u. schleppend, mit den Füßen auf dem Boden schlürfend' *Du hatschst heite recht? – Ja, meine Beene wulln ni mehr richtch.* – Lautf.: *haadschen*, seltener auch *häädschen*.

hauchen sw. V. ‚kraftlos dasitzen, hocken, kauern' *du hauchst in der Ecke wie e Häufchen Unglick.*

Hauet m. od. f. ‚Heuernte', auch ‚Zeit der Heuernte' Vgtld.; *itze* (jetzt) *kimmt de Haat!* – Lautf.: *Haad*.

Haupt n. das ältere Wort für ‚Kopf'; in der Hochsprache wird es heute als stilistisch gehoben, als dichtersprachlich empfunden, in den Mundarten aber ist es – zumindest teilweise – noch in seinen al-ten Verwendungsweisen erhalten, u. zwar häufig in Zuss. (→ *Fur-chen-, Krauthaupt, Rothäuptchen, Hauptpfühl*) u. in übertr. Bedeutun-gen: **1.** ‚das Querholz am Rechen (an der Harke), an dem die Zin-ken befestigt sind' (daneben auch die Zuss. → *Rechenhaupt*). – **2.** ‚der geschlossene Blätterkopf bei Kraut (Kohl) od. Salat' in dieser Bedeutung häufig auch im Dim.; *hul mah glei e Heetel Salat aus'n Gar-ten! –* **3.** ‚der Schirm, Hut eines Pilzes' nur im Dim. – **4.** ‚der einzelne Teil einer Zeilensemmel' Laus., nur im Dim. – **5.** Schimpfwort für ‚dumme, ungeschickte weibl. Person'. – Lautf.: *Heed, Hääd, Haad*; Dim.: *Heedchen, Heedel, Häädel, Haadel*; die mundartlichen Formen gehen alle zurück auf *höubet* (mit Umlaut).

Hauptpfühl n. (selt. m.) ‚Kopfkissen' EEGeb., Osterländ., Schrad. – Lautf.: *Heedfiehl, Heedfähl*; → *Pfühl*.

haußen → *hieraußen*.

Häuste f. ‚gepflasterter Fußweg vom Hoftor zur Haustür; gepfla-sterter od. mit Platten belegter Platz vor der Haustür' veraltet; *sunn-ahmds werd de Heiste gescheiert.* – Lautf. *Heisde*; die Lautf.: ‚würde auf einen etym. Zusammenhang mit *Haus* (nicht mit *hoch*) deuten.

he Interj. ‚nicht wahr' Südwestosterländ., Westmeißn.; *um neine geh mer ins Bette, he? –* Lautf.: *heeje.*

heauf Adj. (nicht attr.) ‚munter, lebhaft, ausgelassen, lustig' Vgtld.; *heit gieht's heauf vun frieh bis oamds! –* Lautf.: *hehauf* (von den Sprechern häufig etym. als *höhauf* gedeutet).

Hebemahlzeit f. **1.** ‚ein Essen, das der Bauherr seinen Maurern u. Zimmerleuten gab, wenn der Dachstuhl errichtet war' Vgtld., Oberlaus. – **2.** ‚kleine Feier mit Kaffee u. Hefeklößen, die eine Frau für alle Freunde u. Verwandten ausrichtete, wenn sie die Gewißheit hatte, in anderen Umständen zu sein' veraltet, Vgtld. – Lautf.: *Hiehemuhezet* (Vgtld.), *Häbemohlzt* (Oberlaus.).

Hebeschmaus m. Bed. wie → *Hebemahlzeit 1*; Meißn., Laus., Osterländ.; *bein Hebeschmaus sin de Meier* (Maurer) *besoffen.*

heckern → *höckern.*

Heed[el] → *Haupt.*

Hegerauch m. ‚die dunstige Atmosphäre, die keine weite Sicht zuläßt, bei trockenem, heißem Wetter' Vgtld., Westerzg. – Lautf.: *Hehraach, Hehnraach, Hiehechraach*; volksetym. häufig an *Höhe* angelehnt, aber wohl zu *Hag, hegen* gehörig.

Heidekorn m. od. n. ‚Buchweizen' Südmärk., EEGeb., Osterländ., Schrad., Nord-, Ostmeißn., Westlaus. – Die Körner wurden wie Grütze gekocht od. zu Mehl gemahlen, aus dem man → *Plinsen* buk; heute nicht mehr angebaut. – Lautf.: *Heedekorn.*

heim Adv. **1.** ‚nach Hause' *ich will nu heemegehn; mer missen ball eham. –* Lautf.: *heem[e], ham, ehám, ehém.* – **2.** ‚zu Hause' Südmärk., EEGeb., Osterländ.; *heeme is's an schensten; ich will lieber heeme bleim. –* Lautf.: *heeme.*

Heimel m. ‚großer, ungeschlachter, tolpatschiger Kerl' Vgtld. – Lautf.: *Haamel.*

Heinz m. ‚Kater' Vgtld. – Lautf.: *Haanz, Haaz.*

Heisde → *Häuste.*

heißen st. V., trans. ‚jmdn. bitten, nötigen', auch ‚jmdm. etw. befehlen' *laß dich ni heeßen!; ich hab der'sch ni geheeßen! –* Lautf.: *heeßen, hääßen, haaßen*; Part.Perf. *geheeßen, gehääßen, gehaaßen.*

Helfrede f. ‚Ausrede, Notlüge' Vgtld., Westerzg.; *do hob'ch schnell e Halfred gesucht.*

hell Adj. neben der litspr. Bedeutung auch ‚aufgeweckt, klug, gescheit' *mir Sachsen, mir sein helle!*

Helm m. neben der litspr. Bedeutung auch ‚Stiel an einer Axt, einem Beil' veraltet, vorwieg. noch Erzg.; *machste mer n Helm in mei Beil?* – Lautf.: *Halm, Helm;* mhd. *halme, helm* ‚Handhabe, Stiel'.

Hemdenbengel m. ‚Hemdenmatz' Westerzg. – Lautf.: *Hembengel.*

Hemdenfink m. Bed. wie → *Hemdenbengel;* Vorvgtld., Vorerzg.

Hemdenlemper m. Bed. wie → *Hemdenbengel;* öEEGeb., öNordosterländ., Schrad., Laus. – Lautf.: *Hem[de]lemper.*

herab- als Bestimmungswort in verbalen Zuss. ‚herunter-' Vgtld., Westerzg., z. B. *herabfallen, -hängen, kommen, -tun; mer missen de Äpfel rohtah* (abnehmen). – Lautf.: *roh-.*

Heranziehglas n. ‚Fernglas' Vgtld., Westerzg.; *iech hoh e gut Rahziehgelos.* – Lautf.: *Rahziehg[e]los.*

heraustun st. V. ‚Kartoffeln aus der Erde nehmen, ernten; Baumstümpfe aus der Erde nehmen, roden' Vgtld., Westerzg.; *seid er schie fartich mit'n Ardäppelraustue?; de Mannsen sei in Wald Steck* (Baumstümpfe) *raustah.* – Lautf.: *rausduh[e], -dah.*

Herr m. in den Fügungen *Herr bringen, kriegen, werden* mundartlich trans. (im Gegensatz zur Hochsprache, wo *H.werden* den Gen. verlangt) ‚jmdn., etw. (mit körperlicher Kraft) bezwingen, bewältigen' vorwieg. Meißn., Laus.; *den grußen Sack bracht'ch ni Herre; der Lehrer bringt mich ni mehr Herre; das bissel Zeug krich ich schon noch Herre; ich wer' meine Kinder ni meh Herre; die paar Ahbern* (Kartoffeln; in diesem Falle ein paar, die noch auf dem Teller liegen) *wer'ch schon noch Herre.*

herrlich Adj. ‚wählerisch beim Essen' Nordmeißn., Ost-, öOberlaus.; *ein herrliches Luder bist du!*

Herzgespann n. ‚Druck u. Völlegefühl im Leib, Unwohlsein' bei kleinen Kindern, wurde durch Massieren, Einreiben mit Butter geheilt; veraltet; *de Kleene hat Herzgespanne, reib tichtch mit Butter ei!*

Hetsche f. ‚Wiege' Vgtld., Vorvgtld., Westerzg.; *tu ner s Kind nei der Hetsch!* – Dazu auch das Verb *hetschen* ‚wiegen'.

Hetze f. ‚Menge, Vielzahl' *die ham doch schon enne ganze Hetze Kinner!*

Heubaum m. ‚die in Längsrichtung auf das Heufuder gelegte Stange zur Befestigung der Ladung' Südmärk., EEGeb., Osterländ., West-, Nordmeißn., Vorerzg.; *der Heiboom werd mit'n Heiseel festegemacht;* → auch *Wiesebaum.*

Heweetel m. ‚lauter Zank, Streit, Krawall' Vgtld., Westerzg.; *mach keen sitten* (solchen) *Heweetel im die Sach!*

hieferig Adj. ‚schwächlich, unterentwickelt; anfällig, kränklich' *eure Kleene sieht tichtch hiefrich aus.*

hiefern sw. V., intrans. u. trans. ‚schwächlich, kränklich, anfällig sein, frierend Schutz suchen (von Kücken bei der Henne)‘, auch ‚Wärme u. Schutz geben (von der Henne gegenüber den Kücken)‘; *gucke nur, wie de Henne ihre Schippchen hiefern tut!* – Lautf.: *hiefern, hibbern*; die Grundbedeutung ist ‚sich klein machen, kauern‘.

Hiele f. (meist. Pl.) ‚kleine Gans, Gänschen‘ wSüdmärk., EEGeb., Nordosterländ., als Lockruf *hiele-hiele* dazu auch das Südwestosterländ. erfassend.

hieraußen Adv. ‚hier draußen‘, auch ‚dort draußen‘ *ich bin schon haußen, un du bist noch drinne.* – Lautf.: *haußen* aus mhd. *hie ûzen.*

hierinne Adv. ‚hier drin‘, auch ‚dort drin‘ *ich bin noch hinne, un du bist schon haußen.* – Lautf.: *hinne* aus mhd. *hie inne.*

hieroben Adv. ‚hier oben‘, auch ‚dort oben‘ veraltet; *ich hab huhm schun gesucht.* – Lautf.: *huhm* aus mhd. *hie oben.*

hierunten Adv. ‚hier unten‘, auch ‚dort unten‘ veraltet; *ich hier'sch* (höre es) *huhm genausu wie hung'.* – Lautf.: *hunn, hung, hunden* aus mhd. *hie unden.*

Himmelkühchen n. ‚Marienkäfer‘ vorwieg. Nordosterländ., Nordmeißn. – Lautf.: z. B. *Himmel[s]giehchen, -kiehchen, -kiwwichen, -kiehwichen, -giebchen, -giekchen.* → *Motschekühchen.*

Himmelmötschchen, -lein n. Bed. wie → *Himmelkühchen*; vorwieg. Westmeißn. – Lautf.: z. B. *Himmel[s]meetschchen, -mietschchen, -mietschel, -miezel.*

hinab- als Bestimmungswort in verbalen Zuss. ‚hinunter-, herunter-‘ Vgtld., Westerzg., z. B. *hinabmachen* ‚-gehen‘, *-ruscheln* ‚-rodeln‘, *-schlingen.* – Lautf.: *noh-.*

hinankrachen sw. V. ‚sich beeilen‘ Vorvgtld., Vgtld., Vor-, Westerzg.; *nu krach aber emoh nah, daß mer fertch warn* (werden)!

hinanmachen sw. V. ‚(Tür, Fenster) anlehnen‘ Vgtld., Erzg.; *mach ner de Tier eweng* (ein bißchen) *nah!*

hinanzusammen- als Bestimmungswort in verbalen Zuss. ‚zusammen-‘ Westerzg.; *se hohm alles mit'n Strick nahzammgebunden.* – Lautf.: *nahzamm.*

hineintulich Adj. ‚zutraulich, anschmiegsam, liebebedürftig‘ (meist von Mädchen) *hat denne deine Freindin e bißchen e neituliches Wesen?* – Lautf.: *neidulich.*

hinmachen sw. V. ‚sich beeilen‘ *nu märe nich so rum, mache bissel hin, los!*

hinne → *hierinne.*

Hinreckschale f. ,Präsentierteller; Schale, auf der man Gästen etw. anbietet' Vgtld., Westerzg.: *uff der Hiereckschol log Zuckerzeich.*

hinte Adv. ,heute abend' vorwieg. Osterländ., Meißn., Laus.; *kimmste hinte ze uns?*; *hinte war'ch* (werde ich) *zeitch ze Bette giehn.* – Ahd. *hiu nahtu*, mhd. *hî-naht[e]* ,(in, zu) dieser Nacht, (an) diesem Abend'; das Wort ist also ganz ähnlich entstanden wie litspr. *heute* (ahd. *hiu tagu* ,(an) diesem Tag').

Hintragbrettlein n. ,Tablett' Westerzg., Oberlaus.; *tu de Tallern off's Hietrahbrahtl.*

hirzen sw. V. ,etw. (kräftig) wegstoßen, mit dem Fuß nach etw. treten', häufig auch in Zuss. wie *hinaus-, weghirzen*; Vgtld., Westerzg.; *er tot miech su vun hinten herzen, daß iech hiegefalln bie.* – Lautf.: *herzen, harzen, hirzen*; mhd. *hurzen, hürzen* ,stoßen, hetzen'.

Hitsche → *Hütsche.*

hoben → *hieroben.*

höckern sw. V. ,klettern' Osterländ., Meißn., Laus., häufig in Zuss. wie *herauf-, herunter-, herum-, hinauf-, hinab-, hinunterhöckern*; *der Chunge heckert dauernd off'n Beem'* (Bäumen) *rim*; *ich bin glei iebern Zaun geheckert.*

höhauf → *heauf.*

Höhe[n]rauch → *Hegerauch.*

Hohle f. ,tief ins Gelände eingeschnittener Weg, Hohlweg, Bodensenke' *mer gehn glei durch de Hohle.*

hohnneckig Adj. ,zum Spotten u. Höhnen, zu (bösen) Streichen aufgelegt' Vgtld., Westerzg.; *was hast du huhnacketes Luder wieder ausgeheckt?* – Lautf.: *huhnacket, huhnackch.*

hohntuig Adj. Bed. wie → *hohnneckig*; Vgtld., Westerzg.; *dan huhtueten Dingerich* (Kerl) *trau iech alles zu!* – Lautf.: *hah-, huhtuet, huhtuich.*

Holz n. neben der litspr. Bedeutung auch ,Wald' *heit gieh mer ins Holz.*

Holzschreier m. ,Eichelhäher' Südmärk., EEGeb., West-, swNordmeißn. (auch hier *Holz* in der Bedeutung ,Wald').

horklich Adj. ,uneben, buckelig' (z. B. von gefrorener Erde) Südmärk., EEGeb., Osterländ., Meißn.; *heute war der Wag racht horklich.*

hornnägeln sw. V. ,bei Kälte schmerzhafte Empfindungen in den Fingerspitzen od. Zehen haben' veraltend, Vgtld.; *Su eine Kält! Miech uriechelt's nah de Fieß.* – Lautf.: *urnegeln, uriecheln, gruniegeln.*

89

Horns'che f. ,ärmliche, verwahrloste Behausung; baufälliges Haus; schlechte Wohnung; altes, schmutziges Bett' *die hausen dorte in so ner alten Horns'che.* – Wohl ein Wort mit slaw. Herkunft, etym. zu russisch *gornica* ,Zimmer, Stube', sorb. *hornca.*

Horst m. (selt. f.) ,Stelle im Acker, wo die Feldfrüchte schlecht gedeihen, weil der Boden schlecht ist' sOsterländ., Nordmeißn.; *mer han e schenes Stickchen Feld, awwer in de Mitte is anne Horscht.* – Lautf.: *Horschd.*

Hosenheben Pl. ,Hosenträger' veraltet, Meißn., Westlaus.; *meine Husenhähm sein schun geflickt.*

Hosenküche f. ,Hosenstall' Westmeißn., Vorvgtld., Vorerzg.; *mach erscht mah deine Hosenkiche zu!*

hotte! Interj. ,Zuruf an ein Zugtier, wenn es nach rechts gehen soll'.

Hottich n. ,üble Gesellschaft, Gruppe von Asozialen, Pack' *das is keene Kneipe fer uns, da sitzt s ganze Huttch.*

Hübel m. ,kleine Bodenerhebung, Hügel', auch ,Schwellung, Beule (durch Schlag od. Stoß)' Vorvgtld., Vgtld., Vorerzg., Erzg.; *du hast ober enn Hiebel off der Stern!*

hübsch Adj. selt. in der litspr. Bedeutung, meist: **1.** ,anständig, gut erzogen, freundlich, nett' *ieber uns wohn' hibsche Leite.* – **2.** verstärkend ,ziemlich viel, ziemlich sehr' *mei Bruder wohnt hibsch weit weg; s hat ganz hibsch gerächent, wie'ch kam.* – Mhd. *hövisch* ,hofgemäß, fein gebildet u. gesittet' (diese alte Bedeutung ist bei 1. noch erkennbar).

Huck-auf m. ,Flieder' wVgtld.

Huck-auf-die-Magd m. od. f. Bed. wie → *Huck-auf;* EEGeb., wOsterländ.; das Benennungsmotiv ist der verführerische Duft seiner Blüten. – Lautf.: *Huckuffdemahd, Kuffdemahd, Puffdemahd, Dufdemahd;* → *Hupf-auf(-die-Magd).*

Hucke f. **1.** ,ein großes Tuch, das man zusammenbindet, um es zum Tragen von Lasten auf dem Rücken zu verwenden' (z. B. für Heu, Reisig), auch in Zuss. wie *Bemmen-, Freß-, Kirmeshucke* ,in ein Tuch gebundene Essereien'. – **2.** ,der Rücken' bes. in den Redensarten: *jmdm. die H. voll hauen, sich die H. voll lachen, jmdm. die H. voll schwindeln.* – **3.** ,Vielzahl, Menge' *die ham ne ganze Hucke Kinner; s war ne ganze Hucke Gäste da.*

Huckel m. Bed. wie → *Hübel; mer sin heite off'n großen Huckel Schlitten gefahrn; mich hat e Vieh gestochen, un das wurde glei so e Huckel.*

hucken sw. V. ‚etw. auf dem Rücken tragen; etw. Schweres tragen' Südmärk., EEGeb., Osterländ.; *der huckt enn Zweezentnersack wie jar nischt; bei de Äbernernte* (Kartoffelernte) *mußte dies Chahr janz scheen hucken!*

Hudel → *Hutel*.

hudeln sw. V. ‚(glücklich) gedeihen, Glück bringen' Meißn.; *Kneipengeld hudelt ni* ‚Geld, das man in der Kneipe (beim Spiel) gewonnen hat, bringt kein Glück, es vermehrt sich nicht'.

huhnacket → *hohnneckig*.

Hühnerserbe m. od. f. od. n. ‚Vogelmiere (Unkraut)' Vgtld., Westerzg. – Lautf.: *Hiehnerscherm, -schar[l]ich, -schär[l]ich, -schärf, -schärb*; volksetym. an *Scherbe* u. *scharf* angelehnt, gehört aber etym. zu mhd. *serben* ‚siechen, kränkeln', → *Mäuserbe*.

huhtuig → *hohntuig*.

Hule f. ‚kleine Gans, Gänschen' Südwestosterländ., als Lockruf *hule-hule* im Gesamtgeb. bekannt.

Hülle f. ‚Kopftuch' (meist aus Wolle u. unterm Kinn gebunden) Südmärk., EEGeb., Osterländ., Schrad., Westlaus.; *frieher hutten de Weibsen alle Hillen.* – Lautf.: *Hille*, selt. *Hulle*.

Humpsch m. wer beim Flegeldreschen den letzten Schlag tat, der *hatte den H.* u. mußte für alle etw. spendieren; Schrad., nOstmeißn. – Mit der Arbeitsweise veraltet; im alten Volksglauben vermutete man einen Korngeist in der letzten Garbe; → auch *Banselhahn* und → *Hacksch 4*.

Hunderippe f. ‚Spitzwegerich (Pflanze)' ‚Südmärk., EEGeb., Osterländ., Meißn. – Lautf.: *Hunderibbe, Hunderiebe* (mit volksetym. Anlehnung an *Rübe*).

Hundsloden Pl. ‚(grobe) Schelte, Ausgeschimpftes' *ich wollte alles richtch machen, aber hinterher hab'ch Hundsloden gekricht.* – Gemeint sind ‚rauhe, grobe Haare', übertr. auf ‚grobe Worte'.

Huntsch n. ‚Ferkel, kleines Schwein', häufig im Dim.: *Huntschel*; auch als Lockruf: *huntsch[el]-huntsch[el]*; Laus. – Entlehnt aus dem Slawischen, obersorb. Lockruf *hunč! hunč!*, kinderspr. *hunč[k]o* ‚Schweinchen'.

Hupf-auf m. ‚Flieder' Südmeißn., Vorerzg., Erzg. – Lautf.: *Huppuff*.

Hupf-auf-die-Magd m. Bed. wie → *Hupf-auf*; Westmeißn. – Lautf.: *Huppoffdemahd*; → *Huck-auf-die-Magd*.

¹**Husche** f. ‚kleine Gans, Gänschen' häufig im Dim. (*Huschel*), auch als Lockruf *husche[l]-husche[l]*; sOstmeißn., Laus. – Das Wort könnte hier im Laus. eine slaw. Entlehnung sein: obersorb. *huže* ‚Gänschen'.

²**Husche** f. **1.** ‚kurzer Regenschauer' *bleib derheeme* (zu Hause), *s kimmt glei ne Husche!* – **2.** ‚kleines Feuer im Ofen' *ich mach fix ne Husche nein, daß mer ni friern.* – Das Wort ist im Gesamtgeb. außer im Vgtld., Westerzg. verbreitet.

Huscher m. Bed. wie → ²*Husche*; Vgtld., Westerzg.; *mach schnell, s kimmt e Huscher!*

Husse f. ‚unförmiges, großes, dickes Stück' (meist von Brot), Oberlaus.; *schneid ock* (nur) *ni siche* (solche) *Hussen!* – Etym. wohl zu *Hachse* mit *ch*-Ausfall.

Hutel n. ‚Schnuller zur Beruhigung von Säuglingen' West-, Süd-, sOstmeißn., Laus., Vgtld., Erzg.; *der Kleene bläkt* (schreit), *er braucht sei Huttel.* – Lautf.: *Hudel, Huddel.*

Hutschche, Hutsche f. ‚Kröte, Frosch' Nord-, Ost-, Südmeißn., Vorerzg.; *ich bin off ne Hutschge gelaatscht!* – Lautf.: *Huudsche, Hu[u]dschche, Hu[u]dschge.*

Hütsche f. ‚Fußbank' *zun Fansterputzen brauch'ch de Hitsche.* – Lautf.: *Hidsch[e]*, im Oberlaus. meist im Dim. (*Hidschel*).

Hütte f. ‚(der abseits vom Wohnhaus stehende) Abort' veraltet, vorwieg. noch Laus.; *ich muß mah off de Hitte giehn.*

hutzen sw. V. ‚am Abend Bekannte besuchen, um mit ihnen zusammenzusitzen u. zu plaudern' Vgtld., Westerzg.; *heit ohmd kumm ich eweng* (ein wenig) *ze eich hutzen; mer kenne doch net jeden Umd* (Abend) *hutzen giehe.* Die Stube, in der dann am *Hutzenabend* die *Hutzenleute* zusammensitzen, ist die *Hutzenstube.* – Etym. wohl zu *hocken, hucken* als Intensivbildung *huckezen* zu *hutzen* (ähnlich wie *gackezen* zu *gatzen, schmackezen* zu *schmatzen*).

ieneln sw. V. ‚heimlich, verstohlen gucken' Vgtld., auch in Zuss. wie *hinein-, herausieneln*; *er stand hinter'n Fenster un hoht rausgeienelt.*

iezig Adj. ‚zornig, wütend' *da brauchste doch ni glei so iezch ze wern!*

illern sw. V. Bed. wie → *ieneln*; *du hast durch's Schlisselloch geillert!*

immer Adv. neben der litspr. Bed. auch ‚(inzwischen) schon, bereits' *geht nur immer, ich komme nach!*; *du kannst mer mah immer de Wäscheleine ziehn!*

Influenza f. ‚Grippe' veraltet; *bei Infällenzche muß mer ins Bette.* – Lautf. häufig mit volksetym. Anlehnungen: *Imfallenzcha* (zu *umfallen*), *Infaulenza* (zu *faul*). – Fremdwort, ital. *influenza* eigtl. ‚Einfluß der Sterne'.

Innernächte → *Unternächte.*

Inselt[licht] → *Unschlitt[licht].*

insoht → *inzauicht.*

i-nun[-so]! Interj. Ausruf der Überraschung ‚ach ja!, ach, du meine Güte!; ach, nun ja!' Vgtld., Erzg.; *inu, wu kimmst däh du har?*; *inusse freilich, ich kumm miet.* – Lautf.: *inu[sse].*

inzauicht Adv. ‚herbei, herzu; anwesend, zugegen' veraltet, Vgtld., Erzg.; *in Alter kumme de Kranketen inzoot*; *er bracht sei Geschenk insoot*; *der Rupperich* (Ruprecht) *war insoot.* – Lautf.: *en-, insood, en-, inzood*; etym. vielleicht zu mhd. *zouwen, zowen, zawen* ‚vonstatten gehen, sich beeilen' (die Lautf. ließen sich dann zurückführen auf *inzouw-icht*).

irg → *arg.*

irgend Adv. ‚etwa, womöglich, vielleicht' veraltend; *daß de ni arne krank warscht* (wirst)!; *seu* (sag) *s arnd ni n Vater!*; *hoste ernd was vergassen?* – Lautf.: *erne, arne, ernd, arnd.*

93

Jäche f. ‚Durchfall (bei Mensch u. Tier)' *Spinat eß'ch ni, da kricht mer de Jäche.* – Lautf.: *Jäche, Gäch[e].*

Jachel → *Juchhannel.*

jächen sw. V. trans. u. intrans. ‚jmdn. scheuchen, vertreiben, verjagen', auch ‚sich beeilen, rennen'; häufig in Zuss. wie *fort-, heraus-, herein-, herum-, hinausjächen; Junge, jäch de Hinner* (Hühner) *ni su!; nemm dir Zeit, brauchst nich ze jächen!* – Lautf.: *jächen, gächen, chächen*; mhd. *jöuchen, jouchen*, etym. zu *jagen.*

jähling Adv. ‚jäh, plötzlich; hastig, eilig, schnell' *hier geht's gelchen nunner; eßt un trinkt nur nich so gahlinge!* – Lautf.: *gällchen, gähling[e], gahlinge, gällinge, gallinge*; schon mhd. *gæhelingen, gālingen* ‚ungestüm, heftig'.

jalmen → *kalmen.*

Jauche f. wie litspr. ‚flüssiger Dünger' im Gesamtgeb. außer Vgtld., Erzg. (→ *Atel*); *gestern ham mer Jauche gefahrn.* – Lehnwort aus dem Slawischen; sorb. *jucha* ‚Brühe, Jauche'.

jauchzen sw. V. ‚Schmerzenslaute von sich geben, laut jammern (von Menschen u. Hunden)', selt. auch wie litspr. ‚Freudenlaute von sich geben'; *der Hund, den mer tritt, der gaukst.* – Lautf.: *gauksen.*

jauern sw. V. ‚winseln, heulen' (von Hunden), ‚jammern, klagen' Laus.; häufig auch *Gejauer; vor'n Hause chauert e Hund*; etym. zu mhd. *jüwen, jüwezen, jüchezen* ‚schreien, jubeln, jauchzen'.

jener Pron. in festen Fügungen, die lexikalisiert u. zu Adv. geworden sind: *jen[en] Tag* ‚vorgestern', *jen[es]mal* ‚einstmals, damals' Erzg., Süd-, sOstmeißn., Oberlaus.; *das is schon gentog gewasen; weeßte noch, jesmol, wie's gruße Wasser wur.* – Lautf.: *jen-, gendog, jes-, gensmol.*

jieperig Adj. ‚lüstern, gierig' (bes. auf etw. Eßbares; von Hunden, aber auch von Menschen) Südmärk., EEGeb., Nordosterländ.; *ich bin heite jieprich off was Saures.* – Abgeleitet von → *jiepern.*

94

jiepern sw. V. ‚gierig, lüstern sein; gieren, nach etw. verlangen'
Verbr. → *jieperig*; *gucke nur, wie die Viecher schun dernach jiepern!*; *wem'-
mer das sitt* (wenn man das sieht), *jiepert's een' glei.* – Etym. zu nd. *jipen*
‚piepsen, pfeifen' (von kleinen Vögeln, die Futter begehren).

Johanni ohne Art. ‚Johannistag, 24. Juni' *der is lang wie der Tag vor
Gehanne.* – Lautf.: *Jehanne, Gehanne, Kanne, Konne.*

Johanniswürmchen, -lein n. ‚Glühwürmchen' Meißn., Laus.;
hinte (heute abend) *leuchten de Johanniswirmchen.*

Jour f. in der Fügung *die J. haben* ‚an der Reihe sein' (u. zwar ist
meist die Hausordnung, die Reinigung des Hauses gemeint); *jede
Woche hat eens vun uns de Schur.* – Frz. *être de jour* ‚Dienst haben, an der
Reihe sein'.

Juchhannel m. ‚Wacholder'. – Lautf.: *Jachel* Westlaus., *Juchannel*
Ostlaus. – Wohl auf slaw. Grundlage zurückgehende alte Lautun-
gen.

Jungenfist m. ‚Mädchen, das gern mit Jungen zusammen ist, gern
mit Jungen spielt' Gesamtgeb. außer Laus.; *Jung'fist, Mädchenfist,
häng dich an die Kette! Warte, bis dein Liebster kommt, der nimmt dich mit ins
Bette!*

Kaat → *Käthe*.

Kabel f. alter Flurname, der einen Flurteil bezeichnet, der innerhalb der Gemeinde verlost wurde; Südmärk., EEGeb., Osterländ., Schrad.; *de Kawel miß'mer oo noch umgrahm.* – Lautf.: *Kabel, Kawel, Kawwel*; nld. Herkunft des Wortes ist zu erwägen.

käbisch → *käuisch*.

Kabse → *Gapse*.

Käcke f., **Käck[s]er** m. ,Frosch, Kröte' wOsterländ., Westmeißn. – Lautf.: *Gäcke, Gäck[s]er*.

Kadel m. ,Ruß' relikthaft, Oberlaus.; *a* (in) *der Esse warn zwee Eemer Kadel f.* – Lautf.: *Kadelf, Kadluff, Kafeld*; das Wort ist slaw. Herkunft, altsorb. *kadolb* ,Rauchfang, Rußsack'.

Kaffaten Pl. ,Späße, lustige Streiche, Albereien; Grimassen, Faxen' vorwieg. Westerzg., selt. noch Meißn., Laus.; *mach när net sette* (solche) *Kaffaten!* – Lautf.: *Kaffaden, Karfaden, Karfagen*; zur Etymologie: → *krawanzen*.

kaffern sw. V. **1.** ,an allem herumkritisieren, nörgeln, mäkeln' häufig auch *herumkaffern; die hat immer was ze kaffern!* – **2.** ,bellen' (vom Hund), Laus. – Lautf.: *gaffern, kaffern*.

kalaschen sw. V. ,jmdn., sich verprügeln' *ihr sullt offhern, eich ze kalaschen!* – Die Herkunft des Wortes ist unklar, aber wohl nicht slawisch.

kallabrisch → *kollaperig*.

Kallazche → *Kollation*.

kalmen sw. V. ,schlummern, im Halbschlaf liegen' wNordosterländ.; *jehk* (geh) *ins Bette, du chalmst doch schon!* – Lautf.: *jalm, chalm*; etym. wohl zu engl. *calm* ,sanft'.

Kalmes m. ,Tolpatsch; ungeschickter, dummer Kerl' auch als Schimpfwort; Erzg., Vgtld.

Kalúppe f. ‚baufälliges, altes, verwahrlostes Haus; Bude' Südmärk., EEGeb., Nordosterländ., Schrad., selt. Meißn.; *die ahle Scha-
luppe fällt doch bahle* (bald) *ein.* – Lautf.: *Kalúbbe, Schalúbbe*; das Wort
ist slaw. Herkunft *(chałupa* ‚Hütte').

Kammerwagen m. ‚Wagen, auf dem die Ausstattung der Braut
ins Haus des Ehemanns gebracht wurde', auch ‚Ausstattung, Mitgift' vorwieg. noch Vgtld., Westerzg.; *de Braut is mit'n Kammerwohng
eigezuhng* (eingezogen).

Kamúrke f. ‚baufälliges, altes Haus; verwahrloste, enge Stube;
dunkle, fensterlose Kammer' Ostmeißn., Schrad., Laus.; *mich kannste ni besuchen in meiner Kamurke.* – Lautf.: *Kammurke*; das Wort gehört
etym. zu lat. *camara* ‚Kammer', es ist in unseren Dialekten eine slaw.
Entlehnung *(komórka* ‚kleine Kammer').

Kanft m. ‚Anfangs-, Endstück des Brotes' EEGeb., Nordosterländ. – Mischform zwischen → *Kant[en]* u. *Ranft*.

Kanker m. (seltener f.) **1.** ‚Spinne mit bes. langen Beinen, Weber-
knecht' vorwieg. an der Westgrenze des Gesamtgeb. – **2.** ‚Spinne-
webe' Südwestosterländ., Westmeißn.; *nimm e Besen un mache den
Ganker weg!* – Lautf.: *Ganker*.

Kanne → *Johanni*.

Kännleinwisch m. ‚Schachtelhalm (Pflanze)' Erzg.; wurde früher
wegen seines hohen Gehalts an Kieselsäure zum Putzen der Zinn-
kannen verwendet. – Lautf.: *Kannelwisch, -wiesch*.

Kant[en] m. Bed. wie → *Kanft*; Südmärk., EEGeb., Osterländ.,
Schrad.

Kantor m. ‚Lehrer' veraltet, Südmärk., EEGeb., Osterländ.,
Schrad., seltener Nord-, Westmeißn.; *du hast n Kanter nich guten Tach
gesacht.* – Der Leiter des Kirchenchors versah früher auch das Amt
des Lehrers; die junge Bezeichnung *Lehrer* hat heute die alten
→ *Schulmeister, Kantor* verdrängt.

kapfen sw. V. ‚lahm gehen, hinken' Vgtld.; *mei Bruder kapft, er hoht
e lohms Baa* (lahmes Bein).

Kappe f. heute nur noch in litspr. Bedeutung, früher auch ‚langes
hemdartiges Kleidungsstück für Mädchen u. Jungen etwa bis zum
vierten Lebensjahr' *frieher sin de Chung' oo in der Kappe gegang'*.

Kappel f. ‚Brotschrank' veraltet, Osterzg., Süd-, sOstmeißn.;
etym. zu lat. *capsa* ‚Bücherkapsel'.

käppisch Adj. ‚unfreundlich, trotzig, eingeschnappt' Laus., öOstmeißn.; *die sein schun seit drei Tachen kappsch mitenander.* – Lautf.: *kabbsch.*

Käpplein n. Bed. wie → *Kanft*; Westerzg. – Lautf.: *Kabbel.*

Karácho n. ‚hohe Geschwindigkeit, Vehemenz' *die kam' mit Karácho n Berg runter.* – Fremdwort, span. *carajo* ‚(zum) Donnerwetter!' (eigtl. ‚penis').

Karbatsche f. ‚Peitsche' veraltet; *er hat mit der Karbatsche rimgefuchtelt.* – Aus dem Slawischen entlehnt: *karbač* ‚Peitsche'.

Karbe, Karbeie f. ‚Kümmel' öSüdmärk., öEEGeb., Schrad., öOsterländ., öNord-, Ostmeißn., Laus. – Lautf.: *Garbe, Garwe, Karbe, Karwe, Kerbe, Kerwe*; *Garwieje, Karwede, Korweide*; etym. zu arabisch *karawijā*, mlat. *carvi.*

Karessen Pl. Bed. wie → *Kaffaten*; veraltet, Laus., sOstmeißn., Osterzg.; *mach ock* (nur) *keene sicke* (solche) *Karessen vier!* – Zur Etymologie: → *krawanzen.*

Karst m. ‚drei- od. vierzinkige Hacke zum Aufbrechen des Bodens' vorwieg. EEGeb., Osterländ. – Lautf.: *Kah[r]sch[d].*

Kaschetel → *Korsettlein.*

Käseblume f. ‚Margerite' West-, Nord-, Südmeißn., Vor-, Westerzg., Vorvgtld. – Im Dim. *-blümlein* sOstmeißn., West-, Neu-, Oberlaus. – Lautf.: *Kas[e]blum[e], KasebliemI.*

Käsehütsche f. ‚kleiner, einfacher Kinderschlitten' *fahr mer mit deiner Käsehitsche nich in de Beene!* – Lautf.: *Kas[e]hidsch[e], Käsehidsche, Keshidsch.*

Kasel n. ‚Babyjäckchen, Jüpchen' Vgtld. – Lautf.: *Kasele*; etym. zu lat. *casula* ‚Meßgewand des Priesters'.

Katerich m. ‚Kater' Vor-, Osterzg., sOstmeißn., sWestlaus.; *unser Katerch heeßt Peter.*

Käthe f. ein Volksfest in Annaberg, das eine Woche nach Pfingsten stattfindet u. hervorgegangen ist aus einer Wallfahrt zum Trinitatisfest (daher vielleicht auch die Bezeichnung: *Drei-einig-keit*, wurde abgekürzt zu *keit*, westerzg. Lautf. *kaat*; volksetym. zu *Käthe* umgedeutet).

kätschen sw. V. ‚laut hörbar u. mit Mühe kauen' *das Fleesch is tichtch harte, da muß mer kätschen.* – Lautf.: *kadschen, kädschen.*

Katzensterz m. ‚Schachtelhalm (Pflanze)' Südmärk. – Lautf.: *Katzenstehrt, -stehrz, -sterz.*

Katzenzagel m. Bed. wie → *Katzensterz*, EEGeb., Nordosterländ.

– Lautf.: *Katzenzaachel, -zahl, -zeul, -zahn*; die Grundwörter *-sterz, -zagel* sind alte Bezeichnungen für ‚Schwanz'.

kaubeln → *kaupeln.*

Kauermätzchen n. *K. machen* ‚sich hinhocken, kauern' Meißn., Osterländ.

käuisch Adj. ‚wählerisch beim Essen' Erzg., Vorerzg., Vorvgtld., Südmeißn.; *bis nich so käbsch, du käbsches Luder!* – Lautf.: *kääbsch*; aus mhd. *köuwisch* zu *kouwen* ‚kauen'.

Kaularsch m. ‚Kaulquappe' vorwieg. Ostmeißn.; *mer ham enn Kaularsch gefang'.* – Auch im Dim.: *Kaulärschel.*

Kaule f. ‚etw. Rundes, Kugelförmiges' (z. B.Tonkugel, Ball, Garnknäuel, Rübe); vorwieg. Meißn., Laus.; *breng enne Kaule Sellerie met!* – Eigtl. md. Lautf. von *Kugel* mit Vokalisierung des *-g-*.

Kaulpadde f. ‚Kaulquappe' Südmärk., EEGeb. – Lautf.: *Kuhlpadde, -panne, -palle, Kauper.*

kaum Adv. neben den litspr. Verwendungsweisen auch am Beginn eines Satzes in der Bedeutung ‚das hat den Vorteil, daß; wenigstens hat das den Vorteil, daß' Ostmeißn.; *geh nur selber, kaum haste was ze tun; arbeete noch bißchen, kaum kannste heite gut schlafen!*

Kaupe f. ‚mit dem Spaten ausgestochenes Rasenstück', auch ‚Heuhaufen' Südmärk., EEGeb., Osterländ., Meißn. – Etym. vielleicht zu slaw. *kupa* ‚inselförmige Erhöhung, Erdhügel'.

kaupeln sw. V. ‚handeln u. tauschen, kleine Geschäfte machen (unter Kindern)' im Gesamtgeb. außer Vgtld., Erzg., Vorvgtld., Vorerzg.; *Haste was zen Kaupeln? – Ja, paar Kullern!* – Die etym. Herleitung von slaw. *kupiti* ‚kaufen' ist zweifelhaft, vielleicht zu lat. *cauponari* ‚Handel treiben'.

Kautschel f. ‚Schaukel' Westmeißn. – Ein altes mundartliches Wort aus dem SW des deutschen Sprachraums: (alemannisch *Gütsche* ‚Ruhebett, Wiege', ital. *cuccia* ‚Faul-, Lotterbett', auch ins Frz. (*couche*) u. Engl. (*couch*) entlehnt u. als engl. Fremdwort wieder ins Deutsche zurückgelangt.

kegeln → *gäukeln.*

Kehne → *entgegen.*

Kehrblech n. ‚die kleine Schaufel, auf die man mit dem Handbesen den Schmutz kehrt' wSüdmärk., wEEGeb., wNordosterländ.

Kehre f. ‚Wende, Drehung (mit einem Wagen); Kurve'; *er krichte noch de Kahre nach rachts.* – Lautf.: *Kehre, Kahr[e].*

Kehrschaufel f. Bed. wie → *Kehrblech*; Vorerzg., Vorvgtld., verstreut Vgtld., Erzg., Laus.

Kellersau f. ‚Kellerassel' West-, Südmeißn., Vorvgtld., Vorerzg.

Kellerschaf n. Bed. wie → *Kellersau*, Vgtld., Erzg., sOstmeißn., Westlaus. – Etym. zu *Schabe* gehörig, durch *e*-Abfall volksetym. Anlehnung an *Schaf*.

Ketsche f. ‚Schaukel, Wiege', auch ‚kleiner Wagen, primitiver Schlitten' Westerzg.; *se hohm enne Ketsch Hei reigebracht.* – Etymologie → *Kautschel*.

ketscheln sw. V. ‚sich hin- u. herbewegen, schaukeln, ein Kind wiegen' Westerzg.; *die Brick* (Brücke) *fing ah ze ketscheln.* – Etymologie → *Kautschel*.

Keute f. ‚Vertiefung, Grube', insbes. die ‚zum Überwintern von Hackfrüchten angelegte flache, lange Grube, die dann zum Schutz gegen Frost mit Stroh u. Erde abgedeckt wird' öSüdmärk., öEE-Geb., öNordosterländ. – Lautf.: *Keide, Geide, Kiede*.

kiefig Adj. ‚unfreundlich, böse, gereizt, sehr empfindlich' Laus., söOstmeißn.; *du sollst n Leuten ni so kiefch kumm'!* – Zu mhd. *kīven* ‚scheltend zanken, keifen'.

Kienapfel m. ‚Kiefernzapfen' Südmärk., EEGeb., Osterländ., Schrad.; *da ham mer enn Rucksack vull Kienäppel metjebracht zun Feierahnmachen.*

kiesäte Adj. (nicht attr.), **kiesätig** Adj. ‚wählerisch beim Essen' Südmärk., EEGeb. – Zusammengesetzt aus mhd. *kiesen* ‚wählen' u. einem Adj. zu nd. *äten* ‚essen'.

Kieze f. ‚Katze' (weibl. Tier); *dort brengt de Kieze ihre Jung'.*

Kinderfrau f. ‚Hebamme' vorwieg. Meißn.; *bei Nachbersch ging de Kinderfraae nein.*

Kindleinbrot n. ‚Kindtaufsschmaus' veraltend; öOber-, Ostlaus.; *se han uns geheeßen* (gebeten) *zun Kindelbrute kumm'.*

Kipfstock m. ‚Querholz am Vorderteil des Wagens, in dem die Rungen stecken; der Rungenschemel' Vgtld. – Lautf.: *Kipf-, Kippstock*.

Kirchhof m. ‚Begräbnisplatz, Friedhof' noch im Gesamtgeb. belegt, aber veraltet.

Kirchweih f. ‚Kirchweihfest' Nordbair., sVgtld. – Lautf.: *Kirwe, Kerwe*.

Kirmes f. Bed. wie → *Kirchweih*; im gesamten Geb. außer Nord-

bair., sVgtld. – *Wenn Kirmst wird sein, wenn Kirmst wird sein, da schlacht'
mei Vater enn Bock. Da tanzt der Vater, da tanzt de Mutter, da wackelt der
Mutter der Rock. – Krichste zer Kermse e neues Kleed?* – Früher eins der
größten dörflichen Feste, jetzt allmählich veraltend. – Lautf.:
Kirms[d], Kerms[d], Karms[d], Kirmse, Kermse, Karmse; etym. eigtl.
Kirch-Messe.

Kittelfittiche Pl. ‚Eintopfgericht aus Weißkraut u. Kartoffel-
stückchen' Meißn., Südosterländ.; *ich rich's schun, heute gibts Kittel-
fittche.* – Lautf.: *Kiddelfliddche;* → *Fittich.*

Kiwwichen → *Kühchen.*

Klaanet → *Kleinicht.*

Klacke f. ‚Spalte, Riß' Westerzg.; *mach mol de Tir ne Klack auf!* –
Mhd. *klac* ‚Riß, Spalt'.

Kläde → *Gelegde.*

Kläge f. ‚(schwere) Arbeit' wNordosterländ., dazu auch *klägen* sw.
V. ‚(schwer) arbeiten, schuften'; *das war ne Kläje, ich bin ganz malade*
(erschöpft) ! – Ein Wort aus dem Rotwelschen, das sich von Halle
aus verbreitet hat; etym. zu nd. *Klei* ‚Schlamm, Lehm', *kleien*
‚schmieren, Schmutzarbeit verrichten'.

Klansch m. ‚schmierige, feuchte, weiche Masse' (meist von unaus-
gebackenem Brot); vorwieg. öEEgeb., öNordosterländ., Schrad.;
das Brot is alles bloß ee eenzcher Klansch.

klautschen sw. V. ‚klagend heulen, bellen (von Hunden)' West-,
Nordmeißn.; *der Hund hat de ganze Nacht geklautscht.*

klecken, kleckern sw. V. neben den litspr. Bedeutungen auch
‚fortgesetzt zur Tür heraus- u. hereingehen' Osterzg., häufig auch
hin u. her-, raus- u. reinklecke[r]n, Kleckerei.

Kleinicht n. **1.** ‚Gemüsegarten (am Haus)' Vgtld.; *din Klaanet
wächst Wederle* (Schnittlauch). – Lautf.: *Dlaaned.* – **2.** ‚die beim Dreschen abfallende grobe Spreu' Ober-, Ostlaus. – Lautf.: *Kleen[i]chd,
Kleemchd.*

Kleinichtgarten m. Bed. wie → *Kleinicht 1;* Vorvgtld., Westerzg.
– Lautf.: *Dlaane[d]gardn.*

kleinweise Adv. ‚als derjenige noch klein war; in den Kinderjah-
ren' Vgtld., Westerzg.; *klaaweis hoh ich des net gwißt* (gewußt). –
Lautf.: *dlaaweis.*

Klinse → *Klünse.*

Klitscher m. (meist Pl.) ‚Gericht aus rohen geriebenen Kartoffeln, etw. Mehl u. Zucker, in der Pfanne in etw. Fett gebacken; Kartoffel-puffer' Erzg., Meißn.; *heit gibts griene Klitscher ze Mittich.*

Klopfbällchen n. ,der kleine Amboß, auf dem man die Sense den-gelt (klopft)' Südmärk., EEGeb., Nordosterländ. – Lautf.: *Klob-bäll[i]chen.*

Klopfe → *Kluppe.*

klopfen sw. V. neben den litspr. Bedeutungen auch in der mund-artlichen Spezialbedeutung ,die Sense mit dem Hammer schärfen' Südmärk., EEGeb., Nordosterländ., → *dengeln*; *enne Sense richtch kloppen, das wollte jelernt sin.* – Lautf.: *klobben.*

Klunsch m. Bed. wie → *Klansch*; *den Klunsch kann der Bäcke salber frassen!*

Klünse f. ,Spalte, Riß' *fer de Klinsen uff'n Händen nahm mer Pech* (schmerzende Hautrisse wurden früher mit Pech verschmiert). – Lautf.: *Klins[e]*, *Krins[e]*; mhd. *klunse* ,Spalte'.

Kluppe f. in der Redensart *jmdn. in der K. haben* ,Schlechtes von jmdm. erzählen, über jmdn. herziehen' *wen habt'er denne grade in der Kloppe?* – Etymologie: mhd. *kluppe* ,Zange', volksetym. an *klopfen* an-gelehnt.

knatschen sw. V. ,ständig jammern, wehleidig sein; weinen (von Kindern)' vorwieg. Erzg.; *was haste denn schun wieder ze knatschen!* – Lautf.: *gnaatschen.*

knäueln sw. V. **1.** ,wiederkäuen' Westlaus., öOstmeißn. – **2.** übertr. ,langsam u. ohne Appetit essen' *kneele nich so an den Assen rim!* – Lautf.: *kneeln*, *knääln*; etym. zu mhd. *kniuwelen* ,etw. zu einer Kugel formen'.

Knebel → *Knöbel.*

Knecksel → *Knöchsel.*

knehlen → *knäueln.*

Kneif m. **1.** ,Sichel' Südmärk., EEGeb. – **2.** ,altes, stumpfes Mes-ser' Südmärk., EEGeb. u. verstr. Osterländ., Meißn. – Lautf.: *Kneif[d]*, *Knifd*; mhd. *knīf*, *knīp* ,Messer'.

Kneppertzchen → *Knöberts'chen.*

kneren sw. V. ,drücken, quetschen' Vgtld., Westerzg., auch *hin-ein-, zusammenkneren*; *iech war* (werde) *diech glei nei der Eck knern!*

Knickatschche f. ,kleine, wild wachsende Pflaume' West-, Neu-laus. – Wohl slaw. Entlehnung (obersorb. *knykač* ,Pflaume'), aber vielleicht mit Einfluß von → *Knick[er]chen, Knickerling.*

Knickchen n. ‚grüne Erbse (in der Schote); Getreidekorn‘ Nord-, Ostmeißn.; *gib ma n Hihnern noch e paar Knickchen!*

Knickerchen n. Bed. wie → *Knickatschche*; nNord-, nOstmeißn., nWestlaus.; *de Knickerchen sin oo schon reif.*

Knickerling m. Bed. wie → *Knickatschche*; Südmärk., EEGeb., öNordosterländ. – Lautf.: *Knecker-, Knicker-, Knietschling.*

knietschen sw. V. **1.** Bed. wie → *knatschen*; Vgtld., Vorvgtld., West-, Vorerzg. – **2.** ‚drücken, quetschen‘ Gesamtgeb., häufig auch *aus-, heraus-, hinein-, zer-, zusammenknietschen*; *tu deine Sachen* (Kleidung) *ni so in de Ecke knietschen!*

Knöbel m. ‚hervorstehender Knöchel (am Finger, an der Hand, am Fuß)‘ relikthaft im Gesamtgeb.; *ich hab mich off’n Knebel gepocht.* – Lautf.: *Knebel, Kniebel, Knebbel.*

Knöberts’chen Pl. ‚Hände, Füße, Finger, Zehen, Beine‘ Osterländ.; *nimm deine lang’ Knewwerzchen bißchen weg!*; *mich frierts an de Knebberzchen.* – Etym. zu mhd. *knübel, knöbel* ‚Knöchel (am Finger)‘; dieses Wort steckt noch in unserem *knobeln* ‚würfeln‘ (die Würfel waren früher aus Knochen hergestellt).

Knöchsel m. Bed. wie → *Knöbel*; Südmärk., öEEGeb., öNordosterländ. – Lautf.: *Knecksel, Knicksel.*

Knopfe f. ‚Knospe‘ Südmärk., EEGeb., Vgtld.; *die Mistviecher ham de Knoppen alle abgefressen.* – Lautf.: *Knowwe, Knobb[e].*

knörgeln sw. V. ‚an allem etw. auszusetzen haben, kleinlich tadeln, nörgeln‘ Laus., öOstmeißn., häufig auch *[daran]herumknörgeln*; *du hast oo egal was ze knirgeln!* – Lautf.: *knirgeln, knergeln, knercheln.*

Knorren m. Bed. wie → *Knöbel*; Vgtld., Vorvgtld., Vor-, Westerzg.

knüpfeln, knüpfern sw. V. ‚mühsam Knoten auflösen‘, auch ‚stricken, häkeln‘ *an den Strimpen habch ehbch* (ewig) *geknippelt.* – Lautf.: *knibbeln, knibbern.*

Kober m. ‚Traggerät aus Holz u. Flechtwerk; Hand- od. Tragkorb; häufig mit einem Riemen od. Strick versehen, um es über die Schulter hängen zu können‘ veraltet, wurde früher so benützt wie heute eine Tragetasche od. ein Rucksack; *wenn’ch Essen traachen geh* (dem Mann das Essen zur Arbeit bringen), *nehm’ch glei n Kober.* – Im Vor- u. nWesterzg. *K.* häufig auch Bezeichnung für Ortsteile. – Mhd. *kober* ‚Korb, Tasche‘ (schon frühe Entlehnung, frz. *coffre*, mlat. *cofrum*).

koberig Adj. ‚geizig, habgierig' Südosterländ., Nordmeißn.; *der gabbriche Gerl hat mich beschissen! –* Lautf.: *gawwerich, kawwerich, kabbrich*; etym. zu → *Kober.*

Kobold m., **Koboldchen** n. ‚Glück (insbes. Geld) bringender Hausgeist' nach einem früher sehr verbreiteten Aberglauben im Osterländ., Meißn.; *bei den' is nie jemand krank, die missen doch n Kowweld ham*; *war* (wer) *s Kobbelchen hat, muß off'n Miste sterm* (man muß ihm – nach einem weiteren Aberglauben – Pferdemist unters Kopfkissen legen, damit er sterben kann) – Lautf.: *Gowweld, Kowweld, Kowwelchen.*

Köch n. (selt. m. od. f.) ‚die nach der Ernte liegengebliebenen Getreide- od. Heureste' sie werden beim *Köchen* mit dem großen *Köchrechen* zusammengerecht, der jetzt meist Räder hat u. von einem Zugtier gezogen wird; West-, Nordmeißn.

kollaperig Adj. ‚aufgeregt, nervös (von Menschen u. Tieren); wild, närrisch' Vgtld.; *meine Ochsen sei kallaberisch worn*; *mer kennt glei kallabrisch wern!* – Lautf.: *kallawerisch, kallabrisch*; Fremdwort, zu *Kollaps* (mlat. *collapsus*) ‚Schwächeanfall'.

Kollation f. ‚Schar von Menschen, Gesellschaft; lustige, üppig feiernde Gesellschaft; große Festlichkeit mit Bewirtung' Meißn., Laus.; *ich weeß gor ni, ob mer uns egah siche* (solche) *Gollazchen erloom kinn*; *breng ni wieder die ganze Kallazche ins Haus!* – Lautf.: *Gallázche, Kallázche*; Fremdwort, lat. *collatio* eigtl. ‚das Zusammenbringen'.

Koller n. ‚warme, gestrickte westenähnliche Jacke' veraltet, Vgtld., Westerzg.; *ze Weihnächten zieh'ch mei neies Goller ah.* – Mhd. *goller, koller* ‚Halsbekleidung', Fremdwort (frz. *collier*).

kommod Adj. ‚träge, faul; bequem' veraltend; *du bist ze kommode, dich ma ze bicken*; *mach dir's hibsch kommode!* – Lautf.: *kommóde, kammóde*; Fremdwort, frz. *commode*, lat. *commodus* ‚angemessen, zweckmäßig, bequem'.

Kompost m. ‚(dicker) Brei, zu dick geratene Suppe' *hast cha heite tichtchen Gums gekucht.* – Lautf.: *Gums, Kums*; Fremdwort, frz. *compost*, mlat. *compostum*, lat. *compositum* ‚Zusammengesetztes'.

Konduite m. od. f. ‚Anstand, Benehmen, Taktgefühl', auch ‚Bildung, Verstand', veraltet; *er hoht kee bissel Kundewitt*; *in der Sache hab'ch nich viel Kundewitte.* – Lautf.: *Kuldewidd[e], Kundewidd[e]*; Fremdwort, frz. *conduite* ‚Haltung, Führung' zu lat. *conduire* ‚führen'; volksetym. angelehnt an *Kunde, Kultur* od. *Witz.*

Konne → *Johanni.*

kontent Adj. (nicht attr.) in der Fügung *mit jmdm. k. sein* ‚ein gutes Verhältnis zu jmdm. haben, sich mit jmdm. gut verstehen' *mit den war'ch schun immer gut kontent.* – Fremdwort, lat. *contentus* ‚zufrieden'.

Kontusche f. ‚lange, weite Frauenjacke' veraltet; als Redensart: *dir wer'ch mal de Kontusche liften* (lüften) *missen* ‚verprügeln'. – Fremdwort, poln. *kontusz* (Teil der poln. Nationaltracht).

Konvivium n. ‚üble Gesellschaft, Gesindel, Pack', auch ‚übler, sittenloser Kerl, Strolch' veraltend; *dorte sitzt das ganze Kumfiebchen beienanner; das Kundefiebchen brengste ni ins Haus!* – Lautf.: *Kun-, Konfiefchen, Kun-, Konfiebchen, Kundefiebchen;* Fremdwort, lat. *convivium* eigtl. ‚Zusammenleben', auch ‚Gastmahl'.

Kopfgäukel m. ‚Purzelbaum' EEGeb., Nordosterländ. – Lautf.: *Kobb[s]geegel, Kobb[s]keegel.*

Korps n. ‚üble Gesellschaft, Gesindel, Pack' *das Kurich darf nich in unser Haus ziehn!* – Lautf.: *Kor[ich], Kur[ich];* Fremdwort, frz. *corps,* lat. *corpus,* eigtl. ‚Körper'.

Korsettlein n. ‚Jacke (für Frauen u. Männer)', seltener auch ‚Bluse, Mieder' veraltet, Vgtld., Westerzg.; *se hoht e neis Kaschehtel aufgesteckt* (angezogen). – Lautf.: *Ka[r]schehdl, Ka[r]scheddl;* Fremdwort, frz. *corset,* etym. zu lat. *corpus* ‚Körper'.

kosen sw. V. ‚sich über Belanglosigkeiten unterhalten, plaudern' Vgtld., Westerzg., häufig auch *Gekose; dar weß* (weiß, kann) *wetter* (weiter) *nischt wie kusen!* – Lautf.: *kusen, kuesen;* schon mhd. *kose* ‚Rede, Gespräch', frühe Entlehnung: frz. *chose* ‚Sache', lat. *causa* ‚Ursache, Grund'.

Kotze f. ‚(dicke) Decke, Decke zum Schlafen, Pferdedecke' veraltet, Südmeißn., Erzg., Oberlaus.; *ich deck mich glei bissel mit der Kutz zu.* – Lautf.: *Kutz[e], Kotz[e];* mhd. *kotze* ‚grobes, zottiges Wollenzeug; Decke od. Kleid davon' (etym. dazu auch *kutte* ‚Mönchskutte').

krabatschen → *kroatischen.*

Kräbel → *Krüppel.*

kräbisch → *kräuisch.*

Krächze f. ‚Husten' vorwieg. Osterländ., Meißn., Laus.; *ich hab mer de Kräckse gehult.* – Lautf.: *Kräckse,* selt. *Krächze.* – Hierzu auch mit derselben Verbr. *krächzen* ‚husten' u. *Gekrächze, herumkrächzen.*

Krahl, Krall, Kräll → *Kräuel.*

Kratzbeere f. ,Brombeere' West-, Süd-, sOstmeißn., nVgtld., Vorvgtld., Vorerzg., Erzg., sWest-, Ober-, Ostlaus.; *mer sei in de Kratzbeern gange* (wir sind Brombeeren sammeln gegangen).

Krätzgarten m. ,(kleiner) Gemüsegarten (am Haus)' Südwestosterländ., Süd-, Westmeißn., Vorvgtld., Vorerzg.; *bei enn cheden Bauerngut is e Kratzegarten*. – Lautf.: *Krätz[e]-, Kratz[e]garten*.

Kräuel m. ,Gerät zum Lockern der Erde (mit drei bis zu sieben Metallzinken), Kultivator' u. zwar sowohl als Handgerät (für den Garten), als auch pflugähnlich zur Feldbestellung; *de Erdäpfel* (Kartoffeln) *wurden frieher mit'n Kraal noochgegrohm*. – Lautf.: *Krall, Kräll, Krahl, Krähl*; mhd. *kröuwel* ,Gabel mit hakenförmigen Spitzen'.

kraueln, krauen, krauern sw. V., refl. ,sich, etw. kratzen, reiben, scharren; Erde aufkratzen; sich an der Stallwand reiben (vom Vieh)' *der Stoff kraabt mich off der Haut*; *das Pfar* (Pferd) *hat sich mit'n Kopp an enn Boom gekrääbt*. – Lautf.: *kraaln, kraabeln, kraam, kroom, kraabern, krääbern*; mhd. *krouwen* ,kratzen'.

kräuisch Adj. **1.** ,unfreundlich, grob, mürrisch' *so e krääbscher Kerl!* – **2.** ,munter, lebendig, aufgeweckt (von Kindern)' *der Kleene is kräuwisch, awer schwatzen kann e na* (noch) *nich*. – Lautf.: *krääwisch, krääbsch, kräbbsch*; zu mhd. *krouwen* ,kratzen' (in der Bedeutung vielleicht beeinflußt von → *dräuisch*).

Krauthaupt, -häuptlein n. ,der geschlossene Kopf einer Kraut-, Kohlpflanze'. – *Kraudheed* Meißn., Dim. *-heedl, -haadl* Vgtld., Erzg., Laus.

Krautkopf m. Bed. wie → *Krauthaupt*, Südmärk., EEGeb., Nordosterländ.; *de Krautkeppe sin dies Chahr scheen gewachsen*.

krawanzen sw. V. ,laut herumwirtschaften, Lärm machen' Vgtld., Westerzg., häufig *herumkrawanzen*; *de Leit hohm in der Schenk rimkrawanzt*. – Etym. wohl zu mhd. *grama[n]zie = nigramanzie* (lat. *nigromantia*) ,schwarze Kunst'.

Krawate → *Kroate*.

kreischen sw. V. neben den litspr. Bedeutungen auch ,Speck in der Pfanne auslassen' vorwieg. Meißn., häufig auch *auskreischen*; *der Speck kreescht in der Pfanne*; *ich muß noch Speck auskreeschen*. – Lautf.: *kreeschen*.

kreißen st. V. ,ächzen, stöhnen' Vgtld., Erzg., sLaus.; *er krieß wie e alter Mann*. – Lautf.: *kreeßen, krästen*; mhd. *kreisten* ,stöhnen'.

Kren m. ,Meerrettich' Nordbair., sVgtld., sWesterzg., sLaus. –

Lautf.: *Kreh[n]*, *Krien* (mit volksetym. Anlehnung an *grün*); Entlehnung aus dem Slawischen: *chrěn* ‚Meerrettich‘.

kreppen → *kröpfen*.

kresten → *kreißen*.

Kretscham m. ‚Wirtshaus, Schenke‘ Ober-, Ostlaus.; *mer ham uns
beede in Kratschen a wing* (ein wenig) *ausgeruht.* – Lautf.: *Kratschn*; Entlehnung aus dem Slawischen: *krčma* ‚Schenke‘.

Kriebel → *Krüppel*.

Kriechel n. (meist Pl.) **1.** ‚kleine wild wachsende Pflaume‘. – **2.**
‚verkrüppeltes, zu klein geratenes‘, auch ‚unreifes Obst‘ Vgtld.,
Ober-, Ostlaus. – Lautf.: *Kriechel[e]*, *Kriecheln*; häufig etym. aus
tschech. *křižala* ‚gedörrte Apfelscheibe, Hutzel‘ hergeleitet, aber es
bietet sich auch an, das Wort zu *Kirsche* (Dim. mit *r*-Umsprung) zu
stellen.

krietschen sw. V. ‚kreischen, schreien‘ Südmärk., EEGeb., Osterländ., West-, Nordmeißn.; *mit eemah fing die an ze krietschen!*

Kriewatsch m. ‚körperlich zurückgebliebener Mensch, Knirps‘,
auch ‚Krüppel‘, ‚freches, unerzogenes Kind‘ *du kleener Kriewatsch bist
jetz stille!* – Etym. zu slaw. *kriwy* ‚krumm‘.

Krindel → *Grindel*.

Krinitz m. ‚Kreuzschnabel (Vogel)‘ Vgtld., Westerzg.; früher der
in dieser Gegend am häufigsten gehaltene Singvogel, der Aberglaube sprach ihm wundersame Kräfte bei der Heilung von Krankheiten zu. – Lautf.: *Krienerz*, *Krienitz*; slaw. Entlehnung: *krivonos*,
eigtl. ‚krumme Nase‘ (volksetym. häufig an *grün* angelehnt).

Krinse → *Klünse*.

Kroate m. übertr. ‚nicht zu bändigendes, wildes Kind‘ veraltet;
seid endlich ruhch, ihr Krawaten! – Lautf.: *Krawáde*.

kroatischen sw. V. ‚undeutlich sprechen, vor sich hin schimpfen;
sich zanken‘ vorwieg. noch Westlaus.; *mißt ihr euch immerfort krabat-
zen?* – Lautf.: *krabátzen*, *krabádschen*, *krawádschen*.

kröpfen sw. V., trans., refl. ‚sich (sehr) ärgern, sehr ungehalten
sein‘ *das tät mich aber kreppen, wenn der ni mitmachen tät; das hat den tichtch
gekreppt, daß es nich geklappt hat.* – Lautf.: *krebben*.

Krummbein n. ‚Schlachtfest‘ Vgtld.; *zen Krummbaa gungs meitog*
(solange ich zurückdenken kann) *huch her.* – Lautf.: *Krummbaa*; eigtl.
wohl benannt nach dem krummen Holz, an dem das geschlachtete
Schwein aufgehängt wird.

Krümme f. ‚Wegbiegung, Kurve' Vgtld., Westerzg.; *de Stroß macht dorten ne Krimm.* – Lautf.: *Krimm.*

Krumpel f. **1.** ‚Streusel (auf dem Kuchen)' *ich tu gute Butter an de Krumpeln.* **2.** übertr. ‚ältere Frau, unansehnliches Mädchen' *die alte Grumpel kricht keen' Mann mehr.* – Das Wort ist im W des Gesamtgeb. verbr. (wEEGeb., wOsterländ., Westmeißn., Vorvgtld., Vgtld., Vor-, wWesterzg.), die urspr. Bedeutung ist ‚knitterige Falte, Runzel', etym. zu mhd. *krimpfen* ‚schrumpfen, sich zusammenziehen' (verwandt mit *krumm*).

Krüppel m. abwert. Bezeichnung od. Schimpfwort für Personen, Tiere, Dinge; *du elender Kriepel!*; *den alten Kräpel kann'ch ni leiden.* – Lautf.: *Kriebel, Krebel, Kräbel.*

krutschen sw. V., refl. ‚sich zanken, sich veruneinigen' Meißn., Laus., Osterzg.; *ich hab mich mit mein' Chef gekrutscht.* – Lautf.: *kruudschen.*

Kuchensingen n. alter Brauch: Zur → *Kirmes* (aber auch zur Fastnacht u. zu Ostern) zogen die Kinder u. Jugendlichen im Dorf von einem Bauerngut zum andern u. sangen Lieder vor, wofür sie Kuchen bekamen; veraltet; *de geizchen Bauern taten extra enn gering' Kuchen backen fer de Kuchensinger.*

Kuder m. ‚Kater'. – Lautf.: *Kuder* Südmärk., wEEGeb., *Kauder* öEEGeb., öNordosterländ.

Kuff-die-Magd → *Huck-auf-die-Magd.*

Kühaugust m. ‚Junge, der für einen Bauern das Vieh austrieb, um sich eine warme Mahlzeit od. ein paar Groschen zu verdienen' mit den alten gesellschaftlichen Verhältnissen ausgestorben. – Lautf.: *Kiehau[g].*

Kuhblöke f. ‚vom Verkehr abgelegenes, schwer erreichbares Dorf' stark abwert.; *off die Kuhbläke zieh'ch ni.* – Lautf.: *Kuhbläke.*

Kühchen n. **1.** ‚kleines, körperlich zurückgebliebenes Mädchen' *na, du kleenes Kiwwichen mußt ma bißchen meh assen!* – **2.** übertr. ‚jüngste u. kleinste Bedienstete auf einem Bauerngut' (meist identisch mit dem → *Ostermädchen*); Nordmeißn. – Lautf.: *Kiwwichen, Giwwichen.*

Kuhhase m. ‚Kaninchen' Vorvgtld., Vgtld., Vorerzg., Erzg.; *ze Weihnächten schlacht'mer enn Kuhhos.* – Lautf.: *Kuhhos*; etym. zu lat. *cuniculus* ‚Kaninchen' (mit volksetym. Anlehnung an *Kuh*).

Kuhle f. ‚Vertiefung (im Gelände, im Boden, im Bett)' Südmärk., EEGeb., Osterländ., Meißn.; *in meiner Kuhle liech ich scheen warm.*

kujonieren sw. V. ‚jmdn. (durch fortwährendes Kritisieren) plagen, quälen, schikanieren' veraltend; *vun dan luß'ch mich bei der Arweet ni kunscheniern.* – Lautf.: *kucheniern, ku[n]scheniern;* Fremdwort, frz. *coïnner* ‚jmdn. als Memme behandeln'.

Kuke f. ‚(leichtes) Kopftuch für den Sommer' wOsterländ.; *ich hab mer ne alte Kuke umjebung.* – Lautf.: *Guuge, Kuuke.*

Kukuruz m. ‚Mais (als Futtermittel in Form von Körnern für Hühner u. Schweine)' Erzg., Vgtld., Oberlaus., mit dem Anbau als Kulturpflanze nach 1945 konnte die Bezeichnung im Vgtld.-Erzg. auch auf diese übertragen werden. – Lautf.: *Gug[u]rutz, Gug[u]ritz, Gog[e]ritz;* Zentrum der Verbr. des Wortes in Österreich, alte Entlehnung (serbokroatisch *kukuruz*), wohl aus einem Lockruf bei der Fütterung von Haustieren hervorgegangen.

külstern sw. V. ‚husten' vorwieg. Laus., häufig auch *Gekülster, Külsterei; deine ehbche* (ewige) *Kilsterei kimmt vun Roochen.*

Kundefiebchen → *Konvivium.*

Kundewitte → *Konduite.*

Kunne[r]le → *Quendel.*

kunschenieren → *kujonieren.*

Kuntsch, Kunze m. ‚verschnittenes männl. Schwein' Südmärk., EEGeb., Osterländ., Schrad. (im Westlaus. ‚männl. Zuchtschwein'); etym. zu ahd. *kuonrad* ‚Konrad' (männl. Personenname).

Kur f. *zu Kure gehen* ‚geschäftig sein', *mit einer Sache zu Kure gehen* ‚mit etw. beschäftigt sein' Vgtld., Erzg., Meißn., Laus.; *unnere Mutter war zeitich auf, die ging glei frieh ze Kure; er gieht schun lange mit der Heiraterei ze Kure.* – Fremdwort, lat. *cura* ‚Sorge' u. frz. *cour* ‚Hof, Gericht'.

kuranzen sw. V. ‚schnell u. geräuschvoll umherlaufen, herumwirtschaften' vorwieg. noch Laus., öOstmeißn., häufig *herumkuranzen; wemmer* (wenn man) *dich koranzen hert, denkt mer, der Teufel is an der Arbeet.* – Abgeleitet von → *Kur.*

Kur[ich] → *Korps.*

Kuscheln Pl. ‚junge, kleine Kiefern, niedriger Nadelbaumbestand' Südmärk., öEEGeb., öNordosterländ., Schrad. – Die etym. Herleitung des Wortes aus dem Slawischen ist fragwürdig.

kuschenieren → *kujonieren.*

kusen → *kosen.*

Küster m. ‚der für die Versorgung der Kühe zuständige Kleinknecht' (wohl bes. ‚Knecht im zweiten Dienstjahr') Nord-, Ostmeißn., mit den alten gesellschaftlichen Verhältnissen ausgestorben. – Von *Kuh* abgeleitet, aber volksetym. an *Küster* angelehnt.

kutteln sw. V. ‚(schnell, hastig) trinken‘, häufig auch *aus-, hinein-, hinterkutteln; du sollst doch ni das kalte Wasser kutteln, da krichste Läuse in' Bauch!* – Etym. zu *Kuttel* ‚Kaldaune‘, also eigtl. ‚sich die Därme füllen‘.

Kutter f. (fast nur im Pl.: *Kuttern*) ‚Baumrinde‘ (insbes. die der Nadelbäume), öVgtld., wWesterzg.; *mer genne in de Kuttern* (wir gehen Baumrinde sammeln).

kutterig, kuttern Adj. **1.** ‚unwohl, übel (in Magen u. Därmen)‘ im Gesamtgeb.; *mir is heute ganz kuttern in Wanste.* – **2.** ‚verbogen, wellig (vom Sensenblatt, durch unsachgemäßes Schärfen mit dem Dengelhammer)‘, auch ‚hohl, einen hohlen Klang hervorbringend‘ (z. B. von lockerem Putz an einer Wand, von morschem Gestein u. Holz); diese Bed. leitet sich her von → *Kutter*; Vgtld., Vorvgtld., Erzg., Vorerzg.; *der Tupp klingt recht kuttern.*

Laban m. *langer L.* ‚großer, unbeholfener Kerl'.

Labbe f. ‚Mund', auch ‚trotzig, weinerlich verzogener Mund', ‚Gesicht'; *zieh nich so ne Lawwe; krichst eens in de Lawwe;* Osterländ., EE-Geb., Südmärk.

labern sw. V. ‚lange u. sinnloses Zeug daherreden, unverständlich sprechen' *bei der Arbeet soll mer nich labern.*

labét Adj. **1.** urspr. ‚verloren haben im Kartenspiel', veraltet. – **2.** ‚noch nicht ganz entzwei, schadhaft', auch ‚erschöpft, müde, kränklich'; *die Karre is schun ganz laweet.*

Lade f. ‚große Holzkiste' etwa $^5/_4$m lang, $^3/_4$m breit, $^3/_4$m hoch; früher fast in jedem Haushalt zu finden, diente zur Aufbewahrung der Ersparnisse (bes. Wäsche u. Kleidung), der Mitgift; für Schmuck, Geld usw. hatte sie ein bes. Fach; sie war das charakteristische Besitzstück des Gesindes u. wurde zur neuen Herrschaft mitgenommen; sie war oft bemalt (für Mädchen) od. mit Eisen beschlagen (für Burschen), der Deckel war gewölbt od. flach (in bes. armen Familien schliefen die Kinder auf der L.); heute ist die L. von Kommode od. Wäscheschrank verdrängt, aber in manchen Häusern steht sie noch als Überbleibsel auf dem Boden u. dient zur Aufbewahrung von altem Gerümpel; *heute is Huhneujahr* (Hohneujahr, 6. Januar), *durt kimmt schun widder enne Mahchd uffm Pfardewahchen mit ihrer Lade.*

Laib m. *L.Brot* ‚ganzes Brot' (wohl urspr. rund geformt), veraltet, lebendig nur noch im Vgtld. *(Laab): aamol em ne Laab rem* ‚Brotscheibe', auch im Dim. *Laabel[e]* ‚rundes, dreiteiliges Brötchen'.

Lakritze m. od. f. od. n. (meist aber im Pl.) ‚schwarzer, gepreßter Süßholzsaft in Form von Stangen od. Pastillen' früher in Apotheken (als Heilmittel gegen Husten u. Heiserkeit) erhältlich, auch billige Näscherei für Kinder, denen oft weisgemacht wurde, L. sei aus

Pferdeblut hergestellt. – Etym. aus lat. *liquiritia*; die mundartlichen Lautf. sind oft volksetym. an andere Wörter angelehnt: *Zuckerriezche, Zuckerhietchen, Leckerriez[ch]e*; aber auch andere Lautf. kommen vor: *Luckrezchen, Luckser, Lucksereden* u. a.

Lamain f. ‚Hand‘ oft in der Redensart *das mach ich aus der (kalten) Lamäng* ‚das schüttele ich aus dem Handgelenk, mache ich mit Leichtigkeit‘. – Etym. aus frz. *la main* ‚die Hand‘, wurde mit dem Artikel zusammen entlehnt u. als ein Wort aufgefaßt.

Lamäng → *Lamain.*

Lambel[t] → *Langbere.*

lamentieren sw. V. ‚klagen, jammern‘ *du kannst n Hals nich vull genuch kriechen un lametierst eechal*; auch *herumlamentieren, Lamentiererei.* Lautf. meist *lametiern*; etym. aus lat. *lamentari* ‚klagen‘.

Langbere f. ‚die lange Stange, die Vorder- u. Hinterteil des Bauernwagens an der Unterseite verbindet‘ Meißn., Laus., häufige Lautf.: *Lambert, Lambel, Lambelt.* – Das Grundwort gehört zu mhd. *bære, ber* f. ‚Traggestell‘, abgeleitet von mhd. *bërn* st. V. ‚hervorbringen, gebären‘ (eigtl. ‚tragen‘).

langen sw. V. **1.** *Kartoffeln, Äpfel, Birnen, Kirschen l.* ‚ernten, pflükken‘ wEEGeb. – **2.** *ich wer’ der glei eene lang’, e paar lang’* od. auch *hinein-, herunterlangen* ‚ohrfeigen‘. – **3.** ‚ausreichen, genügen‘ *s Geld langt hinten un vorne nich; jetz langts mir awer!* ‚meine Geduld ist zu Ende‘.

langschemelig Adj. ‚träge, schwerfällig im Denken u. Handeln‘; etym. aus mhd. *lancseim[e]* ‚zögernd, langsam‘, wohl volksetym. an *Schemel* angelehnt.

Lappen m. **1.** ‚(altes) Stück Stoff‘ es kann zu vielerlei Zwecken verwendet werden: Reinigen, Abwischen, Abtrocknen; *gib mer mah enn Lappen, ich hab Briehe verschwäppert*; als Redensart (urspr. aus der Jägerspr.) *jmdm. durch die L. gehen* ‚entwischen, entkommen‘. – **2.** übertr. ‚(alter) Geldschein‘, auch ‚Geldschein von größerem Wert‘. – **3.** übertr. ‚liederlicher, charakterloser Kerl‘; auch in Zuss.: *Jammer-, Sauflappen.*

lappig Adj. **1.** ‚schlaff, weich u. minderwertig‘ *der Ball is lappch geworden; der Stoff is zu lappch fir ne Hose.* – **2.** ‚wertlos, gering‘ *fir die lappchen paar Pfenge arweet ich ni.* – **3.** ‚knauserig, geizig‘ *da haste dich awer tichtch lappch gezeigt.* – **4.** ‚unwohl, (leicht) übel‘ *mir is heute bissel lappch.* – **5.** ‚fade, nicht genug gewürzt‘ *die Suppe schmeckt awer lappch.*

Lase f. ‚größeres Gefäß, Kanne, Krug‘ das Material kann Keramik, emailliertes Blech, Zink od. Holz sein; das Gefäß kann einen Ausguß haben, manchmal auch einen Deckel; es kann für Bier, Kaffee od. Wasser verwendet werden u. sehr verschieden groß sein (2 bis 20 l fassend). Meist wurde die L. wohl verwendet, um darin Getränk zur Arbeit mit aufs Feld zu nehmen: *wenns nausging uffs Fald, stackten de Madl ann Stacken durch'n Bierlasenhenkel un trugen ihrer zweehe de vulle Lase*; veraltet, jetzt vorwieg. noch im Vorvgtld., West-, Nordmeißn.

lätsch Adj. ,schief' Laus., Meißn., Osterländ.; *die Fuhre is ja ganz lätsch geladt; der zieht enne lätsche Gusche.* – Lautf.: *läätsch*.

¹Latsch m. (*Laatsch*) ,Hausschuh, alter Schuh', auch ,Fuß'; *zusammenpassen wie e Paar alte Latschen* ,gut miteinander harmonieren'; *aus den Latschen kippen* ,aus der Fassung geraten, ohnmächtig werden'.

²Latsch m. (*Laatsch*) ,dünner Kaffee'; etym. zu zig. *latscha* ,Brühe'.

lauern sw. V. ,(ungeduldig) warten' (nicht wie in der Litspr.: ,hinterhältig warten'!); *du lauerscht woll uff dei Mähchen*; heute schon oft durch *warten* ersetzt.

laufen st. V. **1.** ,gehen, sich zu Fuß fortbewegen' (im Gegensatz zu fahren) *das kleene Stickchen kann der Opa oo loofen*; die Bedeutung ,sich schnell zu Fuß fortbewegen, rennen' ist nur im N verbreitet: Südmärk., EEGeb., Osterländ. – **2.** ,auslaufen, undicht sein (von Gefäßen)' *der Topp leeft, den kem'mer wegschmeißen*.

Laufkarren m. ,einrädriger Karren, den man zum Transport von Lasten verwendet (mit kastenähnlichem Aufbau); Schubkarre' Westerzg. (aus der Bergmannsspr.). – Lautf.: *Laafkarrn*.

laut Adj. ,schnell' Vgtld., Erzg. (im übrigen Geb. wie in der Litspr.); *mach e bill laut* ,beeile dich ein bißchen'.

ledig Adj. ,leer' (in der alten Sprache des Gesamtgeb. außer im Westerzg.-Vgtld.; heute wird es meist von litspr. *leer* ersetzt; die litspr. Bedeutung von *ledig* ist im Gesamtgeb. auch vorhanden); *de Salzmeste* (Salzbehälter) *is leedch*.

Lehde f. ,unbebautes Land, Brache' (vom Vieh abgeweidet od. zur Heugewinnung gemäht), veraltet, als Flurname noch im Meißn. u. Laus. – Etym. zu mndl. *leeghde*, mnd. *lēgede* ,Niederung, Wiese'.

Lehre f. ,Zugstellbogen am Räderteil des eisernen Karrenpfluges' durch Horizontalverstellung reguliert man mit ihr den Lauf des Pfluges u. damit die Furchenbreite; *stelle de Lehre bißchen weiter links*, *daß mer mehr Fahre krein* (Furche kriegen); Verbr. u. Lautf.: *Lehr* Westerzg., Vgtld., *Lehre* Osterländ., Westmeißn., *Lihre* Laus., *Leier* Süd-, Ost-, Nordmeißn., Südostosterländ. (hier volksetym. an *leiern* angelehnt).

leibelösig Adj. ‚abgenutzt (von Gegenständen), noch nicht ganz kaputt, altersschwach‘ Meißn., Laus.; *sitz stille, dei Stuhl is ganz leiwe-lees'ch*; etym. wohl zu *leib-öhnig* (eigtl. ‚ohne Leben‘) u. dann volksetym. umgedeutet.

leiböhnigen sw. V. **1.** ‚umbringen, töten‘ auch *sich l.* ‚sich das Leben nehmen‘. – **2.** volksetym. an *peinigen* angelehnt u. *leibpeinigen* dann mit der Umdeutung ‚jmdm. mit Fragen, Bitten zusetzen, jmdn. quälen‘. – Das Wort ist veraltet, selt. – Etym. gehört es zu mhd. *līp* ‚Leben‘ u. *āne* ‚ohne‘, also eigtl. ‚jmdn. ohne Leben machen‘.

leibpeinigen → *leiböhnigen.*

Leiche f. ‚Beerdigung‘ (noch in der alten Sprache des Gesamtgeb., aber gegenüber litspr. *Beerdigung, Begräbnis* zurückweichend; die litspr. Bedeutung von *Leiche* ist im Gesamtgeb. auch allg. bekannt); *Wißt ihr, wos früher e schiene Leich war? Do wurd e Sau geschlacht, Kuchen gebacken, Bier un Schnaps gekaaft!*

Leide → *Lehde.*

Leier → *Lehre.*

leiern sw. V. **1.** ‚(an Geräten od. Maschinen) eine Kurbel (langsam) drehen‘ *wenn's ze schwer gieht, mißt er ihrer zweehe* (zu zweit) *leiern.* – **2.** Redensart: *ich muß mein' Vater noch s Geld derzu aus'n Kreize leiern* ‚ihm das Geld abbetteln, ablisten‘. – **3.** *mich hat's hingeleiert* ‚ich bin hingefallen‘, auch ‚ich bin krank, bin am Ende meiner Kräfte‘. – **4.** *etw. herunterleiern* ‚monoton vortragen‘. – **5.** ‚weinen, jammern‘.

Leikauf m. ‚Trunk zur Besiegelung eines abgeschlossenen Kaufvertrags‘ vor allem beim Viehhandel, früher auch beim Erwerb von Haus- u. Grundbesitz; Wort u. Brauch sind veraltet u. nur noch relikthaft zu belegen: *kommt rei, mer wolln erscht moh Leikoof trinken.* – Die Etymologie von *līt-* ‚Obst-, Gewürzwein‘ wird nicht mehr durchschaut, u. so wird das erste Glied der Zuss. oft volksetym. an *leihen, Leib, Leine* angelehnt.

Lenn[e] → *Lünen.*

libbern sw. V. ‚fest werden, gerinnen (von Fett, Talg)‘, auch ‚leicht gefrieren, sich mit einer dünnen Eisdecke überziehen‘; *Hammelbraten muß mer fix essen, sunst liwwert de Soße.* – Lautf. u. Verbr.: *lib-*

bern wOsterländ., Westmeißn., *liefern* wWesterzg.; etym. aus mhd. *liberen* ‚gerinnen‘.

Lid n. ‚Deckel, Klappe; Luke im Dachgiebel (meist überm Stall), um Heu od. Stroh hindurchzubefördern‘ veraltet, aber noch im Meißn., Osterländ., Laus.; häufiger noch in Zuss. *Fenster-*, *Ofenlid*. – Lautf.: *Lied*, *Litt*; etym. aus mhd. *lid* ‚Deckel‘.

¹**Liese** f. **1.** weibl. Rufname, früher häufig, heute nur noch als Name für Kühe u. Pferde od. abschätzig für weibl. Personen: *dumme, alberne L.* Auch als Grundwort in Zuss. wie *Heul-, Laber-, Mär-, Schlumperliese*. – **2.** meist.: Dim.: *Lies’chen* ‚weibl. Ziege, weibl. Schaf‘ Südwest-, Südostosterländ., West-, Nord-, Südmeißn.

²**Liese** f. ‚kleiner eitriger Pickel (meist im Gesicht)‘ fast nur im Dim.: *Liesel* Vgtld., Westerzg., *Lies’chen* wNordosterländ.

Lihn[t] → *Lünen*.

Linge → *Lünde*.

Linn → *Lünen*.

linsen, linzen → *lunzen*.

Litschche f. ‚Schlaufe, Schlinge, die man zusammenziehen u. wieder lösen kann‘, seltener auch ‚Öse aus Draht od. Zwirn‘ (z. B. an der Kleidung) öOsterländ., nNordmeißn. – Etym. wohl zu mhd. *litze* ‚Schnur‘.

Lorbeeren Pl. ‚Kot der Schafe, Ziegen, Hasen‘ (eigtl. Bedeutungsübertragung, weil die kleinen Kotkugeln den wirklichen Lorbeeren ähnlich sehen); die Lautf. sind durch Dissimilation so entstellt, daß sie nicht mehr dem litspr. Wort zugeordnet werden: *Nurbeln, Norbeln* Meißn., Osterländ., *Lorbern, Lurbern, Larbern* Vgtld., Erzg., Laus. (auch im Dim.: *Lorberle*).

Lorke → *Lurke*.

lorksen → *lurksen*.

Luch m. od. n. ‚feuchte Wiese, sumpfige Gegend‘ im Gesamtgeb. außer Vgtld., Erzg., Laus.; Lautf.: *Lug, Luch, Luuch, Laug, Lauch*; etym. ist das Wort von niedersorb. *lug*, obersorb. *luh* mit ders. Bed. herzuleiten. Das Wort ist auch als Flurname häufig u. kommt in Ortsnamen vor, z. B. *Doberlug*.

Luder n. eine der häufigsten Affektbezeichnungen für Personen: **1.** kräftiges od. weniger grobes Schimpfwort ‚betrügerische, nicht vertrauenswürdige Person (bes. Frau) mit moralisch nicht einwandfreiem Lebenswandel; böse Frau; freches Kind‘. – **2.** eine Mischung von Tadel u. Anerkennung enthaltend ‚schlaue, pfiffige, durchtriebene Person'. – Häufig in Verbindung mit Adj. *gutes, dummes L.* ‚zu gutmütiger Mensch', *armes L.* ‚bedauernswerter Mensch'; vielfach auch als Grundwort in Zuss.: *Mär-, Rate-, Mist-, Sau-, Lügenluder.*

Lulatsch m. ‚großer Kerl' *der lange Lulatsch kann bald aus der Dachrinne saufen*; Lautf.: *Luhlaatsch, Luhlatsch, Lullaatsch.* Die Etymologie des Wortes ist ungeklärt.

Lumich m. ‚Taugenichts; übler Kerl mit liederlichem Lebenswandel; einer, der auch anderen Menschen mit böser Absicht Schaden zufügt' *dem darfste nich trauen, der war immer e Lumich un hat de Leite beschissen.*

lummern sw. V. **1.** ‚dröhnen, donnern; mit lautem Geräusch brennen', seltener auch ‚laut weinen' od. ‚dröhnend auf etw. schlagen' Vgtld., Westerzg.; *nah der Tier lummern* , an die Tür schlagen'. – **2.** ‚weh tun, pulsierend schmerzen' West-, Vorerzg., Vorvgtld. – Wohl ein onomatopoetisches (lautmalendes) Wort, bei dem sich das rhythmische Geräusch auch auf den Schmerz übertragen hat.

Lünde m. od. f. od. n. ‚das frische (in Brotform gedrückte) Darmfett des Schweines' Osterzg., Süd-, Ostmeißn.; *das Lingel miß mer auslassen, s werd sunst stinkch*; Lautf.: *Ling, Lingel[t], Linge*; etym. geht das Wort auf ahd. *lunda* ‚Speck, Fett' zurück.

Lünen m., **Lünene** f. ‚durch die Achse gesteckter Nagel od. Bolzen, der verhindert, daß sich das Rad des Wagens von der Achse löst'; dieses alte germ. Wort kennen im Gesamtgeb. heute nur noch wenige Sprecher; Lautf.: *Lenn, Lehn[t], Linn, Lihn[t]*; *Lehne, Lenne.*

Lung m. ‚ein Augenblick freier Zeit, Verschnaufpause' Ober-, Ostlaus.; *mer hot'n ganzen Tog kenn Lung.*

lungern sw. V. fast nur in der Zus. *herumlungern* ‚sich untätig herumtreiben (u. dabei Ausschau halten, wo etw. zu ergaunern ist)' *der große Kerl lungert n ganzen Tag off der Straße rum.*

lunzen, lünzen sw. V. ‚vorsichtig, verstohlen (durch eine kleine Öffnung, einen Spalt) gucken u. dabei etw. erspähen wollen' *luns ner mal in de Eck, ob er kimmt; halt de Karten ran, der lunzt*; Lautf.: *linsen, linzen, lunsen, lunzen, lintschen, luntschen.*

Lurbern → *Lorbeeren.*

Lurke f. ‚mieses Getränk, dünner Kaffee' *die Lorke kannste alleene trinken*; etym. gehört das Wort zu lat. *lora*, ahd. *lura* ‚Lauer, Tresterwein'.

¹**lurksen** sw. V. ‚dummes Zeug reden‘, auch *herumlurksen*; Osterzg., Südmeißn.

²**lurksen** sw. V. ‚langsam, ungeschickt u. liederlich arbeiten‘, auch *herumlurksen*, Erzg.; *der Grußvoter bringt nich meh viel, er lorkst nu so rim.*

Lusche f. **1.** ‚Hündin‘ sWesterzg., sVgtld., Nordbair. – **2.** ‚Spielkarte ohne Zählwert‘ od. übertr. ‚etw., das nichts taugt‘ im Gesamtgeb.; *im Skat laachen zwee Luschen.*

Lust f. (selten noch m.) neben der litspr. Bedeutung, die im Gesamtgeb. verbreitet ist, im Vgtld. u. Westerzg. auch ‚Freude, Spaß‘ veraltet; *de Gunge* (Jungen) *hatten ihrn Lust derbei.* – Im Vgtld. kommt das Wort noch als Maskulinum vor.

maa, määch → *meinen.*

Mache f. **1.** *etw. in der Mache haben* ‚sich mit etw. beschäftigen (u. es dabei übel zurichten)' *den Laatsch hat der Hund in der Mache gehabt*; *jmdn. in der M. haben* ‚jmdm. mit Taten zusetzen, jmdn. mit Worten (in Abwesenheit) schlechtmachen' *wie ich reinkam, hatten se mich grade in der Mache gehabt.* – **2.** ‚Zutat an Speisen (Butter, Speck od. Fett), um diese gehaltvoller u. schmackhafter zu machen' Nord-, Ostmeißn.; *an den Essen is awer oo kee bissel Mache drahn.*

machen sw. V. Das Wort hat eine sehr allg. Bedeutung, die breite Verwendungsmöglichkeiten bewirkt. In der Litspr. ist es verpönt, aber in der Sprache des Alltags, in der durch die Konkretheit der Situation die Mehrdeutigkeit weitgehend ausgeschlossen wird, ist es nach wie vor häufig u. beliebt. Neben den vielen Bedeutungen wie ‚herstellen, erzeugen, hervorbringen, bearbeiten, zubereiten' hat es in den Dialekten auch eigene Bedeutungsnuancen entwickelt wie z. B.: **1.** ‚sich beeilen' *macht, macht, mer wolln fertch wern!* – **2.** ‚sich an einen anderen Ort begeben; reisen, fahren, gehen' *von Dorfe in de Großstadt machen; sachte dingenaufmachen* ‚die Dorfstraße hinaufgehen'.

Mächsel n. Bed. wie → *Mache 2*; Osterzg., Ostmeißn., Ostlaus. – Lautf.: *Mäcksel.*

Macht f. Neben der litspr. hat es noch die alte Bed. ‚Kraft, Fähigkeit', die den etym. Zusammenhang mit mhd. *mügen* ‚vermögen, können' zeigt; *den Garten umgrahm hab'ch noch Macht.*

Madwolf → *Maulwurf.*

Magd f. Neben der litspr. Bed., die im Gesamtgeb. verbreitet ist, herrscht im Erzg. u. Vgtld. die Bedeutung ‚Mädchen (vom Kindesalter bis zur Heirat)' *du bist aber schun enne gruße Mahd worn.*

Mägse f. ‚Kraft' vorwieg. noch im Meißn. u. Westlaus.; *du hust oo* *gar keene Mägse in Knuchen;* etym. wie → *Macht* zu mhd. *mügen* ,vermögen, können'.

Mähder m. **1.** ,Schnitter' (bei der Heu- u. Getreideernte), veraltet, weil kaum noch mit der Sense gehauen wird. – **2.** ,Weberknecht, Spinne' wohl so bezeichnet wegen der Beinbewegung dieses Tieres, Osterzg., sMeißn.

mähen sw. V. ,Getreide od. Gras mit der Sense schneiden' Südmärk., EEGeb., Nordosterländ., sVgtld. (sonst *hauen*); *wer de letzte Garbe mähte, krichte e Strohband wie ne Schärpe um un mußte enn Liter Schnaps gehm.*

Maiblume f. **1.** ,Löwenzahn' Erzg., sMeißn., Laus.; *onse Wiese sitt ganz gelwe von Mähgenblum.* – **2.** ,Maiglöckchen' EEGeb., Osterländ., wMeißn.

Maie f. ,junger Birkenzweig, Birkengrün' früher als Festschmuck im Mai (vor allem zu Pfingsten) üblich; *mer missen oo noch poor Maien an de Stalltiere naacheln.*

Maikäfer m. wie litspr., trat früher in manchen Jahren in Massen auf u. war einer der größten Schädlinge, jetzt ist er sehr selten geworden; früher wurden M. von den Kindern gefangen u. in Schachteln gesperrt, mit dem Lied „M. flieg, dein Vater is im Krieg" ließ man sie wieder frei. Im EEGeb. u. im Osterländ. gibt es Lautf., die volksetym. an andere Wörter angelehnt sind: *Maigowelt* (an *Kobold*) u. *Maigeier* (an *Geier*).

Maistock m. ,Löwenzahn' u. zwar vorwieg. die blütenlose Jungpflanze, die man als Grünfutter für Haustiere verwendet; Erzg., sMeißn., Laus.; *de Karnickel frassen garne Maistecke.*

Maium n. (selt. m.) ,Wasser, Regen' Halle u. Umgebung; *un dann nischt wie rin in Maium!* – Etym. zu jidd. *majim* ,Wasser', über das Rotwelsche in die Sprache der Stadt Halle. – Dazu auch *es maiumt* ,es regnet'.

mäkeln sw. V. ,an allem (bes. am Essen) Kritik üben, nörgeln' vorwieg. EEGeb., Osterländ., Schrad., *du hast awer ooch an allem dranrumzumäkeln!;* *du mit deiner ewigen Mäkelei!* Dazu auch *mäkelig.* – Das Wort gehört etym. zu nd. *maken* ,machen'; das Iterativum *makeln* bedeutete ,den Zwischenhändler machen', der durch ständige Kritik die Preise zu drücken versuchte.

maláde Adj. ,matt, abgespannt' (infolge von Krankheit od. nach einer körperlichen Anstrengung) *von der Hitze un der vielen Arweet* *bin'ch ganz malade.* Etym. aus frz. *malade* ‚krank‘ (aus lat. *male habitus* ‚in schlechtem Zustand‘).

Malbel, Malfer → *Melber*.

Maleste → *Moleste*.

malgern sw. V. ‚etw. (jmdn.) kräftig anfassen, drücken, kneten‘, häufig auch *herummalgern*; vorwieg. Meißn. u. Laus.; *komm nur her, ich will dich mah bissel malchern* (zu einem Kind, das man gern ein bißchen derb liebkosen möchte); *wollt ihr glei uffhiern den Hund su zu malkern!* (durch derbes Anfassen quälen).

Malhéur n. ‚Unglück, Mißgeschick‘ *mei Mann hat's Been gebrochen, so e Mallär!* aus frz. *malheur* (eigtl. ‚schlechter Zufall‘).

malweln → *melbern*.

Malz m. ‚Bonbon‘ sMeißn., Vorerzg. (bes. in u. um Karl-Marx-Stadt); Pl.: *Malze, Malzer, Mälzer; hier haste Geld, koof dir ne Tite Malzer!*

mampfen sw. V. ‚gierig essen, mit vollen Backen kauen‘, auch *hineinmampfen; nimm dir nur Zeit un tu nich so mampfen!*

manchmal Adv. neben der litspr. hat das Wort die Bed. ‚vielleicht, möglicherweise‘ Osterländ. (bes. in u. um Leipzig), *genn' Se mir manchmah sahchen, wie spät 's is?*

Mandel f. **1.** ‚fünfzehn Stück‘ (altes Zählmaß, meist beim Verkauf von Eiern verwendet; fast immer wurde dabei noch ein Stück zugegeben), veraltet. – **2.** ‚Gruppe von fünfzehn od. sechzehn zum Trocknen zusammengestellten Getreidegarben‘ Südmärk., EE-Geb., verstr. Osterländ., Westmeißn.; veraltet; meist standen sich dabei zwei Reihen von sieben Garben gegenüber, u. je eine Garbe deckte die beiden Giebelseiten ab; es gab aber auch andere Formen der M. – Etym. gehört das Wort wohl zu mlat. *mandala*, lat. *manus* ‚Hand‘ u. bedeutet urspr. ‚eine Handvoll‘.

Mangel f. ‚Gerät zum Glätten von Wäsche‘ urspr. wurden die Wäschestücke (einzeln) auf eine Holzwalze (*Mangelholz*) aufgewickelt u. dann mit einem dicken Brett (*Mangelbrett*) hin- u. hergerollt (*mangeln*). Später wurde diese manuelle Arbeit mechanisiert, wobei die Wäsche zwischen zwei Walzen hindurchgepreßt od. unter einem schweren Kasten hin- u. hergerollt wurde. – Lautf.: *Mangel* Erzg., Vgtld., *Mannel* Vorerzg., Vorvgtld., *Mandel* Laus., Schrad., Ost-, Südmeißn.

mank Adj. ‚erschöpft, ermüdet, kränklich‘ (von Menschen, Tieren

u. selt. auch Pflanzen), Meißn., Laus., Erzg.; *ich bin ganz mank heite, ich wer' glei ze Bette gehn; du siehst awer mank aus, was is 'n mit dir?* – Etym. zu lat. *mancus* ,kraftlos, gebrechlich; unvollständig, mangelhaft'.

Mannsen n. (meist im Pl.) ,Mann' leicht abwert., aber auch stilistisch neutral; *von unsen Mannsen is heite keener heeme, die sein alle uffm Felde.* – Aus mhd. *mannesname.*

manóli Adj. (nicht attr.) ,verrückt, übergeschnappt' veraltet, Südmärk., EEGeb., Osterländ.; *du bist woh manoli, bei den Wetter draußen rumzuloofm.* – Das Wort soll aus Berlin stammen u. sich von der Bezeichnung für eine frühere Zigarettenmarke herleiten.

manövern sw. V., meist *herummanövern* ,lärmend hantieren, herumwirtschaften' *meine Alte hat gestern abend noch in der Kiche rummanefert.*

Mansch m., **Mansche** f. ,Schlamm, schmieriger Straßendreck; zerquetschtes, unbrauchbares Obst' *was haste denn hier for enn Mansch in der Tasche?*

manschen sw. V. **1.** ,mit Wasser od. Schlamm spielen', auch *herummanschen; mansch nich so in den kahlen Wasser rum!* – **2.** ,durch Unachtsamkeit Flüssigkeit (aber auch Futter, Essen) verschütten' *du hast ungerwegs awer jemanscht.* – **3.** ,regnen' dazu auch *Manscherei* ,lang anhaltender Regen'. – **4.** ,etw. (mit Wasser) verdünnen, panschen'.

manzern sw. V., oft auch *herummanzern* ,sich ohne Sinn u. Ziel beschäftigen, herumkramen, ziellos suchen' öMeißn., Laus.; *unser Opa tut bloß noch e bissel rummanzern.*

Mäpse f. ,Schlamm, schmieriger Straßendreck' Südmeißn., Vorerzg.; *bei den Rähchen war draußen alles eene Mäpse.*

Mard → *Marder.*

¹Märde f. ,langatmiges, dummes Gerede; viel Aufhebens, Umstände; Bummelei' *mache keene solche lange Märde!* – Gebildet zu → *mären.*

²Märde → *Märte.*

Marder m. od. n. wie litspr. ,Haus-, Steinmarder' oft in der Redensart *da ist das Mard drinne* ,da geht es nicht mit rechten Dingen zu, da gibt es immer Unglück'. – Lautf.: *Marder* m. im Laus., *Mahrd* m. od. n. im EEGeb., Osterländ., Nordmeißn., sonst meist *Mard* m. od. n.

Mardwolf → *Maulwurf.*

mären sw. V. **1.** ,langatmig erzählen, dummes Zeug reden' vorwieg. Vgtld. u. Erzg.; dazu auch *Gemäre, Märerei; halt ner auf mit dein' dumm' Gemar, tust doch nur de Leit schlachtmachen.* – **2.** ,trödeln, bummeln, sich mit allem zuviel Zeit lassen' *wenn de so märscht, werste nie fertch,* dazu häufig auch *darum-, herummären, Gemäre, Märerei.* – **3.** in den Zuss. *an-, daranherummären* ,sich ohne Sinn u. Zweck an etw. zu schaffen machen, an etw. herumspielen' *mär mir ni an der Uhr dranrum, da geht se kaputt!* – **4.** in den Zuss. *darinherum-, untereinandermären* ,(mit den Händen) in etw. wühlen, etw. langsam durcheinanderrühren' *zieh dir alte Sachen an, wenn de in den Dreck drinnerummärn mußt!* – Etym. gibt es zwei Ausgangspunkte für das Wort: a) mhd. *mæren* ,etw. erzählen, verkünden, bekanntmachen' (hierzu gehört auch *Märchen*) und b) mhd. *mërn* ,Brot eintauchen; umrühren, mischen' (→ *Märte*). Die Bedeutungsschattierungen von *mären* zeigen noch die verschiedenen Ursprünge, aber sie lassen sich nicht mehr eindeutig voneinander trennen.

Mark n. (auch m.) in der Wendung *(kein) Marks mehr in' Knochen ham* ,(keine) Kraft', fast nur in der Form *Marks,* das der erstarrte alte Gen. Sg. sein könnte.

maróde Adj. ,abgespannt, müde, erschöpft' *das Watter macht een' ganz marode,* aus frz. *maraud* m. ,Lump'.

Marotte f. ,(sonderbare) Angewohnheit, Schrulle, Eigenheit' *dem wer' mer seine bleden Marotten schon noch austreim*; aus frz. *marotte* ,Narrenkappe, Narrheit'.

märscheln → *mörsern.*

¹Märte f. ,Kaltschale, Eingebrocktes' eine erfrischende Speise im Sommer (in Bier od. Milch eingebrockte Brot- od. Semmelstücke, dazu meist Früchte, Rosinen od. auch Eier); fast nur in Zuss. wie *Bier-, Kaffee-, Milch-, Schnapsmärte.* Aus mhd. *mërate* ,flüssige Speise aus Brot u. Wein', zu *mërn,* → *mären.*

²Märte → *Märde.*

martern sw. V. ,peinigen, quälen' (auch refl.), *schinden un metern muß mer sich*; Lautf.: *metern* Westerzg., Vgtld. (aus mhd. *merteren*), sonst *martern, mattern.*

Marúnke f. ,große, ovale Pflaume, Eierpflaume'. – Das Wort ist slaw. Herkunft: aus tschech. *marunka* od. poln. *mierunka, marunka,* die etym. auf lat. *armeniaca* zurückgehen.

massakrieren sw. V. **1.** ,umbringen, töten' *ich kennt dich vor Wut off der Stelle massakriern.* – **2.** ,würgen, quälen', aber auch scherzh. ,derb liebkosen, drücken' *dich tät'ch am liebsten mah so richtch massakriern.* – Das Wort ist veraltet u. selten geworden; Sprecher, die es noch benutzen, lehnen es häufig volksetym. an *mord-* an (*mordsakrieren*); es geht aber auf frz. *massacrer* ‚morden‘ zurück.

Massel m. od. n. ‚Glück‘ vorwieg. umg., *Mensch, hat der ein Massel gehabt!* – Etym. wohl zu jidd. *masol* ‚[Glücks]stern‘ u. über das Rotwelsche in die Umgangssprache gelangt; dazu auch *Schlamassel.*

Maßen Pl. alter Flurname, der einen Flurteil bezeichnet, der in sich in kleine Stücke *(Maßen)* gegliedert ist; meist als Grundwort in Zuss. (z. B. *Quer-, Schmalmaßen*); vorwieg. Südmärk., EEGeb., Osterländ.

massettig Adj. ‚tückisch, boshaft‘, aber auch ‚aufgebracht, zornig‘, *der macht massettche Reden ieber den*; ein veraltetes, selten gewordenes Wort, dessen Herkunft unklar ist.

Matérie f. ‚Eiter‘ *aus dein' biesen* (böse, entzündet) *Finger kimmt Matierche.* – Das Wort kommt im Vgtld. u. Erzg. nicht vor u. ist sonst überall veraltet; es geht auf frz. *matière* zurück, das neben ‚Stoff‘ auch ‚Eiter‘ bedeuten kann.

Matsch m. **1a.** ‚weicher Dreck, Schlamm (insbes. bei tauendem Schnee auf Straßen u. Wegen)‘ *der Schnee bleibt noch nich liechen, das werd Matsch.* – **b.** ‚weiche, breiartige Masse (insbes. bei Speisen), zu weich gewordenes Obst‘ *die Flaum, das war alles ee Matsch.* – **2.** ‚die nach der Ernte liegengebliebenen Heu-, Getreidereste‘. – Das Wort ist bes. häufig im Südwestosterländ., Westmeißn., Vorvgtld., Vor-, Westerzg., Vgtld. Es hat meist die Lautf. *Matsch*, im Westerzg. daneben auch *Mätsch*, im Vgtld. auch *Mohtsch.*

Matsche f. Bed. wie → *Matsch 1a, b*, Meißn., Laus., Erzg.; *bei der Matsche kricht mer nasse Fieße.*

matschen sw. V. **1.** ‚mit (dreckigem) Wasser, Schlamm spielen; Flüssigkeit verschütten‘ *ihr Kinner, matscht när net eso!* – auch *einmatschen* ‚etw. in Gebrauch nehmen u. dabei beschmutzen‘, *zermatschen* ‚zerdrücken, zerquetschen‘. – **2.** *es matscht* ‚es taut; es regnet; es fällt mit Regen vermischter Schnee‘. – **3.** ‚(dummes Zeug) vor sich hinreden‘. – Verbr. im Vgtld., Erzg., Laus., Meißn.; meist hat es die Lautf. *matschen*, im Vgtld. u. Westerzg. daneben *mätschen*, selt. auch *mohtschen*, im Laus. häufig *mehtschen.*

matschig Adj. ‚weich, schlammig (von der Erde); schlierig, faulig (von Obst, Gemüse)‘ *de Bern sein alle matsch'ch.* Lautf.: *matsch[i]ch*, im Vgtld. selt. *mätschich, mätsched.*

mätteln sw. V. ‚sauer werden, geronnen sein‘ (von der Milch) *heute* *war'sch so towerch* (schwül), *da is de Milch gemattelt*; wohl kein echtes, altes mundartliches Wort.

Mättlich m. ‚Nachtschmetterling, Nachtfalter' Schrad., Nordmeißn.; *wemmer s Fanster ni zumachen, ham mer de ganze Stuwe vull Mättliche.* Aus den slaw. Dialekten stammendes Wort, etym. aus niedersorb. *metelik.*

Matz m. ‚Quark (gewürzt u. als Speise zubereitet)'. – *Matz* wOsterländ., *Mutz* nVgtld., *Mahtz* veraltet, Westerzg.; das Wort war früher weit verbreitet, ist aber von → *Quark* zurückgedrängt worden.

Mätzchen Pl. **1.** ‚Kindereien, Dummheiten; leichte (aber auch schwerwiegende) unüberlegte Handlungen' *laß die Mätzchen sein, sonst gibt's Dresche!* – **2.** ‚Tricks, Kunststückchen' *mit solchen Mätzchen kommste bei mir nich durch.* – **3.** ‚Ausflüchte, Notlügen' *mach mir nur keene Mätzchen vor!*

mau Adj. (nicht attr.) ‚schlecht, übel, mies' (vom körperlichen, seelischen Befinden, von Angelegenheiten, Sachverhalten) *mir is heute tichtch mau; mit'n Futter sieht's dies Chahr mau aus.*

maudig Adj. ‚überreif, teigig' (von Birnen) Südmärk., EEGeb., Schrad., Osterländ.; häufigste Lautf.: *mudich, maudich.* – Es handelt sich um ein altes mundartliches Wort niederländischer Herkunft.

Mauerzwolf → *Maulwurf.*

Maukche, Mauke f. ‚Ort, wo man Obst (vor allem Äpfel) nachreifen läßt' (urspr. im Bettstroh), aber auch ‚heimlicher Aufbewahrungsort, verstecktes Behältnis für einen Vorrat' z. B. für gespartes Geld, für Gegenstände der Brautausstattung; *mir hutten als Kinger* (Kinder) *alle unse Mauzche.* – Die häufigsten Lautf. u. ihre Verbr.: *Mauzche* sOsterländ., West-, Nordmeißn., *Muhtschche* wOstmeißn., *Mun[t]schche* öOstmeißn., *Mauke* Vor-, Osterzg., Oberlaus. – Es handelt sich um ein in den deutschen Mundarten weit verbreitetes altes Wort.

¹**Mauke** f. nur negiert, also *keine M. haben*: **1.** ‚Lust, Neigung'. – **2.** ‚seelische, innere Kraft', aber auch ‚physische Kraft'. – Die Bed. des Wortes legt es nahe, es aus nicht mehr verstandenem *Mage* herzuleiten (→ *Macht, Mägse*, die ebenfalls auf mhd. *mügen* ‚vermögen, können' zurückzuführen sind).

²**Mauke** f. ‚Mus, Brei', insbes. ‚Kartoffelbrei' vorwieg. Laus.; *zun Obde* (Abend), *do gibts Mauke glei, gebrutte* (gebratene) *Pilze rihr mer rei.* – Das Wort gehört etym. zu slaw. *muka* ‚Mehl'.

³**Mauke** f. **1.** ‚Pferdekrankheit: Ausschlag u. Entzündung an der Hinterseite der Fesseln'. – **2.** ‚(regelmäßig wiederkehrende) leichte Krankheit, Migräne', aber auch ‚schlechte Laune'; *unser Alter hat heite seine Mauke.* – Etym. wohl zu mhd. *mūche* ‚Fußkrankheit der Pferde'.

Maul n. ‚der Mund des Menschen' war unter Mundartsprechern urspr. nicht abwert., sondern die normale Entsprechung für litspr. *Mund*; *ich laß mer nich in Maule rummärn; machs Maul zu, der Arsch werd kalt!* – Viele Redensarten wie z. B.: *de Zunge grade ins Maul nehm* ‚sich sehr konzentrieren'; *der hat Maul un Nase uffgesperrt* ‚war auf's höchste erstaunt'; *laß dir erscht mah s Maul wischen* ‚sammle erst mal Erfahrungen'; *se schwindelt, wenn se s Maul offmacht; e beeses* (entzündetes) *Maul heelt, aber e loses ni; der hängt sei Maul iewerall mit nei* ‚will bei allem mitreden'; *warum tuste denn n Leiten erscht s Maul uffsperrn?* ‚warum setzt du die Leute davon in Kenntnis?' – Heute wird das Wort als stark abwert. empfunden u. ist nur noch für ‚Tiermaul' allg. üblich.

Maulwurf m. wie litspr. (aus ahd. *mūwërf* ‚Haufenwerfer'); die Litspr. hat das Wort volksetym. an *Maul* angelehnt; in den Mundarten wuchern ebenfalls volksetym. Bildungen, u. so kommt es bei diesem Wort zu einem interessanten Formenreichtum: *Mulfrich* Vorvgtld., Vorerzg., Westerzg.; *Mutwurf, Motwurf* West-, Osterzg., Südmeißn., Oberlaus., sOsterländ., *Mutwolf* Nord-, Westmeißn., Ostlaus., *Mondwurf* Westlaus., nOstmeißn., *Mondwolf* Schrad., nOstmeißn., *Madwolf* Westmeißn., *Mardwolf* Schrad., nOstmeißn., *Mauerzwolf* wWestmeißn., wNordosterländ., *Ohtwurf* sOsterzg.; im Südmärk. u. EEGeb. herrscht ein anderes Wort, das aus dem Niederländischen stammende → *Moll*.

mausen sw. V. das allg. gültige Wort der Alltagsspr. für ‚stehlen', das als gehoben empfunden wird; *der maust doch wie e Rabe; die maust dem noch s Bette untern Arsche weg.*

Mäusescheune f. ‚Halme, die man auf dem zuletzt gemähten Getreidefeld stehenließ u. die man nach dem Abschneiden der Ähren oben zusammenband, um daran einen Feldblumenstrauß zu befestigen' veralteter Erntebrauch, der noch selten im Meißn. zu belegen ist.

Mäuseserbe f. ‚Vogelmiere (Unkraut)', ein Unkraut, das früher als Futter für Hühner u. Gänse, aber auch als Heilmittel für kranke Tiere verwendet wurde; vorwieg. Ostmeißn., u. zwar in der volksetym. an *Scherbe* angelehnten Lautf. *Mäusescherbe*; es gehört jedoch etym. zu mhd. *serben* ‚siechen, kränkeln‘, → *Hühnserbe*.

mausig Adj. in der Wendung *sich m. machen* ‚frech, keck sein; auftreten wie einer, der genau Bescheid weiß‘ *der is hier neu un macht sich glei so mausich!* – Etym. zu *sich mausern* (also eigtl. ‚die Mauser schon überstanden haben‘).

Mauzche → *Maukche, Mauke.*

mees[t]eldrehig → *meißeldrähtig.*

meesteln → *meißeln.*

Mehlfäßchen, -fäßlein n. ‚Frucht des Weißdorns‘ (auch des rot blühenden Weißdorns) rot, mehlig schmeckend, in der Form eines kleinen Fasses, Grundlage für die Herstellung eines Herz- u. Kreislaufmittels.

Mehlschwitze f. ‚Gemisch aus Fettigkeit, Mehl, Wasser u. Salz, das in einem Tiegel od. Topf gedünstet wird u. als Beigabe an Suppen, Soßen od. Gemüse dient‘ *heit is mer de Mehlschwitze e bissel ze braun gworn.*

mehrst unbest. Zahladj., Sup. zu *mehr*, in den Mundarten die häufige Entsprechung für litspr. ‚meist‘; *de mahrschten Bauern sein geizch*; *de mehrschte Zeit bin ich derhemm* (daheim); *s is doch eso, daß es do am mehrschten raschelt, wu viel Struh is.* – Dazu auch *mehrstens* Adv. ‚meistens‘ u. *mehrstenteils* Adv.; *mehrschtenteels sin mir ahmds derheeme* (daheim).

Meier, Meierich m. Bed. wie → *Mäuserbe*; Meißn., Vorvgtld., Vorerzg., Laus.

meinen sw. V. das in die Rede eingeschobene *meine ich* drückt eine Mutmaßung, Annahme aus ‚so glaube ich, das denke ich‘ *dort driem solls määch gbrannt ham*; es wird als ein Wort verstanden u. hat folgende Verbr.: *maa* Westerzg., Vgtld., *määch* Vorerzg., *meech* Westmeißn.

meinetage Adv. ‚mein Lebtag, seit jeher‘, auch ‚bis ans Lebensende, für immer‘; *das hammer meitoch so gemacht, un das bleibt meitoch eso*; vorwieg. Vgtld. u. Westerzg.

meinetwegen Adv. **1.** wie litspr. ‚mit meiner Zustimmung, Duldung‘ *meinzwäächen kannste glei mit’n Rade fahrn.* – **2.** in die Rede eingeschoben ‚ich will mal sagen, beispielsweise‘ *wenn also meinzwäächen eener gdeest* (nicht aufgepaßt) *hat, da gabs glei paar hinner de Ohrn.*

meißeldrähtig Adj. ‚schwindelig, drehend‘, aber auch ‚benommen, wirr im Kopf, aufgeregt' vorwieg. Erzg., aber auch Meißn., Laus., Vgtld.; *vom Tanzen wer'ch immer ganz meeßeldrehtsch; nimm dir nur Zeit, sonst werste doch ganz meeßeldrähnde.* – Das Wort ist zu *Meißeldraht* ‚ungleichmäßig gesponnener Garnfaden' gebildet, wird aber von den Sprechern an *drehen* angelehnt, so daß viele lautliche Spielformen nebeneinander existieren.

meißeln sw. V. ‚handwerklich arbeiten, basteln', meist *herum-, daranherummeißeln,* Meißn., Westlaus.; *nu haste eebch dranrumgemeestelt, un s geht immer noch ni.*

Meister m. Das Wort wird in den Mundarten in seiner litspr. Bed. verwendet, dient aber auch als Anrede für eine männl., ältere, häufig unbekannte Person u. soll Kontakt herstellen: *na, Meester, wo solls denn hingehn?*

Meizchen, Meizlein n. ‚Weidenkätzchen' sMeißn., Vorerzg., Oberlaus. (wohl eigtl. ‚Katze'; Bedeutungsübertragung wegen der fellartigen Beschaffenheit der Blüten).

Melber m. ‚feiner, trockener Staub, der in der Luft umherwirbelt', aber auch ‚(feuchter) Dunst, Nebel, Rauch' Vor-, Westerzg., Vorvgtld.; *uff der Straße war ein Malfer, daß mer iewerhaupt nischt sahk* (sah). – Lautf.: *Malwel, Melwel, Malfer, Malwer;* gehört etym. zu mhd. *mël* ‚Mehl, Staub'.

Melberin f. imaginäre schwatzhafte alte Frau, die über alles Bescheid weiß, *das haste wohl von der alten Melwern gehert?* – Etym. wohl aus mhd. *mëlwærin* ‚Mehlhändlerin', Lautf.: *Melmern, Melbern, Melwern,* seltener auch *Melberten.*

melbern sw. V. **1.** ‚Staub aufwirbeln, stieben' wMeißn., Vor-, Westerzg.; *guck nur, wie der Staub in der Sonne melbelt!* – **2.** ‚qualmen, Rauch erzeugen' Meißn., Erzg., Oberlaus.; *das Raachermannel malbelt schieh* (schön). Lautf.: *malweln, melweln, malfern, melfern, melbern;* etym. sind diese Formen verbale Ableitungen von mhd. *mël* ‚Mehl, Staub, Erde, Kehricht'.

Melkgelte f. ‚Gefäß, in das gemolken wird' urspr. aus Holzdauben, von denen eine zum Griff verlängert war u. ein Loch zum Tragen hatte; später aus Zink- od. Weißblech, heute stirbt mit der Sache das Wort aus, weil man zum Melken Eimer verwendet.

Melmern → *Melberin.*

Memme f. ‚energieloser Mensch, zum Weinen neigendes Kind, Feigling' *du bist ja ne Memme, du traust dich nich mah zu schaukeln.* –

Etym. zu mhd. *mamme, memme* ‚Mutterbrust‘ u. Bedeutungsentwicklung über ‚stillende Mutter‘ zu ‚weichlicher, furchtsamer Mensch‘.

mengen sw. V. neben der allg. Bed. ‚mischen‘, die im Gesamtgeb. vorkommt, hat es im Erzg., Südmeißn., Laus. die Bedeutung ‚Karten mischen‘; *meng ner net su lang!*

Menkenke f. **1.** ‚Gemisch, Durcheinander, Verwirrung‘, auch ‚Unsinn, Quatsch; Täuschung, Schwindel‘, *mach nur hier nich solche Menkenke! –* **2.** ‚Aufhebens, Umstände‘ *mach wegen uns ni erscht so viel Menkenke! –* **3.** ‚unnötiges, weitschweifiges Gerede; Ausflüchte‘ *sags kurz un bindig, ni so ne lange Menkenke! –* Die etym. Herkunft des Wortes ist unsicher.

Mensch neben der allg. Verwendung als Mask. tritt das Wort auch als Neutr. auf u. hat dann eine stark abwert. Bedeutung (Pl. häufig *Menscher*): ‚liederliche, verkommene, eingebildete weibl. Person‘ *mit so enn Mensch läßt de dich hier ni wieder blicken! –* Ohne Genus wird das Wort häufig als Ausruf bei unterschiedlichen Gefühlsregungen (Freude, Schreck, Verwunderung) verwendet.

Menselblatt n. ‚Flurkarte, Meßtischblatt‘ veraltet Vgtld., Erzg., Oberlaus. – Häufig volksetym. Umdeutung zu *Wenzelblatt*.

merken sw. V. **1.** ‚wahrnehmen, bemerken, spüren‘ *du merkst ooch alles! –* **2.** refl. ‚etw. im Gedächtnis behalten‘ *das kann'ch mer nich merken. –* Etym. gehört das Wort zu *Mark* f. u. bedeutet urspr. ‚mit einem Zeichen versehen, kenntlich machen‘.

Merks m. ‚Fähigkeit, sich etw. zu merken; Gedächtnis‘ *ich wer' ehm alt, ich hab gar keen' Merks mehr.*

meschant Adj. ‚niederträchtig, scheußlich, ekelhaft, unverschämt‘ *so e meschantes Weibsen; e ganz meschantes Unkraut; e meschanter Gestank. –* Lautf.: *méhschant, meschánt, mischant;* etym. aus frz. *mechant* ‚böse, schlecht‘.

meschugge Adj. (nicht Attr.) ‚verrückt‘ *du bist woll ganz meschugge! –* Etym. zu jidd. *meschuggo.*

Meste f. **1.** ‚Behälter für Salz od. Mehl‘ Kasten od. halbrundes Tönnchen mit Deckelklappe, meist an der Wand hängend, aus Holz, Steinzeug od. Zinn; *hol fix e Pfund Salz, de Meste is leer. –* **2.** ‚Tragkorb‘ *e Mest Pflaume. –* **3.** ‚Starkasten‘. – **4.** übertr. ‚dicke Frau, dickes Kind‘. – Es handelt sich um ein altes md. Wort (*mëste*), das etym. zu *messen* gehört. Es stirbt heute allmählich aus u. lebt fast nur noch in Zuss. wie *Salz-, Star-, Vogelmeste.*

metern → *martern.*

Mette f. ‚Weihnachtsgottesdienst' Vgtld., Erzg.; urspr. am 1. Feiertag früh zwischen 4 u. 6 Uhr gefeiert, jetzt aber wird auch der Gottesdienst am Heiligabend so bezeichnet; Lautf.: *Metten, Mette.*

Metze f. **1.** veraltetes ‚Hohlmaß' vorwieg. für Getreide, Mehl, Frühkartoffeln, Obst; das Fassungsvermögen war nicht einheitlich, z. B. die *sächsische M.* mit 6,5 l od. 5 l od. mit 5–8 Pfund, die *preußische M.* mit 3,4 l. – Trotz dieser Uneinheitlichkeit waren die Metzen bis etwa 1920 noch häufig in Gebrauch (bes. bei Bauern u. in den Markthallen). – *Frieher wurde alles nach Metzen gemessen. Da mußte immer noch e Häufchen druff sein, sunst nahm' se's een ni ab.* – **2.** ‚Naturallohn des Müllers; Teil des Produktes, den ein Heimarbeiter rechtmäßig für sich einbehalten durfte', später auch ‚Abfall u. unrechtmäßig einbehaltener Rest des Rohstoffes bei der Heimarbeit' vorwieg. noch Laus., Süd-, Ostmeißn., Vorerzg., Vorvgtld. – **3.** ‚Menge, Vielzahl' Erzg., Vorvgtld.; *e ganze Matz Kinner.* – Etym. gehört das Wort (wie *Meste*) zu *messen.*

metzen sw. V., von → *Metze* abgeleitet: **1.** ‚den festgesetzten Anteil vom Mahlgut als Mahllohn einbehalten' veraltet; *der Miller tut matzen, vun Schaffel sechs Fund.* – **2.** ‚unrechtmäßig den Rest vom Rohstoff, der in Heimarbeit verwertet werden sollte, einbehalten' (bes. den Bäckern, Schneidern, Webern nachgesagt), *war ne matzt, is kee richtscher Waber.* – Vorwieg. noch Oberlaus., Vorerzg.

Michel m. (mundartliche Kurzform von Michael) **1.** in der Redensart (*schlafen, sitzen, warten* u. a.) *bis Michel tutet,* d. h. eigtl. ‚bis der Erzengel Michael (zum Jüngsten Gericht) bläst; sehr lange' Osterländ., Meißn.; *die ham heit frieh geschlafen bis Micheldittt;* Lautf.: *Micheldutt, Micheldittt, Micheldeut.* – **2.** männl. Rufname, abfällig verwendet ‚einfältiger Mann', meist als Grundwort in Zuss. für Personenbezeichnungen mit abwert. Bedeutung: z. B. *Quatsch-, Märmichel.*

Micke f. ‚Astgabel' veraltet, selt. Südmärk., nur noch lebendig in Zuss. wie *Wäschemicke* ‚Wäschestütze', *Sensenmicke* ‚kleiner gegabelter Ast, der beim Dengeln den Sensenstiel hielt' Südmärk., EEGeb. – Etym. zu ndl. *mik* ‚Astgabel, gabelförmiger Stützpfahl'.

mick[e]rig Adj. **1.** ‚unscheinbar, verkümmert, unterentwickelt' meist von Menschen, Tieren, Pflanzen; *die Beeme, die mer gepflanzt* *ham, kumm' gar ni vun Flecke, die bleim mickrich.* – **2.** ‚unpäßlich, kränklich' *heute frieh war mer'sch tichtch mickrich.*

Mief m. ‚verbrauchte, schlechte Luft' *besser warmer Mief wie kalter Ozon.*

miemeln sw. V. ‚eine mühselige Arbeit (an kleinen Gegenständen) verrichten' Osterländ., Meißn., dazu auch die Ableitungen *Miemelei, Gemiemel* ‚Beschäftigung mit kleinem Zeug'; *ich muß mir mah den Schiefer* (Holzsplitter) *aus'n Finger rausmiemeln.*

Mienzlein n. ‚Blüte der Weide, Weidenkätzchen; männl. Haselnußblüte', übertr. auch ‚Fussel, Faser an der Kleidung' nVgtld.; Lautf.: *Mienzel[e].*

mies Adj. ‚schlecht, erbärmlich, übel' *mieses Zeug, mieses Wetter, ein mieser Kerl*; *mit der Ernte siehts dies' Jahr mies aus; gestern ahmd war mer'sch mies.*

Miete f. ‚zum Überwintern von Hackfrüchten angelegte flache, lange Grube, die dann zum Schutz gegen Frost mit Stroh u. Erde abgedeckt wird' vorwieg. wNordosterländ., Südwestosterländ., Westmeißn., Vorvgtld. – Geht zurück auf lat. *meta* ‚Heuschober'.

Miezchen, -lein n. **1.** ‚(kleine, junge) Katze' im Gesamtgeb. – **2.** ‚Blüte der Weide, Weidenkätzchen; männl. Haselnußblüte', übertr. auch ‚Fussel, Faser an der Kleidung; kleine Feder, Daune' Laus., Ostmeißn., Vor-, Osterzg.; *off dein' Kleed is noch e Miezel.*

Mieze f. ‚Katze' *unse Mieze han se bestimmt enne Zwiewel an Schwanz gebung'* (sie ist gefangen u. gegessen worden).

Miezel → *Motschlein.*

miezeln sw. V. **1.** ‚zärtlich tun, schmeicheln' selt., *die tun mitenanner miezeln.* – **2.** ‚kleine Federn, Staubflocken hervorbringen, Staub aufwirbeln; Fasern absondern (von der Kleidung)' vorwieg. Ost-, Vorerzg., seltener Meißn., Laus.

Milbenkäse m. ‚scharfer Sauermilchkäse, gewürzt mit Quark, Kümmel, Salz u. getrockneten Holunderblüten; zu etwa 6 cm langen Stangen geformt u. im Käsetopf gereift, wobei die Fermentierung durch Milben erfolgte' veraltet Westmeißn., Vorvgtld.

Milchsack m. ‚Euter (der Kuh, Ziege)' Erzg., Südmeißn.; das urspr. stilistisch neutrale Wort wird heute als anstößig empfunden u. von *Euter* verdrängt.

Mine f. Kurzform des weibl. Rufnamens *Wilhelmine*, abfällig verwendet ‚einfältige Frau', meist als Grundwort in Zuss. für Personenbezeichnungen mit abwert. Bedeutung: z. B. *Quatsch-*, *Heul-*, *Zimtmine.*

¹Minna f. Kurzform des weibl. Rufnamens *Wilhelmine*, heute nicht mehr als Rufname, sondern **1.** ‚Dienstmädchen' veraltet, *unsere Minna hat heute Ausgang* sagt man im Scherz, weil man selbst die Küchenarbeit erledigen muß. – **2.** *(baumwollene) M.* im Scherz für ‚großer, bauschiger Regenschirm' veraltet.

²Minna f. **1.** in Redensarten *jmdn. zur M. machen* ‚jmdn. beleidigend tadeln, zurechtweisen'; *etw. zur M. machen* ‚etw. beschädigen, kaputt machen'; *zur M. werden* ‚zornig werden'. – **2.** *grüne M.* ‚Personentransportwagen der Polizei'. – Etym. wohl zu jidd. *meanne sein* ‚peinigen, demütigen'; über das Rotwelsche kommt das Wort in unsere Umgangssprache, wobei im Rotwelschen *grün* alles bedeutet, was ‚unangenehm, unsicher' ist. Die Sprecher deuten allerdings *grün* nach der Anstrichfarbe des gemeinten Polizeiautos.

mischeln sw. V. ‚die Spielkarten mischen' vorwieg. EEGeb., Osterländ., Meißn.; *in Leipzch hat sich schon mah ne Frau ze Tode gemischelt* (zu lange gemischt).

Mischpoke f. ‚üble Gesellschaft, Gruppe von Asozialen' *in den Hause dort wohnt ja vielleicht enne Mischpoke.* – Lautf.: *Mischboge, Muschboge*; gehört etym. zu dem rotw. *Mischpoche* ‚Familie, Diebesbande mit Anhang', das auf jidd. *mischpocho* ‚Familie, Stamm' zurückgeht.

miserabel Adj. ‚(sehr) schlecht' *mir geht's heite miserabel*; *du bist e miserabler Kerl*; *die Hose is aus miserablem Gelumpe zesammgeflickt.* – Im 17. Jh. entlehnt aus frz. *miserable* ‚elend, unglücklich', aus lat. *miserabilis.*

Mist m. **1.** ‚Stalldünger' *mer missen noch n Mist aus'n Stalle karren*, auch ‚Misthaufen' *das kannste off'n Mist kippen*; als Redensart *das is nich off dein' Miste gewachsen* ‚das hast du nicht selbst geschafft, geleistet'. – **2.** übertr. ‚etw. Schlechtes (eigtl. ‚Kot, Scheiße'), liederliche Arbeit, Ausschuß, Fehlerhaftes' *in der Priefung haste tichtchen Mist gemacht*; *hier habt'er aber Mist verzappt.* – **3.** ‚langes, unnützes Gerede, Aufwand, Umstände' *mach nur keen' langen Mist wechen den bissel Mittagessen.*

mitkriegen sw. V. **1.** ‚etw. (auf einen Weg) mitbekommen', veraltet auch ‚etw. als Mitgift, Aussteuer von den Eltern erhalten' *kricht deine Braut denn recht viel mit?* – **2.** ‚etw. (akustisch, bedeutungsmäßig) erfassen, verstehen' *von den sein Gequatsche hab'ch ni alles mitgekricht.*

mittenmang Adv. ‚mitten darin, mitten hinein' (räumlich, zeitlich) bes. häufig im Südmärk., EEGeb., Nordosterländ., aber auch im übrigen Geb.; *bei den Jedrängle war ich mittenmangk derzwischen.*

Mittwoch m. od. f. wie litspr., allg.; aber in den Dialekten (außer Vgtld., Erzg.) noch als Femininum: *off de Mittewuche* ‚am Mittwoch'.

moben sw. V. ‚lärmend schimpfen, randalieren', auch *herummoben*; *wie das der Lehrer sagte, ham mer gemobt.*

Moch m. od. n. ‚Moos' (insbes. ‚Moos, das auf Dächern wächst') Südmärk., EEGeb., Schrad., Nordosterländ. – Altes, aus den slaw. Dialekten entlehntes Wort.

Modder → *Moder.*

Mode f. **1.** wie litspr. ‚was zu einer bestimmten Zeit üblich u. gebräuchlich ist (z. B. Kleidung, Frisur betreffend)' *der macht jede Mode mit.* – **2.** *M. sein* mit Personen als Subj. ‚bei etw. dabei sein, an der Reihe sein, dran sein, beim Vorgesetzten od. einer Behörde erscheinen müssen' *als mer chungk warn, war mer bei jeden Schwof* (Tanz) *Mode*; *gestern war'ch bein Chef Mode, awer ich hab mer nischt gefalln lassen.* – Etym. zu frz. *mode* (aus lat. *modus*) ‚zeitgemäße Art der Kleidung'. Die 2. Bedeutung könnte rotwelsch beeinflußt sein (jidd. *modo* ‚Freund').

Model m. od. f. od. n. ‚Muster, Schablone; (hölzerne) Form, in die man Butter, Käse drückte' veraltetes, aus dem Lateinischen entlehntes Wort, das durch dasselbe, aber aus dem Französischen später entlehnte Wort verdrängt wurde *(Modell).*

Moder m. **1.** wie litspr. ‚durch Fäulnis entstandener weißlicher Belag'. – **2.** in der Lautf. *Modder* (selt. auch *Moller*) ‚weicher Dreck, Schlamm' Südmärk., EEGeb., Osterländ.; *paß off, laatsch nich in den Modder!*

mogeln sw. V. ‚kleine Betrügereien machen' vorwieg. beim Kartenspiel, auch *Mogelei.*

Möhre f. wie litspr., im Gesamtgeb. außer seinem Nordrand (Südmärk., EEGeb., nNordosterländ.); *s dimmste Schwein findt de greßte Mähre.*

Mohrrübe f. ‚Möhre' Südmärk., EEGeb., nNordosterländ.

Mokchen n. ‚(kleines) Dorf' abwert., Halle u. Umgebung; *die sieht aus wie eene von Mookchen.* – Etym. aus jidd. *mokom* ‚Ort, Stadt'.

mokieren sw. V., refl. ‚sich (über jmdn., etw.) abfällig, spöttisch

äußern' *die kann oo nischt weiter als sich iewer andre Leute mockiern.* –
Lautf.: *mockiern,* veraltet *munkiern*; etym. aus frz. *moquer.*

Moleste f. ‚Mühe, Plage, Last' veraltend, *mach der ni arscht siche* (solche) *Moleste wachen mir.* Lautf.: meist Pl. *Moléste, Maléste,* auch *Molésten, Malésten*; der Sg. *Malást* kann volksetym. an *Last* angelehnt werden, das Wort ist aber etym. lat. *molestia* ‚Beschwerde'.

Moll m. ‚Maulwurf' Südmärk., EEGeb., Nordosterländ.; ein Wort, das von niederländischen Siedlern in die Mark Brandenburg mitgebracht wurde u. auch in Nachbargebiete hineinreicht (ndl. *mol*).

Molle → *Mulde.*

Mondwolf, -wurf → *Maulwurf.*

Moneten Pl. ‚Geld' *meine Moneten sin alle*; etym. zu lat. *monetae* ‚Münzen'.

Monstrum n. ‚etw. beängstigend Großes, Kolossales' (von Gegenständen, aber auch Personen). – Lautf.: *Monschtrum*; Fremdwort, lat. *monstrum* ‚Scheusal'.

Moos n. ‚Geld' hat nichts mit litspr. *Moos* zu tun, sondern ist rotw. u. kommt von jidd. *mous, moos* ‚Geld'.

Moosmann m. fiktive Figur ‚Waldgeist' häufig als geschnitzte, mit Moos umkleidete Figur (als Zimmerschmuck in der Weihnachtszeit), Vgtld. – Lautf.: *Moos-, Muhs-, Muhes[d]mah* od. *-männel.*

Möpse Pl. ‚Geld' *Mensch, meine paar Mepse missen bis iewermorchen noch reechen.*

mopsen sw. V. **1.** trans. ‚wegnehmen, (Kleinigkeiten) stehlen' *wer hat denn hier wieder Bonbons gemopst?* – **2.** refl. *sich m.* ‚sich aalen, faulenzen; sich langweilen' *erscht ham mer uns paar Stunden gemopst, aber dann ging's ran an de Arweet.*

mopsfidel Adj. ‚lustig, vergnügt; wieder gesund (nach einer Krankheit)' *ich dachte, du wärscht noch krank, un derbei biste schon widder mopsfidel.*

mordsakrieren → *massakrieren.*

mörsern sw. V. urspr. ‚etw. in einem Mörser zerkleinern', aber diese Bed. tritt kaum noch auf, sondern dafür die übertr. Bedeutungen ‚etw. drücken, quetschen, ungeschickt zerkleinern (u. dadurch verderben)', auch ‚jmdn. derb drücken (u. dadurch quälen)', häufig auch *herum-, zermörsern; der hat den Geldschein in den Pfoten rumgemärschelt; märschel das Kätzel ni su sehr!* – Lautf.: *märscheln,* selt. *märgeln.*

Mosch m. (selt. n.) ‚verstreut Umherliegendes, letzte Reste, Abfall' Osterländ., Meißn.; *mer missen noch den ganzen Moosch wegreim'*; auch ‚die nach der Ernte liegengebliebenen Getreidereste' wEE-Geb., wOsterländ.

moschen sw. V. ‚unachtsam u. verschwenderisch mit etw. umgehen, (Futter, Material) vergeuden' vorwieg. Osterländ., Meißn., auch *ver-, herummoschen; moosche ni so mit'n Futter, mer ham ni zu vill!*

Mostrich m. ‚Speisesenf' vorwieg. Nordosterländ., Laus., im übrigen Geb. zwar bekannt, aber selten gebraucht.

Motschchen, Mötschchen n. kosend, kinderspr. ‚Kälbchen, weibl. Kalb' EEGeb., Osterländ., Meißn.; Lautf.: *Mohtschchen, Mehtschchen*, selt. *Muhtschchen, Mietschchen*.

Motsche f. ‚Kuh' Südmärk., EEGeb., Osterländ., als kosend-kinderspr. Bezeichnung auch im übrigen Geb.; Lautf.: *Mohtsche, Muhtsche*.

Motschegiebchen → *Motschekühchen*.

Motschekälbchen n. **1.** ‚weibl. Kalb' Südmärk., EEGeb., Osterländ., Westmeißn. – **2.** ‚Marienkäfer' verstr. im gleichen Verbreitungsgebiet.

Motschekühchen n. ‚Marienkäfer' (eigtl. ‚kleine Kuh, Kuhkälbchen' – gehört zu den zahlreichen Benennungen für den Marienkäfer, denen Kosenamen od. kinderspr. Wörter für Haustiere zugrunde liegen), vorwieg. in u. um Leipzig. – Lautf.: *Mohtsche-, Muhtschegiebchen, -giewichen*; bei *-kühchen* ist das alte mhd. *w* zwischen den Vokalen *(küewe-chen)* erhalten geblieben u. vor dem Konsonanten zum Verschlußlaut *b* geworden.

Motschlein, Mötschlein n. **1.** kosend, kinderspr. ‚Kälbchen, weibl. Kalb' Ost-, Südmeißn., Vgtld., Erzg., Laus.; als Redensart *aussehen wie ein gelecktes M.* ‚sauber u. ordentlich aussehen'. – **2.** ‚Weidenkätzchen; männl. Haselnußblüte' Laus. – Lautf.: *Mohtschel, Mottschel, Mehtschel, Mettschel, Muhtschel, Muttschel*, selt. auch *Muzel, Miezel, Mutzel, Mitzel*.

Möttlich → *Mättlich*.

Motwurf → *Maulwurf*.

Muckefuck m., selt. **Muckefucke** m. od. f. ‚Ersatzkaffee; dünner Bohnenkaffee'. – Etym. wohl aus frz. *mocca faux* ‚falscher Mokka'.

Mucken Pl. ‚unangenehme Eigenheiten, Launen' *steck nur deine Mucken ni so raus!*; *das Auto hat so seine Mucken*.

muckern sw. V. **1.** ‚stockend reden, stottern' Erzg., Südmeißn., *dan seine Kinner tun muckern.* – **2.** ‚leise ziehend od. pochend schmerzen' (bes. von einem Zahn, einer Wunde) *mei eener Zahn muckert schun paar Tage; ich hatte enn besen* (entzündeten) *Finger, das muckerte awer.*

muckisch Adj. ‚mürrisch, schlecht gelaunt, trotzig; hinterhältig, tückisch' *der mucksche Kerl kann kaum grießen; wenn eener so mucksch is, muß mer sich in acht nehm'.*

muddeln sw. V. ‚langsam, nicht zielstrebig arbeiten; sich ein bißchen beschäftigen, belanglose Arbeiten verrichten', auch *herummuddeln, Muddelei, Gemuddel; se taten bloß so rimmuddeln, daß de Zeit verging; ich muß immer was ze muddeln ham, sunst werd mer de Zeit lang.*

Müffchen, -lein n. (meist Pl.) ‚wollene, gestrickte Pulswärmer' *es is kalt, zieh de Miffchen ahn, wenn's Handgelenke warm is, fiehlts'ch der ganze Mensch mollig*; Formen: *Miffchen, Miffeln,* Pl.

muffeln sw. V. **1.** ‚mürrisch, unfreundlich, maulfaul sein; undeutlich reden', auch *darum-, herummuffeln.* – **2.** ‚mit vollen Backen, langsam kauen, essen', auch ‚mühsam, mit zahnlosem Mund kauen' *ihr kennt ruhch schon offstehn, laßt mich nur muffeln.*

Muhmanz → *Mummanz.*

Mulde f. **1.** ‚längliches, flach gewölbtes Gefäß aus Holz (später auch Metall)' wurde z. B. beim Backen od. Schlachten verwendet, auch zum Reinigen von kleinen Mengen Getreidekörnern, die man damit hochwarf u. die der Luftzug dann von Staub u. Strohresten befreite, od. auch zum Düngerstreuen; *de Mull, wie se de Bauern in der Schein han, hat enn glatten Boden un is off enner Seit off, ball wie enne bräte Schaufel, awwer aus biechen oder lindn Hulz* (aus Buchen- od. Lindenholz). – **2.** ‚ovaler Korb ohne Bügel mit flach gewölbtem Boden'. – **3.** ‚Form für runde od. lange Brote'. – **4.** ‚leichte Vertiefung, flache Bodensenke', auch ‚Loch, in das die Kinder beim Murmelspiel die Kugeln schieben'. – Lautf.: *Muhle, Mulle, Molle, Mull, Muld, Mulde.*

Mulfrich → *Maulwurf.*

¹**müllern** sw. V. ‚rieseln, rinnen' (von körnigen od. pulverigen Stoffen) Meißn., Laus., häufig auch *heraus-, durch-, abmüllern; aus den alten Schrank millert's raus, da is der Holzwurm drinne.*

²**müllern** sw. V. ‚etw. durch eine Maschine drehen', meist *durchmüllern,* Meißn., Laus.; *mir millern n Kaffee noch mit der Hand.*

mulmig Adj. **1.** ‚trübe, bewölkt, gewittrig' *s werd recht mulmig drau-*

ßen. – **2.** übertr. ‚bedenklich, gefährlich, unbehaglich' *wenn's mulmig werd, hau'ch ab.*

Multer f. (selt. m. od. n.) Bed. wie → *Mulde 1, 2, 3*; Lautf.: *Mulder,* selt. *Molder, Muller.–* Es handelt sich um ein altes Lehnwort aus der Römerzeit (aus lat. *mulctra* ‚Melkgefäß'). Die zu → *Mulde* hinführenden Formen entwickeln sich daraus seit dem 12./13. Jh.

Mumm m. ‚Kraft', auch ‚Willenskraft, Energie' *der hat doch keen' Mumm in de Knochen!* – Etym. ist das Wort wohl gekürztes lat. *animum* (Akk. von *animus* ‚Seele, Geist').

Mummanz m. fiktive Gestalt, mit der man Kindern angst macht, ihnen droht; vorwieg. Vorerzg., Vorvgtld., wMeißn.; *wenn de nich folgst, holt dich der Muhmanz.* – Lautf.: *Muhmanz,* seltener *Mummanz.*

Mumpe f. ‚Morast, Schlamm' (bes. auf Straßen u. Wegen bei Regen- od. Tauwetter) in u. um Leipzig.

mumpeln sw. V. ‚(langsam) kauen, essen' Osterländ., Nord-, Ostmeißn.; auch *Mumpelei, Gemumpel*; *du kannst een' offräächen mit deine Mumpelei!*

Munkat, Munkatlein n. (nur im Sg.) ‚kleine Menge, kleines Stück, ein bißchen' Erzg., Vgtld.; *e Mungaht Salz*; *habt'er e Mungahtel Platz off der Ufenbank?* Etym. liegt dem Wort wohl das lat. Part. Perf. *muncatum* ‚das Geschneuzte, Nasenschleim; verkohlter Rest vom Docht einer Kerze', also ‚etw. Kleines, Wertloses' zugrunde. – Lautf.: *Mungáht[el], Munkáht[el].*

Munsche → *Maukche, Mauke.*

Munzlein n. **1.** ‚Fussel, Faser am Kleid; Staub-, Wollflocke'. – **2.** ‚Flaumfeder'. – **3.** ‚Weidenkätzchen', auch ‚männl. Haselnußblüte' Westerzg., Vgtld.; Lautf.: *Muhnzel,* seltener *Maunzel.*

murkeln sw. V. **1.** ‚betasten, derb mit den Händen drücken; (Tiere) zärtlich liebkosen', aber auch ‚ungewollt quälen' Südmärk., EEGeb., Osterländ., Schrad.; *die kleene Katze därfste nich murkeln.* – **2.** ‚etw. zerkrümeln, zerreiben, zerknittern' in u. um Leipzig. – **3.** ‚etw. ungeschickt (mit stumpfem Messer) abschneiden' Südwestosterländ.

Murks m. **1.** ‚schlecht ausgeführte Arbeit, Ausschuß[ware]' *das is Murks, was du dort machst.* – **2.** ‚etw. Unangenehmes, Ärgerliches (was einem nicht in den Plan paßt)' *so ein elender Murks!*

murksen sw. V. ‚schlecht, liederlich, langsam, nicht zielstrebig arbeiten', auch *Gemurkse, Murkserei, herum-, darum-, daranherum-, ver-,*

zermurksen; der morkst darum, un s werd nischt fertch; tu nich weiter dranrum-
murksen, das laß'ch n Fachmann machen.

Murre f. ‚Kraft' vorwieg. EEGeb., Schrad., Laus., meist in der Fügung *keene Murre in den Knochen ham.* – Wohl aus dem Rotwelschen u.
etym. zu jidd. *moro* ‚stark, männlich'.

Muschboge → *Mischpoke.*

Musrudel f. ‚hölzernes Gerät, mit dem man das kochende Pflau-
men- od. Rübenmus im Kessel ständig umrührt' (meist bestehend
aus einem Stiel u. einem vorn angesetzten Brett mit Löchern)
Osterländ., Nordmeißn.

Musspritze f. scherzh. ‚Regenschirm' vorwieg. Osterländ.,
Meißn.

Mutwolf, -wurf → *Maulwurf.*

Mutze f. ‚weibl. Kaninchen' Vgtld., Lautf. *Mutz.*

Mützenwetter n. ‚schönes Wetter (nach vorangegangenem Regen)' veraltend; *jetze ham'mer s scheenste Mitzenwatter.*

Muzel f. od. n. (meist. Pl.) ‚kleine Feder, Daune; wollige Staub-
flocke, wie sie z. B. auf dem Fußboden liegt; Faser, die an der Kleidung hängenbleibt' *wo haste denn die Muzeln offgelesen?* – Es handelt
sich um ein Dim., das aber von den Sprechern nicht mehr als solches empfunden wird, daher auch die Verwendung als Femininum.

muzeln sw. V. ‚kleine Federn, Staubflocken hervorbringen, Staub
aufwirbeln; Fasern absondern (von der Kleidung)' *unsre Betten sin*
alt, die muzeln nu.

nach neben den litspr. Verwendungen u. Bedeutungen auch ‚dann, nachher' Adv., eine rein temporale od. temporal-kausale Folge ausdrückend; Vgtld., Westerzg.; *drei Tog gieht's su fort, nooch is alles verbei; wenn er när Arwet hoht, nooch is er zefrieden.* – Lautf.: *noh, nah, nooch, naach*; bei der Verwendung als Adverbialpartikel in verbalen Zuss. lautet es im Vgtld., Erzg., Ostmeißn., Laus. häufig *enoh-, anoh-, enooch-, enaach-* (z. B. *enoochplappern, anohzotteln*) u. wird somit von der präpositionalen Verwendung unterschieden.

¹**Nachharke** f. ‚großes eisernes Gerät zum Zusammenschleppen der Getreide-, Heu-, Grumt- u. Kleereste nach der Ernte' wurde mit der Hand od. von einem Zugtier gezogen; wenn ein Zugtier eingesetzt wurde, mußte das Gerät Räder haben; Osterländ.

²**Nachharke** f. ‚Heu-, Getreidereste, die nach der Ernte auf dem Acker liegengeblieben sind' EEGeb., Osterländ., Schrad.

nachher, nachhin Adv. ‚danach; später, dann' beide Wörter kommen in verschiedenen Lautf. nebeneinander vor u. werden im Gespräch sehr häufig verwendet; *noocherts kam er endlich; wenn de fertch bist, noochen giehste eikoofen.* – Lautf. von *nachher: naher, naachert[s], noochert[s], noocherns[d], naart, noort[s]; nachhin: naachen[s], noochen[s], naang, noong.*

nächten Adv. **1.** ‚gestern abend', meist ‚gestern abend u. bis tief in die Nacht hinein', auch ‚während der vergangenen Nacht' vorwieg. Laus., aber auch Meißn., nErzg., sOsterländ.; *nachten hat's in Garten gescheecht* (gespukt); *nächten hat mich a Fluhg* (Floh) *gebissen.* – **2.** ‚gestern', aber auch ‚vor ein paar Tagen, neulich' im gleichen Geb., aber selt.; *nachten hatt'mer Besuch.* – Es handelt sich um ein altes mundartliches Wort (mhd. *nehten* ‚gestern abend'), das mit einem adverbialen *-en*-Suffix gebildet ist (wie *morgen, hinten,* mundartlich auch *dorten*). Es ist heute nicht mehr vielen Sprechern bekannt.

Nachterle → *Achterlein.*

Nackefiez m. ‚kleines nacktes Kind, Nackedei‘ Vgtld., Westerzg.

Nackige Jungfer f. ‚Krokus (Pflanze)‘ Westerzg., bes. um Zschopau.

Nackige Mädel Pl. ‚Kartoffelpuffer‘ (einfaches Mittagsgericht aus geriebenen gekochten Kartoffeln, Mehl, etw. Zucker u. Salz, als flache Puffer in einer mit Fett bestrichenen Pfanne gebacken) Vgtld.; *ich hoh for ze Mittich* (Mittag) *schnell e paar nackitte Madle gemacht.*

nacktig Adj. **1.** ‚nackt‘ Südmärk., EEGeb., öNordosterländ., Schrad., Ober-, Ostlaus. – **2.** ‚zu wenig gewürzt, ungesalzen‘ Südmärk., EEGeb. – Es handelt sich bei *nacktig* um eine Form, die aus der Kreuzung von *nackt* + *nackig* entstanden ist.

nägeln sw. V. ‚vor Kälte ein Schmerzgefühl in den Fingerkuppen od. Zehen haben (bes. dann, wenn sie sich wieder erwärmen)‘ Westerzg., nVgtld.; *mich negelt’s nah de Finger.*

Naht f. neben der litspr. hat das Wort noch andere Bedeutungen: **1.** in Redensarten: *die Kerle warn mir immer off’n Nähten* ‚dicht hinter mir her‘; *er geht mir ni von den Nähten* ‚weicht nicht von mir, läßt mich nicht in Ruhe‘; *dem muß’ch mah off de Nähte ricken* ‚zu ihm muß ich mal hingehen (um ihm gehörig die Meinung zu sagen)‘; *dem muß’ch dauernd off’n Nähten knien* ‚den darf ich nicht in Ruhe lassen, bei dem muß ich fortgesetzt Druck hinter mein Anliegen machen‘. – **2.** ‚Tracht Prügel‘ *der hat seine Naht heite schon weg.* – **3.** ‚Vielzahl, Menge‘ *die ham enne ganze Naht Kinder derheeme*; *der kann enne ganz scheene Naht* (an Alkohol) *vertragen.* – **4.** ‚bes. schlechte Ausführung einer Tätigkeit‘ *du spielst ja heite enne Naht zesamm’.*

Name m. wie litspr., allg., aber die Pluralbildung ist unsicher: *die Name, Näme, Nämer* stehen neben der litspr. Form *die Namen.*

Napf m. **1.** früher wohl ‚einfaches Speise- u. Trinkgefäß, Becher, kleine Schüssel‘ allg. u. stilistisch neutral, jetzt stark abwert. ‚Futtergefäß‘, häufig auch im Dim.; *ich hab’n Karnickeln noch e Näppel Futter hingestellt.* – **2.** ‚Hohlmaß (Gefäß, das etwa 5 l faßte)‘ veraltet, Vgtld. – Lautf.: *Napf* Vgtld., sonst *Napp.*

Näpfleinpfanne f. ‚spezielle Pfanne (eigtl. mehrere kleine Näpfchen), in der man eine Art Auflauf, ein Gebäck aus Eierkuchen- od. auch anderem Teig herstellt‘, auch ‚das Gericht selbst, das darin hergestellt wird‘ veraltet, Vgtld., wWesterzg. – Lautf.: *Nepflespfann.*

Narr m. fast nur noch in festen Wendungen u. Redensarten gebraucht: *wenn der liebe Gott enn Narrn braucht, läßt er enn altn Mann de Frau sterm*; *an ihrn kleen' Enkel hat se enn Narrn gefressen* (sie liebt ihn abgöttisch); *ich gucke (horche, staune) wie e Narr* (bin äußerst verblüfft).

närrisch Adj. **1.** ,verrückt, geistig nicht ganz normal' *du bist woll närrsch, bei dem Watter kannste doch ni ohne Mitze giehn!* – **2.** eine Steigerung ausdrückend: *wie närrisch* ,sehr, mächtig, tüchtig' *draußen räächent's wie närrsch*; *mir sin gerannt wie närrsch*. – **3.** ,sonderbar, wunderlich, komisch' von Gegenständen u. Erscheinungen, von Personen, ihren Charaktereigenschaften u. ihrer äußeren Erscheinung: *das närrsche Kleed zieh'ch nich an*; *närrschen Leiten passiert närrsches Zeig*; *die Suppe schmeckt awer närrsch, was hast'n da dran?* – auch vom körperlichen Befinden: *mir is es schon seit heite frieh bissel närrsch in Wanste* (Bauch, Leib) – od. von den Empfindungen: *ich hab heute so enn närrschen Appetit.* – Stets drückt das Wort eine negative Abweichung vom allg. Normbewußtsein aus.

naß Adj. **1.** wie litspr., häufig *n. niedergehen* ,ein bißchen, fein regnen'. – **2.** *für n.* ,umsonst, ohne Geld' *ich hab ne Woche for naß gearweet'* (ohne Entlohnung); *heute war'ch for naß im Kino* (ohne zu bezahlen).

Naßgalle f. ,ständig feuchte Stelle im Gelände' vorwieg. Westerzg., Vgtld.

nätern → *nötern.*

natschen sw. V. ,weinen, sehr traurig sein' Laus.; *mer kennt vor Freede nahtschen*; *war wird'n natschen, wenn der Liebste furtgeloofm is?* – Lautf.: *noatschen, naatschen.*

natzen sw. V. ,ein kleines Schläfchen machen, schlummern' Westerzg., Vgtld.; *in dar schien' Mittichsunn wullt er ewing* (ein wenig) *natzen.* – Geht zurück auf mhd. *nafzen, natzen,* ahd. *naphezen* ,nickend schläfrig sein' als Intensivbildung zu *napfen* ,nicken'. – Hierzu auch häufig im Westerzg., Vgtld. *Natzerlein (Natzerle)* ,kurzes [Mittags-] Schläfchen'.

neckisch Adj. ,sonderbar, närrisch, albern' (von Personen), auch ,verrückt' Laus.; *unser Nubber* (Nachbar) *is e ganz neckscher Dingerch* (Kerl).

Neesel → *Üsel, Nößel.*

Neige f. ,Rest einer Flüssigkeit', meist ,der Bierrest im Glas'; häufig auch im Dim.: *Neegchen* (um Dresden), *Neegel* (Laus.); *warum wolln mer'n die Neeche nich erscht austrinken?*

neisen sw. V. ‚jmdn. ärgern, necken‘, auch ‚belästigen, quälen‘ Ostmeißn., Laus.; *se tat ihrn Mann tichtch neesen.*

nennen unregelm. V., neben den litspr. Verwendungsweisen ist das substantivierte Part. Perf. interessant: *das Genannte* ‚die im Arbeitsvertrag zwischen dem Bauern u. einem Angestellten (Knecht, Magd) festgelegten, „genannten“ Naturalien (z. B. Brot, Butter, Käse), die dem Angestellten neben dem Lohn wöchentlich zustanden‘ mit der alten gesellschaftlichen Ordnung ausgestorben, früher Osterländ., Meißn., Laus.

Neßel → *Nößel.*

Netz n. neben der im Gesamtgeb. vorkommenden litspr. hat das Wort noch die Bedeutungen ‚Nachgeburt (bei der Kuh)‘ Osterländ., Nordmeißn. u. ‚Nachgeburt (bei Pferd u. Schwein)‘ Südmärk., EEGeb.

netzen sw. V. ‚mit einer Gießkanne gießen (wobei das Wasser durch die Brause gleichmäßig in dünnen Strahlen verteilt wird)‘ Vor-, Westerzg.; *mer missen noch off'n Friedhof netzen gieh.*

Netzkanne f. ‚Gießkanne‘ Vor-, Westerzg.

Neugroschen m. ‚Zehnpfennigstück‘ veraltet, aber bes. in mundartlichen Reliktgebieten noch bekannt.

Neunerlei n. ‚Gericht aus neun Bestandteilen, das am Heiligabend gegessen wurde’, eine alte Lebensgewohnheit, die im Vgtld. u. Erzg. beheimatet war; sie ist heute kaum noch lebendig, aber das Wort ist durch das berühmte „Heiligabendlied“ der Johanne Amalie von Elterlein (etwa 1830) noch bekannt: *Mer habn aah Neinerlaa gekocht, aah Worscht mit Sauerkraut.* – Die einzelnen Bestandteile waren unterschiedlich u. hatten symbolische Bedeutung: Es wurden quellende Speisen (Hirse, Linsen) bevorzugt, die wachsenden Reichtum andeuten sollten, Fisch (Hering, Karpfen), der mit seinen Schuppen auf Geld hinweisen sollte, u. Brot, Salz u. Kartoffeln, die nie ausgehen sollten, gehörten auf alle Fälle auch dazu.

nicht wahr wie litspr., aber lautlich sehr entstellt: *niwwer, nuwwer* Meißn., Laus., *nur, nor* Vorerzg.

niesch Adj. ‚schief, schräg, quer‘ EEGeb., Osterländ., Meißn.; *der Weg geht niesch iwwers Feld.*

Niesel → *Üsel, Nößel.*

Nieselpriem m. ‚einfältiger Kerl, Tolpatsch‘ harmloses Schimpfwort.

Nießel → *Nößel.*

niffeln, niffen sw. V. ‚reiben, schaben' Erzg., Vgtld., häufig auch *ab-, durchniffeln, -niffen; ich muß Erdäpfel* (Kartoffeln) *niffeln; dan Bindfoden hot's dorchgeniffelt.*

Nille → *Nülle.*

ningeln sw. V. ‚ständig (leise) weinen, kläglich jammern' bes. von Kindern, wenn sie müde u. grillig sind od. ihren Kopf durchsetzen wollen; häufig auch *darum-, herumningeln, Gening el, Ningelei;* vorwieg. Osterländ., Meißn., Laus.; *die ningeln mir dauernd de Ohrn voll, ich soll mit'n in Zoo gehn.* – Lautf.: *ningeln,* selt. *lingeln.*

nippeln sw. V. ‚(kostend) schlückchenweise trinken', auch ‚alkoholische Getränke trinken' Osterländ., Schrad., Meißn., Laus.; *der nippelt gerne mah een'.*

nobel Adj. ‚fein, elegant, vornehm', bes. in festen Wendungen u. Redensarten: *der macht heute recht nobel* (hat sich fein angezogen); *nobel muß de Welt zugrunde gehn* (man muß noch elegant od. gar verschwenderisch auftreten, wenn man auch gar nicht mehr viel besitzt).

Noppe f. **1.** wie litspr. ‚knotenartige Verdickung in Garnen u. Geweben'. – **2.** ‚Vielzahl, Menge' *die ham enne ganze Nuppe Kinner derheeme.*

Norbeln → *Lorbeeren.*

nörgeln sw. V. **1.** wie litspr. ‚unzufrieden sein, an allem herumkritisieren'. – **2.** ‚an etw. herumrütteln, etw. (rüttelnd) hin- u. herbewegen', auch ‚ungeschickt etw. abschneiden, mit stumpfem Messer schneiden', häufig *herum-, daranherumnörgeln; tu ni so an den Brote rimnorgeln; norgel nur e bissel, dann werd das Fanster schon offgehn.* – Lautf.: *nercheln,* bei Bedeutung 2 häufig *nurgeln, norgeln.*

Nößel n. ‚Hohlmaß, Schöpfgefäß, meist $^1/_2$ l fassend' *de Milch kannste glei in' Nießel huln.* – Lautf.: *Nießel, Neeßel.* Altes md. Wort mit unklarer Etymologie (mhd. belegt ist das Dim. *næzzelîn).*

nötern sw. V. **1.** ‚jmdn. fortgesetzt plagen, quälen, nötigen' vorwieg. Meißn., Laus., auch *herumnötern, Genöter; die hat mich schon dauernd genetert, daß'ch bezahlen soll.* – **2.** ‚an etw. herumrütteln, (rüttelnd) hin- u. herbewegen', häufig *herum-, daranherumnötern;* vorwieg. Laus.; *an den großen Steene mußte rimnetern, daß er lucker wird.* – Lautf.: *nehdern, nähdern.*

nuddeln sw. V. **1.** ‚(ohne Worte) vor sich hin singen', auch ‚schlechte Musik machen', häufig *Genuddel; here endlich off mit dein'*

Genuddel! – **2.** ‚leise vor sich hin weinen' (von Kindern, z. B. wenn sie sich ein bißchen verletzt haben), häufig *Nuddelei, Genuddel.*

nüddeln sw. V. ‚an etw. herumrütteln, (rüttelnd) hin- u. herbewegen' Vgtld.; *tu eweng* (ein wenig) *niddeln an dein Zah ('Zahn), do fällt er raus.*

Nudel f. neben der litspr. Verwendung (im Westerzg. u. Vgtld. noch häufig in der Lautf. *Ludel)* auch *putzige, komische, verrückte N.* ‚origineller, spaßhafter Mensch'.

Nudelholz n. ‚Gerät zum Breitrollen des Kuchenteiges'.

Nülle f. **1.** ‚männl. Glied'. – **2.** ‚Nase' Meißn., Laus. – **3.** ‚Nasenschleim, Rotz' Laus. – **4.** ‚Ball', bes. ‚Fußball' in u. um Leipzig unter Kindern u. Jugendlichen.

nun (stets in der Lautf. *nu*) **1.** als Adv. ‚jetzt' *nu hab ich's satt; nu häre endlich off!* – **2.** partikelhaft als belebendes Element der Rede: *so schnell geht's nu ni; wie nu de Zeit ran war.* – **3.** als Interj. (z. B. vor Grüßen, Fragen, Anreden, Ausrufen) *nu, wie geht's denne; nu, saach nur, was de denkst;* häufig in festen Fügungen, wie *nu aber, nu da, nu eben, nu klar, nu allemal, nu sowieso;* – *nu ja* drückt eine Zustimmung mit gewissem Vorbehalt aus; besonders im Raum Dresden ersetzt *nu* häufig litspr. ‚ja'.

Nuppe → *Noppe.*

Nuppel m. od. n. **1.** ‚Gummisauger für das Kleinkind, Schnuller' wMeißn., wOsterländ. – **2.** abwert. für ‚Kind', bes. ‚freches Mädchen' Osterländ., Meißn., Westerzg.

Nurbeln → *Lorbeeren.*

Nusche f. ‚altes, stumpfes Messer' EEGeb., öNordosterländ., Schrad., Ostlaus., seltener auch Südmärk., Ostmeißn. u. übriges Laus.; *mit der ahln Nusche kannste doch nich Brut schneiden.* – Etym. zu slaw. *nož* ‚Messer'.

nusseln, nussen sw. V. ‚jmdn. an den Haaren ziehen, jmdm. eine Kopfnuß geben, jmdn. verprügeln' Vgtld., wWesterzg., seltener auch Meißn., Osterländ.; *den Kerl hoh'ch ower genußt!* – Das Wort kann etym. von *Kopfnuß* abgeleitet werden, das zu einem alten Verb in der Bed. ‚schlagen' gehört.

Nusser m. ‚Eichelhäher' Vgtld., Erzg. – Entstanden aus *Nußhäher;* Lautf.: *Nusser, Nusserd.*

Nußhacker m. Bed. wie → *Nusser,* Vorvgtld., Vorerzg., Südmeißn., öOsterzg.

Nusteln Pl. ‚Tragstangen für den Jauchenzuber' Nord-, Ostmeißn. – Lautf.: *Nusteln*, seltener *Nusseln*, *Nuskeln*. Das Wort geht zurück auf slaw. *nosidlo* ‚Trage, Tragstange, Misttrage' u. gehört zu den slaw. Relikten in unserem Wortgut.

Nutsch m. ‚Gummisauger für das Kleinkind, Flaschensauger, Schnuller' wEEGeb., Osterländ., nNord-, nOstmeißn.; im Oberlaus. unterscheidet man zwischen *Nutsch* ‚mit Zucker od. Gebäck gefüllter Saugbeutel aus Stoff' (veraltend) u. → *Hutel* für den modernen ‚Gummisauger'.

Oberboden m. **1.** ,Raum unterm Dach des Wohnhauses' (als Trockenraum od. Speicher benutzt) *bei den Räächen häng' mer de Wäsche off'n Ewerbudn.* – **2.** übertr. ,Ersatz-, Malzkaffee'. – Lautf.: *Ewer-, Äberboden, -buden.*

observieren sw. V. ,beobachten; etw. (im voraus) berechnen, genau abpassen' *ich muß mah absolwiern, wie du das machst; das konnt'ch ni so genau absolwiern, wieviel Wasser ich für drei Tassen nehm' mußte.* – Lautf.: Die beiden *r*-Laute werden dissimiliert (ähnl. wie bei *Marmor* zu *Murmel*), so daß dann das Wort lautlich mit *absolvieren* zusammenfällt.

obstinat Adj. veraltet u. selt. ,eigensinnig, starrköpfig', jetzt meist ,eingebildet, stolz, unnahbar' vorwieg. Westerzg., Vgtld.; *das is ob-stinates Weibsen, das kenn ich schon lange.* – Etym. aus lat. *obstinatus* ,be-harrlich, hartnäckig'.

Ochsenzunge f. großblättriges Unkraut mit langer Wurzel, wohl ,stumpfblättriger Ampfer' od. auch ,Wiesenknöterich'.

ock Adv., auch partikelhaft ,doch, nur, bloß, nun' Laus., selt. Osterzg.; *hurch ock, wie's dunnert! nu komm ock!; sieh ock har!; ich mecht ock wissen, was dar will.* – Mhd. *eht, oht, ecker, ockert;* ahd. *ekrôdi;* das Wort ist nur noch in wenigen Dialekten erhalten.

Odel → *Atel.*

oder Konj. wie litspr., aber im Vgtld., Westerzg. u. relikthaft auch in anderen Geb. noch in der Lautf. von litspr. *aber: ober, aber.*

oderisch Adj. ,grillig, mißmutig, zornig' Laus., öOstmeißn.; *bis ock* (sei doch) *ni glei so odersch!; zieh ni glei so e odersches Gesichte!* – Etym. zu ahd. *urdruzze* ,überdrüssig', mhd. *urdriuze* ,Unlust erregend, Unlust empfindend'.

Ofentopf m. ,der Wasserbehälter im Küchenherd' Westerzg., Vgtld.; *den Satz der O. steht auf* gebraucht man, um jmdn. vor unliebsamen Zuhörern zu warnen ‚Achtung, sei still, es hören Leute zu, für die deine Mitteilung nicht bestimmt ist‘.

Ohraum, Ohreimel → *Anreim[el].*

Ohwärschel, Ohwätscherle → *Owärschlein.*

Öl m. od. f. od. n. wie litspr., aber im Genus von der Litspr. abweichend; im Meißn., Laus.: Fem., Südmärk., EEGeb., Vgtld.: Mask., Erzg.: Neutr.

Olm[ed] → *Alme[t].*

Ort m. od. n. neben der litspr. Bedeutung auch **1.** ‚(sehr dünne) Ahle, Pfriem‘ veraltet, selt.; zurückgehend auf die urspr. Bedeutung des Wortes ‚Schneide, Spitze‘. – **2.** als Neutr. ‚Arbeitsplatz, Arbeitsstelle‘ (u. zwar nicht nur des Bergmannes!) veraltet, Westerzg., Vgtld.

Ortscheit n. ‚das am Waagebalken hängende Querholz zum Einschirren der Zugtiere‘ veraltend; Lautf.: *Ortscht, Urtscht, Ortscheit.*

ost → *allzuhand.*

Osterjunge m., **Ostermädchen, -mädel** n. ‚die jüngsten Bediensteten auf einem Bauernhof, die 14jährig, gleich nach Schulabschluß zu Ostern ihre Stelle antraten‘ veraltet, aber noch bekannt; *als Usterjunge krigt mer noch keene Pfaare* (Pferde) *in de Hände, da muß mer in Kiehstalle mit halfen.*

Osterwasser n. veralteter Brauch: O. holten die jungen Mädchen am frühen Morgen des 1. Osterfeiertages, es mußte aus einem nach Osten fließenden Gewässer geschöpft werden, u. auf dem Hin- u. Rückweg durfte nicht gesprochen werden. Das Wasser sollte, wenn man sich damit wusch, gegen Krankheit schützen, jung u. schön machen.

Otter[n]jüngferchen, -lein n. ‚Eidechse‘ Erzg., sOstmeißn., Westlaus.

Otter[n]zunge f. ‚Wiesenknöterich‘ (gemeint sind wohl die Blätter, die man gern wie Spinat kochte) vorwieg. Erzg., Vgtld.

Owärschlein, Owätscherlein n. ‚im Wachstum zurückgebliebenes, unter- u. mißentwickeltes Lebewesen (Pflanze, Tier od. Mensch)‘, auch ‚Nesthäkchen‘ Vgtld. – Lautf.: *Ohwärschel, Ohwätscherle, Ohwietscherle* etym. unklar, vielleicht ist auszugehen von *Ohn-wes-[]ein* ‚kleines, nicht lebensfähiges Wesen‘.

Paar n. neben der litspr. Bedeutung auch in der Redensart *ein P. sein* ‚aneinandergeraten, sich heftig streiten' *der war kaum da, da warn mer schon widder e Paar.*

Pachulke m. ‚kräftiger, vierschrötiger Kerl; Lümmel' Osterländ., EEGeb. – Etym. zu slaw. *pacholk, pachol* ‚junger Bursche, Kerl'.

Padde f. ‚Kröte' Südmärk., EEGeb., Nordosterländ., Schrad.

Päde f. ‚Quecke (Acker- u. Gartenunkraut)' Südmärk., EEGeb. – Das Wort stammt aus dem niederländischen Raum u. geht zurück auf mndl. *pee* f., *peen* Pl.

paffen sw. V. ‚Tabak rauchen' *der pafft uns de ganze Stuwe voll.*

Pähnert → *Pänert.*

Palaver n. (selt. m.) ‚Gerede, Geschwätz' *mach nich so e großes Palaver wäächen den Mist.*

Paletot m. ‚dicker Herrenmantel' veraltet, aber noch lebendig in dem Albumvers: *Lebe glücklich, lebe froh wie der Mops im P.*

Palme f. in den Redensarten *auf der P. sein* ‚erregt, aufgebracht, zornig sein', *der is immer glei off der Palme, jmdn. auf die P. bringen* ‚in Wut versetzen'.

Palmmiezchen, -lein n. ‚Blüte der Weide, Weidenkätzchen' sOstmeißn., Oberlaus.; *Ballmiezel därfm ni abgemacht wern.*

Pampe f. ‚weicher Dreck, Schlamm' Meißn., Laus.; *du sollst doch ni dorch de Pampe laatschen!*

[1]Pampel m. ‚Glück' *da haste wieder mah Pampel gehabt.*

[2]Pampel m. ‚einer, der stets die unangenehmsten Arbeiten verrichten muß, der immer den Dummen macht' *mei Vater muß bloß iewerall n Pampel machen.*

pampern sw. V. ‚sich bei der Arbeit viel Zeit lassen; trödeln, bummeln' Laus., häufig auch *herumpampern, Pamperei, Gepamper; tu ock* (nur) *ni su pampern, halt'ch bissel derzu!*

Pampf m. ‚zu dick geratene Suppe; zäher Brei‘, auch ‚mißratenes Essen‘ *was haste denn heite fer enn Pampf gekocht!*

pampig Adj. ‚frech, unverschämt, ausfällig‘ *werd ja nich noch pampich, sonst knallt's* (es setzt Prügel)!

Pamps m. **1.** Bed. wie → *Pampf*; Lautf.: *Bam[b]s*. – **2.** ‚Kartoffel-puffer aus geriebenen rohen Kartoffeln‘ das Wasser drückt man heraus, überbrüht den Brei mit Milch, tut etwas Salz u. Eier hinein u. formt Puffer, die man dann mit Fett in der Pfanne bäckt; es wird gern mit Kalbfleisch, vor allem aber mit Preiselbeeren od. Pflau-men gegessen; veraltendes vgtld. Spezialgericht. – Lautf.: *Bambes*.

Paneelbrett n. ‚Wandbrett für Ziergegenstände‘ (meist im Wohn-zimmer überm Sofa), veraltend; *offm Paneelbraht hatt' mer lauter Zinn-zeig stiehn.*

Pänert m. ‚Handkorb‘ (Korb mittlerer Größe mit einem Bügel, an dem man ihn bequem tragen kann, früher vor allem zum Kartof-felnlesen verwendet) Südmärk., EEGeb., Osterländ., West-, Nord-meißn.; *de Arbern* (Kartoffeln) *warn* (werden) *uffn Falle* (Feld) *in' Pahnert gelasen; mer ham enn Pahnert Steene vun Acker gelasen.* – Dieses äu-ßerst interessante Wort veraltet heute, so wie auch der Gegenstand selbst in Vergessenheit gerät (die wieder in Mode gekommenen Körbe zum Einkaufen heißen nicht mehr *Pänert*). – Es handelt sich um ein aus dem Romanischen entlehntes Wort, das auf lat. *panarium* ‚Brotbehälter, Brotkorb‘ zurückzuführen ist.

Panster m. ‚zähe, klebrige Dreckschicht‘ vorwieg. Meißn., Oster-länd.; *du hast ja enn richtchen Panster an dein' Stiwweln.*

Päonie f. ‚Pfingstrose‘ – Interessant sind bei diesem Wort die man-nigfaltigen Lautf., welche die Dialekte hervorbringen. Sie beruhen vor allem darauf, daß die aneinanderstoßenden Vokale (Hiatus) vermieden werden: z. B. *Banonie, Banonicke, Buninich[e], Buttäniche, Buttin[i]che,* auch mit volksetym. Anlehnungen *Putthähnchen, Putt-hühnchen, Puttente.*

[1]**Pappe** f. wie litspr., häufig in der Redensart *nicht von P. sein* ‚kernig, kräftig, stark, nicht leicht zu bewältigen sein‘ *ich hab ihm eene reinge-haun, die war nich von Pappe.*

[2]**Pappe** f. (selt. m.) ‚dicker Brei, Mus‘, auch ‚Schlamm, Morast‘ Meißn., Laus.; *s hat gerahnt* (geregnet), *da ward awwer widder enne Pappe.*

[1]**päppeln** sw. V. ‚einen kranken, schwachen Menschen aufziehen,

pflegen', auch ,verzärteln, verwöhnen', häufig *auf-, hoch-, verpäppeln*; *s is miehsam, die Tierchen offzupäppeln.*

²**päppeln** sw. V. ,Fußball spielen' bes. unter Jugendlichen gebräuchlich.

Päppermumpe f. ,Schlamm, Morast', auch ,lehmiger, zäher Brei, mit dem Kinder gern spielen' in u. um Leipzig; *die kleen' Chungs ham sich Päppermumpe gemacht.*

pappig Adj. ,breiig, weich, weichlich' *die Bern' sin schon ganz pappch*; *der Ball is pappch gewordn.*

Paprosch m. ,Farnkraut' öEEGeb., öNordosterländ., Schrad. – Ein aus dem Slawischen stammendes Wort, dem niedersorb. *paproš*, obersorb. *papróš* zugrunde liegt. Es tritt in vielen lautlichen Varianten auf: *Boberansch, Babsch, Babrensch* u. andere.

Paradiesgarten m. ,in der Weihnachtszeit (häufig unterm Tannenbaum) aufgebautes Gärtchen mit allerlei Figuren, Tieren u. Häuschen' (urspr. wurde die christliche Weihnachtsgeschichte dargestellt), vor allem noch im Vgtld. u. Westerzg. verbreitet.

Parapluie m. od. n. ,Regenschirm' *nimm liewer s Pärpelie mit.* – Das Wort wurde mit der Sache aus dem Französischen übernommen, u. in den Mundarten lebt das Fremdwort bis heute, ist allerdings veraltet u. wird meist nur noch im Scherz verwendet.

parieren sw. V. ,gehorchen' *wo!lt ihr nu endlich pariern!*; *hier wird pariert, sonst gibts was!* – Fremdwort. lat. *parere.*

partout Adv. ,durchaus, unbedingt' *der will perdu mitgehn; muß das partuh chetz glei sein?* – Fremdwort, frz. *partou* ,überall'.

Paßprich m. ,(unnötiges) langes Gerede; (langes) Schriftstück, amtliches Schreiben' *der Berchermeester brachte enn lang Paßperch.* – Veraltend, Lautf.: *Baßblich, Baßbrich, Baßberch.*

Pastorrasse → *Bastardrasse.*

Paterlein, Päterlein → *Perllein.*

patschen sw. V. **1.** ,geräuschvoll, schmatzend essen'. – **2.** (Lautf. *badschen, baadschen*) ,sich unterhalten, plaudern' Erzg. u. Vgtld.; *die Weibsen hohm stundenlang mi'nnaner gepaatscht.*

Pauline f. im Scherz ,(dickbauchige) Kaffeekanne, bauchige Schnapsflasche'.

Pax f. ,Stelle, wo man beim Haschespiel nicht abgeschlagen werden darf' *ich bin in der Pax!* – Vorwieg. Laus., aber auch in u. um Leipzig.

pecken sw. V. **1.** ‚(auf dem Feld) mit der Hacke jäten, die Erde lockern' Vgtld. – **2.** ‚Reisig zerkleinern, zerhacken' Vgtld.; als Redensart *af den sann Nischel* (Kopf) *kah mer Straa* (Streu) *pecken* ‚er ist starrköpfig, unnachgiebig'.

Pecks m. ‚altes, stumpfes Messer' Ostmeißn.

Pedal n. (meist f.) ‚Tretvorrichtung am Fahrrad' Lautf. meist *Bendahle* (durch volksetym. Anlehnung an *pendeln*), u. zwar Femininum: *an mein' Rad is eene Pendale kaputt*.

Pein f. ‚körperlicher Schmerz' (vor allem in den Zuss. *Bauch-, Kopf-, Zahnpein*) Vgtld.

[1]pelzen sw. V. ‚(mit dem Hammer) kräftig zuschlagen', auch ‚prügeln'.

[2]pelzen sw. V. ‚Bäume veredeln, pfropfen' Vgtld. u. Westerzg.; *wenn's Baamel gruß genung is, tut mer'sch pelzen*. – Das Wort ist romanischer Herkunft u. geht zurück auf lat. *impeltare* (es ist verwandt mit unserem Wort *impfen*), ahd. *pelzōn*, mhd. *pelzen*. Das Wort ist obd. u. im Alemannischen schon im 11. Jh. belegt.

pelzern Adj. **1.** ‚gefühllos, taub' (z. B. von einem Fuß, einer Hautstelle) vorwieg. Meißn.; *meine Finger sin ganz pelzern*. – **2.** ‚holzig, trocken-schwammig' (von Rettichen) vorwieg. Meißn.; *manche Rettche sin schon pelzern, wenn de se koofst*.

Pendale → *Pedal*.

penibel Adj. ‚peinlich genau, übertrieben ordentlich' *du bist cha peniebel in deiner Wertschaft*. – Fremdwort, frz. *penible* ‚mühsam, schmerzlich'.

Penunse f. ‚Geld' Osterländ., Meißn., Laus.; *heute is Freitag, da gibt's Penunse*. – Wohl von Arbeitern aus dem Polnischen mitgebrachtes Wort: *pieniądze* ‚Geld'.

Perl m. ‚großer, schwerer Einschlaghammer' Laus. – Für das Wort ist häufig slaw. Herkunft angenommen worden, es kann aber auch auf mhd. *bern* ‚schlagen' mit einem *-l*-Suffix zurückgehen.

Perllein n. (meist. Pl.) wie litspr., also ‚(kleine) Perle', häufig auch ‚Träne' Westerzg., Vgtld.; *s sei ne* (es sind ihm) *paar Patterle iewer de Backen geloffen*. – Das Wort ist häufig wegen seiner Lautf. *(Patterle)* volksetym. an *Paternoster* angelehnt worden, u. man dachte, es würde die Perlen des Rosenkranzes bezeichnen. Es handelt sich aber um eine auf Dissimilation beruhende Lautf. des Dim.: *Perl-lein*. Die zusammenstoßenden Liquiden *rl-l* haben sich störend beeinflußt, u. das *-t-* ist als

Gleitlaut eingeschoben worden (ebenso ist die Lautf. *Rutkatel* aus *Rotkehl-lein*, die in der gleichen Landschaft begegnet, zu erklären).

Petersilie f. wie litspr.; das Wort ist auch in den Dialekten üblich, wird aber dort häufig durch volksetym. Anlehnungen lautlich verändert: z. B. *Bitter-*, *Blättersilche*.

Petze f. **1.** ‚Hündin‘, auch ‚mannstolle Frau, die sich (wie eine läufige Hündin) draußen herumtreibt‘ EEGeb., Osterländ., Meißn. (außer sOstmeißn.), Vgtld. (außer söVgtld.). – **2.** ‚Person, die alles ausplaudert, alles verrät‘. – **3.** Brauch beim Getreidedrusch mit dem Dreschflegel: Wer den letzten Schlag tat, „hatte die Petze“, er mußte Schnaps spendieren für die Drescher u. „die Petze“, das war irgendein verhüllter Gegenstand (Topf, Stein, Strohbündel), zu einem Nachbarn schaffen, der noch nicht fertig war mit dem Dreschen. Ostmeißn., Westlaus. – **4.** ‚Zapfen an Nadelbäumen‘ (meist der Fichte) söVgtld.

Pferdeapfel m. (fast nur im Pl.) ‚Pferdekot‘ Südmärk., EEGeb., Osterländ., Meißn., aber auch in den anderen Geb. ist das Wort bekannt, weil es in die Litspr. eingegangen ist; *off der Straße liechen e paar frische Ferdeäppel*.

Pferdedreck m. (häufig auch im Pl.: *-drecker*) Bed. wie → *Pferdeapfel*; zwar im Gesamtgeb. bekannt, aber als echtes Mundartwort gilt es nur im sVgtld.

Pferdekuttel m. od. f. (fast nur im Pl.: *-kutteln*) Bed. wie → *Pferdeapfel*; Laus.

Pferdenest n. harmloses Schimpfwort ‚Tolpatsch‘ Westerzg., Vgtld.; *mit dir Pfahrnast will ich nischt meh ze tun ham*.

Pferdesemmel f. (fast nur im Pl.) Bed. wie → *Pferdeapfel*; Vor-, Westerzg., Vorvgtld., Vgtld.

pfischeln sw. V. ‚flüstern, leise reden‘ Osterzg., Südmeißn.; *was habt ihr denn schon wieder mitenanner ze pfischeln*; auch *Pfischelei, Gepfischel*.

pfitschenaß Adj. ‚völlig durchnäßt‘ Westerzg., Vgtld.; *in den Gewitter sei mer pfitschenaß geworn*.

Pfitschepfeil m. ‚Pfeil u. Bogen‘ *als Kinner ham'mer gerne mit'n Fitschefeil geschossen*.

pflastern sw. V. **1.** ‚dem Mitspieler eine hohe Augenzahl mitgeben‘ (beim Kartenspiel), auch ‚Brotbelag dick auftragen‘. – **2.** ‚rennen‘ *der kam awer um de Ecke rumgepflastert*.

Pfocke f., **Pfocken** m. ‚Klumpen, großes Stück; Vielzahl, Menge‘ *die Äppel, das sin in diesen Chahr vielleich Focken!*; *das war e ganz schener Pfocken Fleesch.*

pfockig, pföckig Adj. ‚kurz angebunden, schnippisch, bissig‘ vorwieg. Ostmeißn., Laus.; *mit der mecht'ch nischt ze tun ham, das is e pfeckches Luder.* – Lautf.: *[b]fockch, [b]feckch.* Die Bedeutung ist übertr.: ‚grob (vom Gewebe, Stoff)‘ auf eine Charaktereigenschaft.

Pfrieme f. ‚Ahle, Pfriem‘ wNord-, Südwestosterländ.; Kreuzungsform zwischen nördl. *Pfriem* m. u. südl. *Ahle* f.

Pfühl n. (selt. auch m.) ‚Kissen‘, früher bes. ‚längliches Kopfkissen im Zweipersonenbett‘, das Wort ist veraltet u. fast vollständig von *Kissen* verdrängt.

pfuzen sw. V. ‚fauchen (von der Katze)‘, häufig auch *anpfuzen* ‚jmdn. grob beschimpfen, jmdn. anfahren‘ Laus., öOstmeißn.; *deswäächen brauchste mich ni glei so anzepfuzen.*

piano Adv. ‚langsam, vorsichtig‘ vorwieg. Laus., Meißn.; *du mußt ganz piahne fahrn, ganz sachte.* – Fremdwort, ital. *piano* ‚leise‘; Lautf. *biahne.*

pichelhoch Adv. in der Redensart *p. hergehen* ‚sehr hoch, lustig, ausgelassen hergehen‘; *off der Hochzch* (Hochzeit) *ging's biechelhoch her.* – Lautf. meist *biechel-, biegelhoch*, aber wohl etym. zu → *picheln* zu stellen.

picheln sw. V. ‚viel Alkohol trinken, saufen‘ *die ham de ganze Nacht gepiechelt.* – Lautf.: meist *biecheln, biegeln*, aber auch *bicheln.*

¹**Piepen** Pl. ‚Innereien, Kaldaunen (als Speise zubereitet)‘ sOsterländ., Nordmeißn., öEEGeb. – Niederdeutsche Form von *Pfeifen.*

²**Piepen** Pl. ‚Geld‘ *for die paar Piepen krichste doch nischt.*

pieperig Adj. ‚schwächlich, kränklich; unterentwickelt, zurückgeblieben‘ im Gesamtgeb. außer Erzg., Vgtld.; *du siehst recht pieprich um de Oochen aus*; *euer Kleener is e recht piepriches Kerlchen.*

pieplich → *pöpelig.*

pietschen sw. V. ‚trinken‘, meist ‚Alkohol trinken, zechen, saufen‘ *mir ham in der Kneipe een' zesamm' gepietscht.* – Das Wort ist etym. wohl nicht aus dem Slawischen herzuleiten, wie oft angenommen wurde, sondern es ist an eine lautnachahmende Bildung zu denken.

pimpeln sw. V. ‚fortwährend kränkeln, wehleidig sein‘, dazu auch das Adj. *pimpelig* ‚anfällig, verzärtelt, empfindlich‘; *unser Kleener pimpelt schon den ganzen Winter, er is iewerhaupt recht pimplich.*

Pinks m. ‚(Kuh-)Glocke, (Fahrrad-)Klingel‘, übertr. auch ‚Schnapsglas‘ Vgtld., Westerzg. – Lautf.: *Binges, Binkes, Bings.*

Pippich m. **1.** ‚putzige Kopfbedeckung, komischer Hut‘ – **2.** in der festen Wortverbindung *ein alberner P.* ‚merkwürdiger, komisch-lustiger Kerl‘. Lautf.: *Bibbch;* → *verpippich.*

Pips m. ‚diphtherieartige Hühnerkrankheit‘, bei der sich ein Belag auf der Zunge bildet, der entfernt werden muß‘, daher die Redensart *jmdm. den P. reißen* ‚jmdn. kleinkriegen, kirre machen‘ *bei den Soldaten wern se dir schon 'n Pips reißen;* → *Zipf.*

pirnaisch Adj. in der Redensart *p. machen* ‚über die Stränge schlagen, ausgelassen, übermütig sein‘ *zer Fasnacht ham mer pernsch gemacht.* – Lautf.: *bernsch.* Das Wort ist von dem Ortsnamen *Pirna* herzuleiten. Dort befand sich früher (auf dem Sonnenstein) eine bekannte Nervenheilanstalt.

pispern sw. V. ‚flüstern, leise reden‘ im Gesamtgeb., aber bes. häufig im Erzg. u. Vgtld., dazu auch *Gepisper; was habt ihr denn andauernd mitenanner ze pischpern?* – Lautf.: *bischbern.*

Pißämse f. ‚Ameise‘ wEEGeb., wNordosterländ.

Pißmiere f. Bed. wie → *Pißämse,* Südmärk., öEEGeb., öNordosterländ.

placken sw. V., refl. ‚schwer arbeiten, sich mühen, sich plagen‘ *mit den schweren Säcken mußt' mer uns tichtch placken.*

Plarpe, Plärpe f. ‚trotzig, mürrisch, mißmutig verzogener Mund‘ Nord-, Ostmeißn.; *Na, Meester, was ziehn Se for ne Plärpe? Se sin woh ni zefriedn mit mir?*

plärren sw. V. ‚schreien, laut weinen‘ *die hat glei losgeplärrt wie verrickt.*

Platsch m. *(Plaatsch)* ‚Tolpatsch‘ *du Platsch hast doch ze nischt Geschicke!*

Plätsche f. ‚flaches, breites (meist tönernes) Gefäß‘ Oberlaus.; *mir han ne ganze Plätsche gebackne Äppel uffm Schranke stiehn.*

Plätte f., **Plättglocke** f. ‚Bügeleisen‘ *mach mah de Plätte heeß!* – Vor der Zeit des elektrischen Bügeleisens gab es die schweren eisernen Plätten, die man auf dem Herd erhitzte u. die oft im Inneren einen auswechselbaren Stahlkern besaßen, damit man den abgekühlten sofort durch einen heißen ersetzen konnte.

Plauze f. ‚Lunge, Brust‘ bes. häufig in der festen Fügung *es auf der P. haben* ‚an Erkältung der Atmungsorgane leiden‘. – Es handelt sich um ein schon früh aus dem Westslawischen entlehntes Wort: *pluca* ‚Lungen‘, das in die ostmitteldeutsche Umgangssprache eingegangen ist.

¹**Plempe** f. ‚unschmackhaftes, übles Getränk; dünner Kaffee; dünne Suppe‘ *was haste denne heite for ne Plempe gekocht.*

²**Plempe** f. ‚alte Messerklinge, stumpfes Messer‘ Südmärk., EEGeb., Osterländ.; Lautf.: *Blembe, Blimme, Blemme.*

Plinse m. od. f., **Plinsen** m. **1.** ‚flacher, dünner Kuchen aus Mehl u. Eiern (früher Buchweizenmehl u. Zutat von Hefe), der in der Pfanne (früher in einem bes. *Plinseisen*) gebacken wird‘ eine beliebte Mittagsmahlzeit, die es früher häufig beim Getreideausdrusch gab u. zu der dann Schnaps getrunken wurde. – **2.** übertr. ‚unbeholfener Kerl, der zu nichts Geschick hat; Tolpatsch‘. – Das Wort ist aus dem Sorbischen entlehnt: obersorb. *blinc, mlinc,* niedersorb. *mlincy.*

Poblatsche f. ‚hölzernes Gerüst, Gestell; eingezogener Zwischenboden‘ *stell nur s Blum’deppel off de Pobelatsche! –* Das Wort ist noch lebendig u. erscheint in verschiedenen Lautf. wie z. B.: *Bobbelaatsche, Bubbelaatsche, Bummellaatsche.* – Es handelt sich um ein schon früh aus dem Slawischen entlehntes Wort; tschech. *pavlač, pavlačka* ‚Hängeboden‘. Das Wort hat in den dialektalen Lautf. u. in der Bed. enge Berührung mit → *Bauwerk.*

pofen sw. V. ‚(tief u. fest) schlafen‘ *haste denn endlich ausgepoft? –* Das Wort ist mehr städtisch-umgangssprachlich als mundartlich u. gehört eigtl. ins Rotwelsche, u. zwar zu: *Puff* ‚Bordell‘, *puffen* ‚stoßen, beischlafen‘.

polksen sw. V. ‚körperlich schwer arbeiten‘ *heite ham mer n ganzen Taach gepulkst.*

Polltaube f. ‚(rundes) Weizenbrötchen‘. – Ein fast ausgestorbenes Wort (Lautf. *Bulldauwe*), das etym. wohl zu mlat. *polina* ‚Mehl‘ gehört.

pomadig Adj. ‚träge, faul, temperamentlos‘ *der is tichtch pomadch: komm’ch heute ni, da komm’ch morchen.* – Das Wort gehört zu slaw. *pomale,* ist aber volksetym. an das Fremdwort *Pomade* angelehnt (aus frz. *pommade* ‚Salbe‘) worden.

pomale Adj. (nicht attr.) ‚langsam, sich Zeit lassend‘ *unsre Bimmelbahn macht hibsch pomähle*; Lautf.: *bomahle, bomähle.* – Etym. zu slaw. *pomalu* ‚langsam‘.

Pomätscher m. ‚Treidler, Schiffszieher‘ (eigtl. wohl diejenigen, die an schwierigen Stromstrecken die Schiffsmannschaft beim Ziehen verstärkten). – Ein mit der Sache ausgestorbenes Wort, das aus dem Slawischen entlehnt wurde (tschech. *pomahač* ‚Gehilfe‘).

Pommer m. **1.** ‚Zuchtstier, männl. Rind‘ Vgtld. – **2.** übertr. , gedrungene, stramme, kräftige Person‘ (bes. von Kindern), auch ‚großes, dickes Exemplar von Gegenständen‘ (z. B. von Früchten od. die große Glaskugel beim Murmelspiel der Kinder) vorwieg. Vgtld., Erzg., Laus., sMeißn.

Pompadour m. od. f. ‚beutelförmiges Damenhandtäschchen‘ Modegegenstand bis etwa 1900, benannt nach der Marquise de Pompadour.

Popanz m. **1.** ‚fiktive Gestalt, mit der man Kindern angst macht, ihnen droht‘; *sei stille, sinst kimmt der Popanz un nimmt dich mit!* – **2.** übertr. ‚dicke, schwarze Gewitterwolke‘.

Popel m. **1.** ‚verbrannter Abfall vom Docht einer Kerze‘. – **2.** ‚vertrockneter Nasenschleim‘ *du hast enn großen Popel an der Nase häng’*. – **3.** ‚kleines Kind‘, meist ‚kleiner (niedlicher) Junge‘ *was will denn der kleene Popel hier in’ Laden?* – **4.** ‚fiktive Gestalt, mit der man Kindern angst macht, droht‘. – **5.** ‚dicke, schwarze Gewitterwolke‘. – Lautf.: *Bobel, Bäbel.*

pöpelig Adj. ‚mühsam, langsam vorangehend (von einer Arbeit mit kleinen Dingen)‘ *so enne Mitze häkeln is enne piepliche Arweet.* – Lautf.: *bieblich, biebslich, bäblich.*

pöpeln sw. V. ‚eine mühsame Arbeit (mit kleinen Dingen) verrichten‘ *da muß mer lange päpeln, eh mer so ne Socke fertch hat.* Lautf.: *biebeln, bebeln, bäbeln.*

Porscheune f. ‚das erste Obergeschoß in der Scheune‘ wOsterländ., Westmeißn.; *de Kinner ham sich off der Porscheine in Struhe rimgesielt.* – Das Bestimmungswort gehört etym. zu ahd. *por*, mhd. *bor* m. od. f. ‚Höhe‘, was noch in *empor* erhalten ist.

Portenne f. Bed. wie → *Porscheune*, wOsterländ.

Posse m. ‚junger Mann, Bursche‘ söVgtld., Westerzg.; *ihr Possen kampelt* (balgen) *eich doch schie* (schon) *wieder.*

Possekel m. ‚schwerer Hammer, Vorschlaghammer‘ das Wort ist vor allem noch im Vgtld. erhalten, es geht zurück auf mhd. *bôzen* ‚schlagen‘ u. mhd. *eckel* ‚Stahl‘.

Possen m. in der festen Fügung *jmdm. etw. zum P. tun* ‚etw. gerade deshalb tun, um jmdn. zu ärgern u. zu kränken‘; jmdn., der gern so handelt, bezeichnet man (vorwieg. Laus.) als *possentuig.*

potscheremo! eigtl. ‚kommt zusammen!': der Ruf, der allen amtlichen Bekanntmachungen (Ausrufungen) des Gemeindedieners vorausging. – In der Umgebung Dresdens noch bis etwa 1900 belegt. Der Ruf bezeugt die urspr. obersorb. Mundart der bäuerlichen Bevölkerung dieser Landschaft: *pojce w hromadu* ‚kommt zusammen!' (denn es muß etw. Wichtiges mitgeteilt werden).

Potzöberster m. ‚der dem Range nach Höchste (innerhalb einer Gruppe), Anführer, Leiter' *er soll n Potzewerschten machen bei der Genossenschaft.*

power Adj. ‚ärmlich, armselig' *bei den' derheeme* (zu Hause) *siehts tichtch pofer aus.* – Fremdwort: frz. *pauvre* ‚arm'.

Prä n. *das P. haben* ‚voranstehen, den Vorrang, die Vormacht haben'; *unser Meester will oo immer s Preh alleene ham.* – Lautf.: *Breh;* Fremdwort: lat. *prae* ‚vor'.

prankeln sw. V. ‚jmdn. unablässig bittend belästigen', eigtl. ‚(mit den Händen) quälen' Meißn., Osterländ.; *mei kleener Bruder hat so lange geprankelt, bis er s beste Stickchen hatte.*

präpeln sw. V. ‚vor sich hin reden, murmeln' Vgtld.; *se präpelte ne* (ihm) *was neis Uhr.* – Hierzu gehörte früher im Vgtld. die *Präpelfrau* ‚Frau, die durch Spruchformeln u. Bestreichen Krankheiten zu heilen vorgab'.

Preh → *Prä.*

pressieren sw. V. ‚schnell erledigt werden müssen, drängen, eilig sein' *kannst dir Zeit nemm, heute pressierts ni.* – Ein veraltetes Fremdwort, frz. *presser* eigtl. ‚pressen'.

preußisch Adj. ‚verstritten, verzankt, uneins', auch ‚verärgert, mißmutig, zornig' *ihr seid woh schon widder mah preußsch mitenanner?*

proper Adj. ‚sauber, ordentlich, adrett' *das Mädel is immer proper angezochen.* – Fremdwort, frz. *propre* ‚eigen, eigentümlich'.

proponieren sw. V. ‚leise vor sich hin schimpfen, widersprechen' *er brockeniert vor sich hie: Su ne Saubande!* – Im Erzg. u. Vgtld. wird das Wort häufig volksetym. an *Brocken* angelehnt, gehört aber etym. wohl zu lat. *proponere* ‚etw. vor Augen stellen'.

Psalm m. ‚langes Gerede, Geschwätz' *mach nich so enn lang' Salm daher!* – Lautf.: *Salm.*

pumpelig Adj. **1.** ‚zu weit (von Kleidungsstücken)'. – **2.** ‚schwach, täppisch, unbeholfen, vergeßlich (wegen hohen Alters)' *mei Vater is nu oo alt un pumplich geworn.*

Pumpelrose f. ‚Pfingstrose, Päonie‘ Laus., Ostmeißn.

pupig Adj. ‚mies, trostlos, übel‘ *dies’ Chahr siehts puhpch aus mit der Ernte.*

Putthähnchen → *Päonie.*

Putzstube f. ‚nicht zur Benutzung, sondern nur dem Schmuck u. dem Nachweis der Wohlhabenheit dienende Stube‘ *komm’ Se ruh’ch rein, hier is doch keene Putzstube!*

Pyramide f. urspr. erzg.-vgtld. Weihnachtsschmuck, der sich heute durch das Kunstgewerbe auch allg. durchgesetzt hat: ‚aus Holz gearbeitete pyramidenartige Figur von unterschiedlicher Höhe (eine od. mehrere Etagen), die sich dadurch dreht, daß die von Kerzen erzeugte warme Luft nach oben steigt u. dadurch ein Flügelrad in Bewegung setzt‘ – die Typen sind außerordentlich vielgestaltig, meist werden mit den Figuren, die auf u. in der P. stehen, weihnachtlich-winterliche Themen gestaltet. – Lautf.: *Bermett, Beremett, Beremitt.*

Quähle, Quäle → *Quehle.*

Quahnelt → *Quendel.*

Qualm m. **1.** ‚Rauch, Dampf' *hier is cha ein Qualm in der Bude.* – **2.** ‚Hunger'.

qualmen sw. V. **1.** ‚dampfen, Rauch entwickeln', auch ‚Tabak rauchen' *mei Mann qualmt wie e Schlot.* – **2.** *bei mir qualmt's* ‚ich bin wütend'.

Qualster m. ‚zäher, dicker Schleim in Mund u. Nase; Auswurf'.

quängen → *zwängen.*

Quanten Pl. ‚(alte, schwere, schmutzige) Schuhe' *zieh deine dreckchen Quanten aus, eh de reinkommst!*

Quärchel m. od. n. ‚kleiner, länglicher, mit den Händen geformter Käse aus Quark' früher in einem bes. Holzgestell aufbewahrt u. getrocknet; *Quärcheln schmecken gut zur Bemme.*

Quark m. **1.** wie litspr., im Gesamtgeb. außer am Westrand (wOsterländ., wVgtld.), wo → *Matz* noch in den Mundarten lebt, das jetzt aber von *Quark* verdrängt wird; *Pellkartoffeln un Quark sin e gutes Mittagessen.* – **2.** übertr. ‚Unsinn, Quatsch' *red nich solchen Quark!* – **3.** übertr. ‚Nichtigkeit, Kleinigkeit, nichts' *der rächt sich iewer cheden Quark off; von mir krichste bloß enn alten Quark.* – Etym. handelt es sich um ein früh aus dem Slawischen entlehntes Wort: *twarog.*

Quarkspitzen Pl. **1.** ‚Gebäck aus Mehl u. Quark'. – **2.** als Ausruf bedeutet es eine Ablehnung: *Enne Mark willste ham? Quarkspitzen!* ‚nichts gibt es!'

quasseln sw. V. ‚unnötig viel (u. dummes Zeug) reden', dazu auch *herumquasseln, Gequassel, Quasselei; here endlich off mit dein' bleden Gequassel!* – Etym. zu nd. *dwas* ‚töricht'.

Quatsche → *Zwetschge.*

quatschen sw. V. Bed. wie → *quasseln,* dazu auch *Gequatsche, Quat-*

scherei, jmdn. anquatschen; ihr habt doch die ganze Zeit bloß gequatscht, un de Arweet is liechengebliem. – Etym. zu nd. *quat* ‚schlecht, böse‘.

quattern sw. V. Bed. wie → *quasseln*; dazu auch *Gequatter, Quatterei; ihr habt ooch andauernd was ze quattern.*

Quee n. *jmdm. ein Q. in etw. (hinein-)machen* ‚jmdm. einen Strich durch die Rechnung machen, einem etw. verkümmern‘ *ich wollte gestern zu dir komm', awer s Wetter hat mer e Quee neingemacht.* – Die Etym. ist nicht ganz klar; das Wort ist aber wohl an lat. *que* ‚sondern, aber‘ angelehnt.

Quehle f. ‚Handtuch‘ *ich häng de Quähle glei iewer de Ufenstange.* – Es handelt sich um ein sehr altes, interessantes Mundartwort, das im Aussterben begriffen ist. Geläufiger ist es einigen Sprechern noch in der Zus. *Handquehle.* Das Bestimmungswort *Hand-* gibt dem wie ein Fremdkörper in unserem lexikalischen System anmutenden Element *Quehle* gewissermaßen einen semantischen Bezugspunkt. – *Quehle* (etym. dasselbe Wort wie das engl. *towel* ‚Handtuch‘) läßt sich bis ins Germanische zurückverfolgen: germ. *þwahan ‚(sich) waschen, baden‘; ahd. *dwahila* ‚Handtuch‘. – Lautf.: *Quahle, Quehle, Quähle.*

queiern → *queren.*

Quendel m. wie litspr. ‚wilder Thymian‘ eine Pflanze, der man früher in hohem Maße Heilkraft zuschrieb, die man trocknete, in Säckchen aufbewahrte u. mit ins Bett nahm od. auch kleinen Kindern ins Badewasser beigab. – Lautf.: im Vgtld. *Kunnele, Kunnerle,* Erzg., Laus. *Quahnel[t].* Es handelt sich um ein altes Lehnwort aus dem Romanischen: lat. *cunila, conila.*

quengeln sw. V. ‚jmdn. quälend betteln u. bitten, jmdm. mit dauernden Bitten auf die Nerven fallen‘ (meist von Kindern) *der Kleene quengelt mich schon n ganzen Tahch, daß'ch mit'n offn Chahrmarcht gehn soll;* auch *Gequengel, Quengelei: die dauernde Quengelei kann'ch for'n Tod nich leiden.*

Quere f. **1.** *in die Q. kommen* ‚störend, hinderlich sein‘ *muß mir ooch gerade heute der elende Räächen in de Quere komm'.* – **2.** *der Q. gehen* ‚verquer gehen, nicht klappen‘ (dieser erstarrte Genitiv wird von den Sprechern meist als ein Wort angesehen: *darquere) mir is heute alles derquere gegang'.*

queren sw. V. Bed. wie → *quengeln,* Laus.; *du hast awer oo dauernd was ze queiern.* Lautf.: *queiern.*

quergeln sw. V. ,sich unruhig verhalten, fortgesetzt hin u. her-, zur Tür heraus u. hereingehen, im Wege sein', auch ,mit Worten stören u. jmdm. auf die Nerven fallen, fortwährend betteln u. bitten' (meist von Kindern), häufig auch *darum-, herumquergeln, Gequergel, Quergelei; querchel mir ni immer vor'n Been rum!*

questen, questern sw. V. Bed. wie → *quergeln*, vorwieg. ,fortge-setzt zur Tür heraus- u. hineingehen' (von Kindern) *nu her endlich off ze questern, setz dich off dein' Arsch!*

Quetsche → *Zwetschge.*

Quien n. ,(minderwertiger) Hund, Köter' in u. um Halle. aus dem Rotwelschen.

Quinte f. (meist Pl.) ,Lüge, Schwindelei, Ausrede' *das is ni wahr, das is doch enne Quinte.*

Quunsch → *Zwunsch.*

Raadel → *Reitel.*

Raber → *Radebere.*

Rabusche → *Rapuse.*

Rachel f. (meist Pl.: *Racheln*) ‚durch abfließendes Wasser ausgewaschene Furchen, Rinnen in abschüssigem Gelände (nach starkem Regen od. bei Tauwetter)' Erzg. (dazu auch: *ausgerachelter Weg*).

Radebere f. **1.** ‚einrädriger Karren, den man zum Schieben von Lasten verwendet (u. zwar ohne Kasten, mit leiterartig angeordneten Sprossen)' öOber-, Ostlaus.: *frieher sein de Leute mit der Rower vun der Äwerlausitz bis nach Leipzch uff de Messe gefahrn.* – **2.** ‚ders. Karren, aber mit Kastenaufbau' söVgtld. – Dasselbe Wort bezeichnet also in verschiedenen Landschaften verschiedene Gegenstände. – Lautf.: *Rawer, Rower;* das Wort ist zusammengesetzt aus *Rad* u. *Bere,* wobei das Grundwort eigtl. ‚Trage' bedeutet u. eine Ableitung von dem Verb mhd. *bërn* ‚(Frucht) tragen, gebären, hervorbringen' darstellt (unser nhd. *gebären*).

Radeberge f. ‚einrädriger Karren, den man zum Schieben von Lasten verwendet (u. zwar mit Kastenaufbau)' Südosterländ., West-, Nordmeißn.; *ich muß noch zwee Fuhrn Sand mit der Radeberche fahrn.* – Zur Etym. → *Radebere.*

Radehacke → *Rodehacke.*

Radekarre f., **-karren** m. Bed. wie → *Radeberge;* Fem. (*-karre*): West-, Nordmeißn., Mask. (*-karren*): Südmeißn., Vor-, Osterzg.

Radewelle f. Bed. wie → *Radeberge;* Vorvgtld., Vor-, nWesterzg., Vgtld. (außer SO); Lautf.: *Ro[d]well, Ro[d]wall.* – Ist wohl etym. dasselbe wie *Radebere,* nur lautlich verändert u. volksetym. an *-welle* angelehnt worden.

Rädlein n. ‚dünne Scheibe (von der Wurst)' Erzg., Laus.; *schneid mir noch paar Rädeln ab von der Wurscht, Mutter!* – Etym. eigtl. → *Reitel.*

rafeln sw. V. ‚reiben, schaben, kratzen, scharren‘ vorwieg. Erzg., Vgtld.; *tu ner net esu mit'n Stuhl auf'n Fußboden rafeln!* – Etym. zu *raufen* (mhd. *roufen, röufen*) gehörig.

Rage f. ‚Hast, Eile‘, auch ‚Aufregung, Jähzorn, Wut‘ *das hab'ch in der Rahsche vergessen; wenn der in Rahsche kommt, kennste den nich widder.* – Lautf.: *Rahsche*; Fremdwort, frz. *rage*, lat. *rabiēs* ‚Wut‘.

Rahber → *Radebere*.

ramassiert Adj. ‚untersetzt, stramm, kräftig‘ (meist von Frauen) vorwieg. Vgtld., Erzg., Laus.; *der hat e ramessiertes Weibsen geheirat'.* – Fremdwort, frz. *ramasser* ‚(sich) zusammenballen‘.

rammdösig Adj. ‚aufgeregt, wild, verrückt‘ (von Menschen u. Tieren) *bei den Wetter sin de Leite reene rammdees'ch.*

Ranft m., meist **Ränftchen, -lein** n. ‚Anfangs-, Endstück des Brotes‘ *bei uns krieg immer de Kinner de Ränfteln.*

Rang m. ‚(erhöhter Grasstreifen als) Grenze zwischen Feldern, Rain‘ Vgtld.; *mer sei ne Rang hiegange.*

rankern sw. V. ‚unruhig sitzen od. liegen, auf einem Stuhl, Bett od. Sofa herumspringen‘, häufig auch *herumrankern, Geranker; was rankerschte denne in dein Neste* (Bett) *rum!*

Ranzen m. neben der litspr. Bed. auch ‚Leib, (dicker) Bauch‘ (von Menschen u. Tieren) *heute gieht mer'sch in Ranzen rim, ich muß was Schlechtes gegassen hom.*

Rapuse f. nur in festen Fügungen wie *in de Rappuhsche komm'* ‚verlorengehen, wegkommen; nicht auffindbar sein‘; *in de Rappuhsche nehm'* ‚(jmdn., etw.) in Arbeit, in Behandlung nehmen‘. – Das Wort ist fremder, aber ungeklärter Herkunft.

rasaunen sw. V. ‚herumtoben, Lärm machen‘, meist *herumrasaunen; hert endlich off, hier so rumzerasaun'!* – Lautf.: *grassaunen, rassaunen*.

Rasche → *Rage*.

räsonieren sw. V. ‚schimpfen, seinem Unmut Luft machen‘ *die räsoniert awer ooch iewer alles!* – Fremdwort, frz. *raisonner* ‚vernünftig reden, Einwendungen machen‘.

Rauhe-Magd (ohne Art.) ‚Gericht aus geriebenen gekochten Kartoffeln, etw. Salz, Zucker u. Mehl, mit wenig Fett in Pfanne od. Tiegel gebraten‘ Erzg., urspr. ein Gericht der armen Leute, aber auch heute noch beliebt; *Mutter, mach när morng mittich* (mittag) *Rauchemahd.* – Lautf.: *Rauchemahd.*

raunzen sw. V. **1.** ‚schlafen (u. dabei schnarchen)‘ Westerzg.,

Vgtld.; *die lohng in Bett un ham fest geraunzt.* – **2.** ,brünstig sein (von der Katze)' wWesterzg.

rauschen sw. V. neben der litspr. Bed. auch ,brünstig sein (von der Sau)' vorwieg. Südmärk., EEGeb., Osterländ.; *de Saue tut rauschen, mer missen se bein Hacksch* (Eber) *treim.*

Räuscher m. ,die Brause an der Gießkanne' Nordmeißn.; *wenn de Flanzen angießt, mußte n Räuscher abmachen.*

Rebbach m. ,großer (betrügerischer) Gewinn, gutes Geschäft' städtische Umgangssprache; *den' is de Hauptsache, daß se ihr'n Reibach machen.* – Aus dem Rotwelschen, etym. aus jidd. *rewach* ,Zins', Lautf.: *Reibach, Rebbach.*

rebbedierlich → *reputierlich.*

Rechen m. wie litspr., Vgtld., Erzg., Laus., Meißn. (im nördl. anschließenden Geb. → *Harke, Harken*); *enn Rechen braucht mer in jedn Garten.*

Rechenfurchel f. ,Rechenstiel' Westerzg., öOstmeißn., Westlaus. – Das Grundwort *-furchel* ist eine alte Entlehnung aus dem Romanischen, lat. *furca,* u. bezeichnet urspr. eine ,Gabelung (aus Holz)'. Auch an unseren heute üblichen Rechenstielen ist diese Gabelung vorn noch vorhanden. An ihr befindet sich das → *Rechenhaupt.*

Rechenhaupt n. ,querstehender Teil (Kopf) des Rechens mit den Zinken' veraltend; Lautf.: *Rechen-, Rachenheed, -haad, -hääd.*

Reedel → *Reitel.*

Reff n. **1.** ,Gestell, Gerüst aus Holz, das dazu dient, Lasten auf dem Rücken tragen zu können' (z. B. der Maurer seine Steine, der Heimarbeiter sein Rohmaterial od. seine fertigen Produkte), veraltend. – **2.** stark abwert. für ,zänkische, böse Frau' *das alte Reff mag meintswäächen der Teifel holn.*

Reformande → *Reprimande.*

Regard m. ,Respekt, Ehrfurcht, Angst' *vor den neuen Lehrer ham de Kinner allen Rekord.* – Lautf.: *Regord, Rekord* (Verwechslung mit diesem häufig gebrauchten Wort); Fremdwort, frz. *regard* ,Aufmerksamkeit'.

Reibach → *Rebbach.*

Reibasch m. ,der in der Topfkuchenform gebackene Kuchen, Asch-, Napfkuchen' Vgtld.; wohl eine Wortkreuzung aus *Aschkuchen* u. *Reibekuchen.*

reineweg Adv. ,völlig, ganz u. gar' *der is doch reeneweg verrickt!*

Reinigung f., **Reinsel** n., **Reinung** f. ‚Nachgeburt der Kuh‘ Süd-, sOstmeißn., Erzg., Vgtld.

Reißen n. ‚Rheumatismus‘ *ich hab wieder tichtch s Reißen in den Schultern.* – Eigtl. eine Kurzform des volksetym. gebildeten *Reißmathismus*.

Reitel m. ‚kurzer Holzstock, Knebel, den man in eine Verschnürung od. eine Kette steckt u. dreht, um so die Verschnürung zu straffen u. zu spannen‘ (= *reiteln*). – Lautf.: *Reedel, Rettel, Raadel, Räädel*.

Reiter m. ‚Sieb, das man in der Scheune verwendet; Futter-, Getreidesieb‘ Vgtld., Westerzg., Laus.; schon mhd. *rīter*, ahd. *rītera* ‚Sieb‘ (das litspr. Wort *Reiter* ist von *reiten* abgeleitet u. hat eine andere Etymologie).

Reitschule f. ‚Karussell‘ Erzg., Vgtld., auch Meißn.; *als Kind bin’ch gerne Reitschule gefahrn.*

Rekord → *Regard*.

Remedien Pl. in der Fügung *mach nur keene solchen, mach nich so viel Remehdchen* ‚treibe nicht so viel Aufwand, mach keine Umstände‘ veraltet. – Fremdwort, lat. *remedium* ‚Arznei, Heil-, Hilfsmittel‘.

Rendezvous n., ohne Art., nur in der Wendung *R. machen* ‚gründlich aufräumen, Ordnung machen, sauber machen‘ *vor’n Feiertagen müss’mer nochmah Rangdewuh machen.* – Fremdwort, frz. *rendez vous* ‚ihr begebt euch irgendwohin‘.

renovieren sw. V. ‚etw. od. sich reinigen, sauber machen‘ *mir ham uns meitag sunnohmd ohmds geraaneviert.* – Fremdwort, aus lat. *renovare* ‚erneuern‘, wird aber in den Mundarten volksetym. an *rein* angelehnt.

Reprimande f. ‚Strafpredigt, Zurechtweisung‘ *ich bin ze späte gekomm’, da hab’ch ne Reformande gekricht.* – Fremdwort, frz. *reprimande* ‚Verweis‘, wird aber von den Sprechern an das geläufigere Fremdwort *Reform* volksetym. angelehnt.

reputierlich Adj. ‚sauber, ordentlich, ansehnlich, hübsch‘ veraltend, *der sah repetierlich aus in sein’ guten Sachen; mach dich bissel repepperlich, heit kommt Besuch.* – Lautf.: *rebbedierlich*, aber auch entstellt *rebärberlich, rebebberlich*.

resch → *rösch*.

Retel → *Reitel*.

retirieren sw. V. ‚sich zurückziehen, davonmachen; ausreißen‘ veraltend; *sollst mah sehn, wie die retteriern, wenn sich e Chandarm* (Gendarm) *sehn läßt*. – Fremdwort, frz. *retirer* ‚sich zurückziehen‘; dazu auch *Retirade* f. ‚Männerklosett‘.

retour Adv. ‚zurück‘ veraltend; *nu mußten mer alle wieder retuhr*. – Fremdwort, aus dem Französischen.

Rettich m. neben der litspr. Bed. auch ‚derber Schlag, Stoß‘, häufig auch ‚elektrischer Schlag‘; *als ich an den Draht gefaßt hab, hab’ch awer enn Rettch gekricht*.

revidieren sw. V. ‚prüfen, nachsehen, kontrollieren‘ in den Mundarten veraltend, in der Hochsprache geläufig; *ich muß erscht mei Portmanneh refendiern, ob’ch mer das koofen kann*. – Lautf.: *rewidiern, refediern, refendiern*; Fremdwort, lat. *revidere* ‚wieder hinsehen‘.

riesch → *rösch*.

Riester Pl. ‚Pflugarme‘ Ober-, Ostlaus., Westmeißn., Vorvgtld., nVgtld.

Ring m. neben den litspr. Bedeutungen auch in den festen Fügungen **1.** *um R. gehen* ‚flott vorangehen, vorwärtsgehen‘ *na, de Arweet gieht immer imring*. – **2.** *um R. kommen* ‚(mit den Geldmitteln) auskommen‘ *ich muß immer sehn, daß’ch mit den paar Feng’ imring komm*. – **3.** *jmdn. um R. pfeifen* ‚mit jmdm. nichts zu tun haben wollen‘ *ach, pfeif mich doch imring mit dein’ Mist!*

Rispel m. ‚das verbrannte Ende des Dochtes‘ (an der Kerze od. Petroleumlampe) Vgtld., Erzg., sOstmeißn., sWest-, sOst-, Oberlaus.; *mach den Rispel vun Duchte ab!*

Risse Pl. **1.** *(große) Risse in Koppe ham* ‚(großartige) merkwürdige, sonderbare Ideen haben‘. – **2.** ‚Prügel‘ *mach, daß de fortkimmst, sonst gibt’s Risse!*

Ritt m. in den Fügungen **1.** *auf einen R.* ‚hintereinander, ohne Unterbrechung, auf einmal‘ *der hat die fimf Kleße off een’ Ritt gegessen*. – **2.** *alle Ritte* ‚alle Augenblicke‘ *alle Ritte hat die was ze meckern*.

Rocken m. **1.** ‚Spinnrocken; hölzerner Stab am Spinnrad, auf den das zu verspinnende Material gewickelt wurde‘ das Wort ist mit dem Gegenstand u. der Arbeitsweise ausgestorben. – **2.** in der festen Fügung *zu R. gehen* ‚am Abend bei Bekannten od. Verwandten zu einem Plauderstündchen in der *Rockenstube* zusammenkommen‘ Laus., Erzg., Vgtld.

Rodehacke f. ‚schwere Hacke‘ (urspr. um Bäume zu roden) *das is ni leichte, mit ner Radehacke umgehn*. Lautf.: *Rode-, Radehacke*.

Rodehaue f. Bed. wie → *Rodehacke*, Erzg., Vgtld., Lautf.: *Ru[d]haa*.

Rohrbambus m. ‚Rohrkolben' wOsterländ., Westmeißn.; *als Ginder ham mer oft Rohrpumpen geroocht.* – Das Wort tritt in der Form des Stichwortansatzes nicht auf, sondern wird stets volksetym. angelehnt: *Rohrbombe, Rohrpumpe, Rohrpampe* f. Es ist aber zu vermuten, daß hinter all diesen Umbildungen *-bambus* steckt.

rösch Adj. ein mundartliches Wort, dessen Bedeutung sich so stark auffächert, daß sie sich kaum vollständig beschreiben läßt: **1.** ‚munter, flink, lebhaft' *se is e resch Weibsen*, auch ‚wild, ungestüm, draufgängerisch' *mit dem rieschen Kerl tanz ich nich.* – **2.** ‚knusperig, scharf gebacken (von Gebäck) od. gebraten (von Fleisch), trocken u. hart (von Obst u. Gemüse)' *n Müller-Bäck sei Brut is su riesch; das is ne riesche Sorte Äppel.* – **3.** ‚(noch) nicht richtig gar, nicht durchgebakken' *inwendch is der Kuchen noch ganz riesch.* – **4.** ‚(noch) nicht ganz reif' (z. B. von Obst). – **5.** ‚(noch) nicht vollständig trocken' (z. B. von Wäsche, Heu, Stroh) *de Wäsch is noch e bissel resch, mer häng se noch e weng* (ein wenig) *an' Ufen.* – Lautf.: *resch, reesch, riesch*; schon mhd. *resch, risch* u. *rösch* ‚schnell, lebhaft; trocken, spröde', die als Nebenformen von *rasch* aufzufassen sind.

Rothäuptchen, -häuptlein n. Speisepilz mit rotem Hut, wobei in verschiedenen Gegenden durchaus verschiedene Pilze gemeint sein können, z. B. Espen-, Eichenrotkappe. – Lautf.: *-heedchen, -heedel, -häädel, -haadel.*

Rotte Korah f. ‚wilde, lärmende Schar von Kindern' *heute is cha de ganze Rotte Korah wieder zesamm'.* – Das Wort ist biblischen Ursprungs: 4. Buch Mose, Kap. 16.

Routine f. wie litspr. ‚Erfahrung in der Ausübung einer Tätigkeit' *da hab'ch Rundine drinne.* – Fremdwort, frz. *routine* ‚Wegerfahrung', volksetym. an *rund* angelehnt.

Rudel f. ‚hölzernes Gerät zum Umrühren' (bes. beim Kochen von Pflaumenmus) Osterländ., Meißn. – Lautf.: *Ruddel, Rudel*, schon mhd. *ruodern, ruodeln* ‚rühren'.

rufen st. V. wie litspr., aber mundartlich u. umg. häufig als schwaches Verb, also *rufte, geruft* od. *ruffte, gerufft*, im Vgtld. mit Umlaut: *riefen, riefte, gerieft* (mhd. *rüefen*).

rumoren sw. V. meist *herumrumoren* ‚undeutliches Geräusch verursachen, herumpoltern' *gestern ahmd tat's in der Kiche so rumorn; bei mir rumort's in Wanste rum.* – Fremdwort, zu lat. *rumor* ‚dumpfes Geräusch'.

Rundine → *Routine.*

Runge f. ‚die geschwungene Stütze zwischen Achse u. oberem Leiterbaum, dem Laderaum des Wagens von außen Halt gebend'.

Runks m. ‚ungehobelter Kerl, Grobian' *mit so enn Runks mecht'ch nischt ze tun ham.*

Runksen m. ‚großes, unförmiges Stück; ganz bes. dicke Brotscheibe' *heute haste awer Runksen abgeschnitten.*

ruscheln sw. V. **1.** ‚rodeln, Schlitten fahren' Erzg., öVgtld., *nirgends hot sich's esu schie geruschelt wie of der Dorfstroß.* – **2.** ‚auf dem Eis gleiten' (mit den Schuhen) Vgtld. – **3.** ‚flüchtig, liederlich arbeiten' *das is doch keene Arweet, ihr ruschelt doch bloß driewerhin.*

Rußbutte f. **1.** ‚kleines längliches Fäßchen, in dem der Ruß vom *Rußbuttenmann* verkauft wurde' (früher mit Talg vermischt als Schuhcreme verwendet), mit der Sache ist auch das Wort in dieser urspr. Bed. ausgestorben. – **2.** übertr. ‚jmd., der sehr schmutzig aussieht; Schornsteinfeger' *los, ihr Rußbutten, wascht eich fix!*

Rüstsense f. ‚Sense zum Getreidehauen' (mit einem bügelartigen Anbau, Gerüst am Stiel) Meißn., Laus., aber nicht mehr in Gebrauch, mit der Sache ausgestorben.

Rute f. neben der litspr. Bedeutung auch **1.** ‚Stiel am Dreschflegel' EEGeb., Osterländ., Meißn., mit der Sache ausgestorben. – **2.** übertr. ‚Geschlechtsteil des Hengstes od. Ebers'. – **3.** Längenmaß zur Landvermessung (etwa 4 m), veraltet.

sabbern sw. V. ‚Speichel aus dem Mund fließen lassen‘, auch ‚sich beim Essen u. Trinken bekleckern‘ (meist von kleinen Kindern u. alten Leuten), seltener auch ‚lange u. sinnloses Zeug daherreden‘ Südmärk., EEGeb., Osterländ.; *du hast dir doch s Hemde ganz vollgesabbert*; → *geifern* im übrigen Gebiet.

sacht Adj. (nur adv.) ‚langsam, allmählich, vorsichtig‘, auch ‚leise‘, häufig *von sachten, mit sachten; nu mach nur hibsch sachte; den kleen' Ochsen laß mer ganz von sachten gehn.* – Eigtl. handelt es sich bei diesem Wort um eine nd. Lautf. von *sanft*.

sachtesive → *sukzessive*.

Saft m. neben der litspr. Bedeutung auch umg. **1.** ‚Kraft, Stärke‘ *der hat doch keen' Saft mehr in de Knochen*, od. ‚elektrischer Strom‘ *vorhins ging der Saft weg.* – **2.** veraltet *mit dem bin ich S.* ‚mit dem bin ich uneinig, verfeindet, verkracht‘ (war unter Kindern üblich).

sal → *selbt*.

salbadern sw. V. ‚feierlich u. aufgeblasen daherreden, ohne daß viel Inhalt dahintersteckt‘, häufig auch *herumsalbadern, Salbaderei.*

Salband n., **Salkante** f., **Salleiste** f. ‚gewebte (nicht geschnittene) Kante an der Seite eines Gewebes‘. – Bei *Salband* handelt es sich um eine volksetym. Anlehnung an *Band*, das Wort geht zurück auf mhd. *selp-ende* ‚Gewebeende‘.

Salm → *Psalm*.

salt → *selbt*.

Salzierich m., **Salzierchen** n., **Salzierlein** n. ‚Salzbehälter, den man auf den Tisch stellt‘ (aus Holz, Steingut, Glas od. Zinn) veraltet, Erzg., Vgtld. – Ein Lehnwort aus dem Romanischen, das in seiner Etymologie zurückgeht auf mlat. *salsarium* ‚Salzbehälter‘.

sappen sw. V. ‚mit derben, schweren Schritten gehen; durch Schlamm od. Wasser gehen‘ Vgtld., Erzg., Laus., Meißn.; *sapp nich* *so durch de Pfitzen!* Häufig auch in der Bedeutung ‚treten‘ in Zuss. wie *darauf-, hinein-, hinsappen.*

Sapper m. (meist Pl.) **1.** ‚(halbhohe) Filzschuhe‘ Erzg. u. Vgtld.; *iech hoh ze Weihnachten Paar neie Sapper kriecht.* – **2.** ‚(schmutzige) Fuß-spuren, Fußtapfen‘ Erzg. u. Vgtld.; *wer hat ner hier die Sapper herge-macht!*

satt Adj. neben der litspr. Bedeutung, die im Gesamtgeb. verbrei-tet ist, auch ‚genug‘ Erzg., Vgtld.; *das is gut satt für dich*; *dar kah (kann) net soht krieng* (nicht genug kriegen); auch in der festen Fü-gung *iech hoh s'n soht* ‚ich habe genug davon‘ (eigtl. ‚ich habe sein satt‘). – Lautf.: *soht* Erzg., Vgtld., sonst *satt*.

Satteliger m. ‚das im Gespann links gehende Tier‘ (auch *Sattel-pferd, Sattelochse*); *der Sattliche is meist e gutes Pfar, das nich beißt un nich schmeißt* (ausschlägt).

Saucissechen n. ‚warmes Würstchen‘ Osterländ., Laus., veraltet; *offn Chahrmarcht ham mer e Sossießchen 'gegessen.* – Lautf.: *Sossießchen, Sießchen* (volksetym. an *süß* angelehnt); Fremdwort, frz. *saucisse* ‚Wurst‘.

Sauerampfer m. wie litspr.; die Bezeichnung dieser Pflanze wird durch volksetym. Anlehnungen in den Dialekten stark abgewan-delt: *Sauer[r]ampf, Sauerhamf* Vgtld., Laus., *Sauerlump[e]* Osterländ., Meißn., Erzg., *saure Lumpe, saure Lampe* Südmärk., EEGeb.

Sauhacksch m. **1.** ‚männl. Zuchtschwein, Eber‘ vorwieg. Vor-erzg., Vorvgtld. – **2.** übertr., im gleichen Geb. ‚unanständiger, schmutziger Kerl, der gern Anstößiges erzählt‘.

Sauleid n. ‚Schlachtfest, das im Haus durchgeführte Schweine-schlachten‘ Erzg.; *der Nachber hoht heit Saulääd.* – Etym. wohl nicht zu *Leid*, sondern zu *legen*; mhd. *legede* f. ‚das Um-, Hinlegen‘.

Sautrog m. ‚langer, hölzerner Trog, in dem das Schwein beim Schlachten abgebrüht wird‘, seltener auch ‚Futtertrog für die Schweine‘ Südmeißn., Vorerzg., Vorvgtld., Westerzg., Vgtld.

Schab → *Schaub*.

Schackelster f. ‚Elster (Vogel)‘ Südmärk., EEGeb., Nordosterlänḍ.

¹Schäffel → *Scheffel*.

²Schäffel n. ‚rundes, wannenartiges Holzgefäß mit nur einem Henkel‘ (z. B. um sich darin die Füße zu waschen, um darin Ge-schirr zu spülen od. ein bißchen Wäsche zu waschen; seltener auch als Futtergefäß benützt) Vgtld., Erzg.; *hul's Schaffel rei zen Fißwaschen!* – Gehört etym. wohl wie → *Scheffel* zu *schöpfen*.

Schälchen n. ‚Untertasse‘, aber auch ‚Obertasse‘ Osterländ., Meißn., Laus.; früher tranken die Leute den Kaffee, wenn sie sich eine Tasse leisteten, häufig so, daß sie ihn aus der Obertasse in die Untertasse gossen, um ihn ein bißchen abzukühlen, und ihn dann daraus schlürften; *Frau Wirtin, e Schälichen Heeßen!*

Schale → *Gala*.

Schalen Pl. wie litspr. (gemeint sind die *Kartoffelschalen*); interessant ist hier die mundartliche Pluralbildung, die von der Hochsprache stark abweicht: *Schale* wEEGeb., wNordosterländ., *Schal* (mit lang gesprochenem *l*-Laut) öSüdmärk., öEEGeb., *Schaln* Osterländ., Nordmeißn., *Schäler* Vgtld., Erzg., Oberlaus., Südmeißn., sOstmeißn.

Schällein n. Bed. wie → *Schälchen*; Vgtld., Westerzg. – Lautf.: *Schalle, Schelle* n.

Schalúppe → *Kalúppe*.

Schämde f. *keene Schamde ham* ‚kein Schamgefühl haben, sich nicht schämen‘ Nordmeißn.

Schamster[ich] m. ‚Liebhaber, Liebster, fester Freund‘ *wo haste denn heute dein' Schamster gelassen?*; *du brauchst noch keen' Schamstrich.* – Lautf.: *[T]schamster, [T]schamstrich, Schapprich, Schamprich*; alle gehen wohl zurück auf bair.-österreichische Formen von *Gehorsamster [Diener]*.

Scharbe f. ‚Gerät, mit dem man die Rüben u. Kartoffeln für das Futter zerkleinert‘ (S-förmiges Eisen mit langem Holzstiel) *mit der Scharbe giehts schneller wie mit'n Messer.*

Scharteke f. ‚unansehnliche, verschrobene alte Frau‘ *die Scharteke kommt mer nich wieder ins Haus!* (eigtl. bezeichnet *Scharteke* ein ‚altes Buch‘).

scharwerken sw. V. urspr. ‚kleine Gelegenheitsarbeiten (u. zwar im Bereich des Maurerhandwerks) ausführen‘, jetzt häufig auch ‚schwer arbeiten, sich anstrengen‘; *der kricht schon Rente, awer er tut noch bißchen scharwerken.*

Schaub m. od. n., **Schäubchen, -lein** n. ‚kleines, fest gebundenes Strohbündel‘ (zum Dachdecken), mit der Sache ausgestorben, das Wort lebt nur noch in Kompositionen wie *Schaubdach, Schaubhut*. – Lautf.: *Schoob, Schaab[el], Scheebchen*.

Schauer m. ‚Schuppen, meist an den Stall angebaut u. an den anderen Seiten offen‘ (dient meist zur Aufbewahrung von Geräten) Meißn., Westlaus., Erzg., Vgtld. – Etym. verwandt mit *Scheuer*, *Scheune*.

scheechen → *scheuchen*.

Scheeks m. ‚junger Bursche‘, häufig auch ‚Liebhaber, Liebster, fester Freund‘ bes. in der Gegend um Halle–Leipzig; *na, haste ooch schon enn Scheeks?* – Aus dem Rotwelschen, etym. zu jidd. *schekez* ‚Greuel, Abscheu vor dem Unreinen (nichtjüdischer Bursche)‘, hierher gehört auch die *Schickse*.

Scheffel m. veraltetes Hohlmaß für Getreide (etwa 75 kg Körner fassend), auch veraltetes Flächenmaß (etwa 2700 m^2); erhalten ist das Wort vor allem noch in der Redensart *fressen wie ein Scheffeldrescher* ‚sehr viel essen‘, nämlich wie einer, der nach seiner (Dresch-)-Leistung entlohnt wird. – Etym. gehört das Wort zu *schöpfen* (→ ^{2}*Schäffel*).

schellern sw. V. **1.** ‚(in sich) federn, schwingen, vibrieren‘ (z. B. von einem gespaltenen Hammerstiel) *der Stiel schellert, da kannste dir weh tun.* – **2.** *sich sch.* ‚sich (schmerzhaft) prellen, stauchen; sich Haut abschürfen‘ (ohne daß eine offene Wunde entsteht) *wemmer sich schellert, das tutt lange weh.* – Das Wort ist im Meißn. u. Laus. verbreitet; etym. gehört es zu *Schall*.

Schenz → *Genz*.

scheppern sw. V. ‚wackeln u. dadurch Geräusch verursachen‘ (z. B. von Fenstern, Geschirr) *wenn so e großer Laster vorbeifährt, da scheppert alles.*

Scherb m., **Scherbe** f., **Scherbel** m., **Scherben** m. wie litspr., aber auch übertr. ‚altes, unansehnliches, angeschlagenes Geschirrstück, Gefäß‘. – *Scherben* m. vorwieg. Vgtld., *Scherb* m. Laus., Ost-, Vorerzg., *Scherbe* f. (in der Lautf. *Scherb*) Vgtld. u. Westerzg., *Scherbel* m. im Gesamtgeb. außer Vgtld. u. Westerzg.

scherchen → *schürgen*.

scheuchen sw. V. in der festen Fügung *es scheucht* ‚es spukt, es geht um‘ Laus., Meißn.; Lautf.: *s scheecht; haste’s gehiert, die Nacht hat’s off der Treppe gescheecht.*

Scheuergras n., **Scheuerkraut** n. ‚Schachtelhalm (Pflanze)‘ Meißn., Erzg., Vgtld.; wurde früher auf Grund seiner reinigenden Wirkung, die auf den hohen Gehalt an Kieselsäure zurückgeht, dem Scheuerwasser beigegeben, vor allem aber zum Putzen des Zinngeschirrs benutzt.

Scheusel m. od. f. od. n. ‚Person, die sich gern draußen herumtreibt, schlecht angezogen, unordentlich ist', selt. auch ‚Vogelscheuche' Meißn., Schrad., Laus. – Mhd. *schiuhen, schiuwen* ‚scheu machen, erschrecken', *schiuwe-sal* ‚Vogelscheuche'.

schibben → *schubben*.

Schibbicke f. (meist Pl.) ‚Holunderstrauch, -beeren, -blüten' wOsterländ., in der Umgebung von Leipzig ist das Wort noch sehr geläufig. – Die etym. Herkunft des Wortes ist umstritten; es könnte eine „ureuropäische" Bezeichnung sein, die auf lat. *sa[m]bucus* zurückgeht.

Schicht f. urspr. ‚vorgeschriebene Arbeitszeit des Bergmanns', jetzt in der Litspr. ‚vorgeschriebene Arbeitszeit in Betrieben', aber mundartlich auch *Sch. machen* ‚Feierabend machen, aufhören zu arbeiten': *na, wollt ihr nich bald Schicht machen fer heite?*

schichten sw. V. wie litspr., erscheint aber häufig in der Lautf. *schlichten: mer missen in Keller noch s Holz offschlichten.*

schicken sw. V. neben den litspr. Bedeutungen *sich sch.* ‚sich beeilen, sich sputen' Vgtld., Nordbair.; *schick dich fei, aß de net ze speet kimmst!*

Schickse f. abwert. für ‚unangenehme, unsympathische weibl. Person' auch als Schimpfwort; *die ahle Schickse soll bleim, wo der Feffer wächst!* – Gehört, wie *Scheeks*, etym. zu jidd. *schekez* ‚Greuel, Abscheu vor dem Unreinen (nichtjüdisches Mädchen)'.

Schiebbock m. ‚einrädriger Karren, den man zum Transport von Lasten verwendet (u. zwar ohne Kastenaufbau, sondern leiterartig mit Sprossen)' sOsterländ., Meißn., Erzg., West-, Neulaus.; *frieher sin de Leute mit'n Schiebbocke nach Leipzch off de Messe gefahrn; s Futter holste glei mit'n Schiebbock in' Stall.*

Schiebböcker m. ‚dicke Scheibe Brot mit Butter u. billigem Käse' (nämlich das Gericht, das die armen Händler u. Kleinbauern im Gasthaus verzehrten, wenn sie mit dem → *Schiebbock* unterwegs waren, um ihre Ware an den Mann zu bringen) vorwieg. Vgtld., Erzg., Vorvgtld., Vorerzg.

Schiebel m. ‚abgetragener, alter, altmodischer Hut' *mit den Schiebel kannste keen' Staat mehr machen.* – Könnte etym. zu *Schaub* ‚Strohbündel', *Schaubhut* gehören.

Schiebsack m. ‚die Tasche im Frauenrock' veraltet, Westmeißn., Vorvgtld., Vgtld.

Schiefer m. ‚der (kleine) Holzsplitter, den man sich in die Haut eingezogen hat' Meißn., Laus., Erzg.; *an den alten Brett hab'ch mer enn Schiefer eingezoochen.* – Hierzu auch *sich schiefern: ich hab mich vorhins bein Holzhacken elende geschiefert.*

schiegeln sw. V. ‚schielen' Vorvgtld., Vgtld., Vorerzg., Erzg.; *er schiegelt im de Eck.* – Zu erklären ist das Wort wohl aus einer Lautung *schi-eln*; das eingeschobene *-g-* verhindert das Aneinanderstoßen der Vokale. – Hierzu gehört auch das Adj. *schiegicht* (Lautf. *schieget*) ‚schief' Westerzg., Vgtld.; *der Schrank stieht schieget.*

Schielchen n. ‚kleines Stück, dünne Scheibe' (z. B. von der Wurst) Nord-, Ostmeißn., öOsterländ., Schrad.; *kannst mich mah noch e Schielichen Worscht abschneiden.* – Mhd. *schiel* ‚abgesprungenes, abgerissenes Stück, Splitter'.

Schießünkes m. ‚Eidechse' Vgtld.; *er is fix wie e Schießinkes.* – Das Grundwort gehört wohl zu mhd. *unc, unke* ‚Schlange'.

schindern sw. V. ‚(mit den Schuhen) auf dem Eis gleiten' Vgtld., Erzg., Ostmeißn., Ostlaus.; *frieher sei de Kinner mit Holzpantoffeln getschinnert.* – Lautf.: *schinnern, tschinnern, schindern.*

Schippchen, -lein n. (meist Pl.) ‚kleine Hühner, Kücken', übertr. auch kosend ‚kleines Mädchen' *de Glucke* (Henne) *paßt off ihre Schippchen off.* – *Schippchen, Schiepchen* Meißn., Osterländ., EEGeb.; *Schipplein, Schieplein* Ostmeißn., Osterzg., Laus.

¹**Schippe** f. ‚weibl. Schaf, Mutterschaf' Südmärk., EEGeb., Nordosterländ. – Lautf.: *Schiebe, Schippe.*

²**Schippe** f. ‚Schaufel' Südmärk., EEGeb., Osterländ., Schrad., Nordmeißn.; häufig auch in den Redensarten *jmdn. off de Schippe nehm'* ‚jmdn. veralbern', *jmdm. de Schippe gehm* ‚jmdm. den Laufpaß geben'.

³**Schippe** f. ‚weinerlich verzogener Mund' (bei Kindern) Südmärk., EEGeb., Osterländ.; *gucke nur, was der Kleene widder for ne Schippe macht!*

schirgen → *schürgen.*

Schischke → *Zesche.*

Schiß m., **Schisse** f. ‚Angst' *hast woh Schiß in' Hosen, he?* – Dazu auch das Adj. *schissig* ‚ängstlich, feige': *bis nur ni so schiß'ch!*

Schlabbermilch f. ‚die ungekocht sauer gewordene Milch' Südmärk., EEGeb., Osterländ., Schrad., Nordmeißn.; *schitte de Schlabbermilch glei ins Schweinefutter!*

schlabbern sw. V. **1.** ‚gerinnen, sauer werden' (von der Milch) im gleichen Geb. wie → *Schlabbermilch.* – **2.** ‚schlaff sein, schlapp herunterhängen, baumeln', auch ‚zittern, frieren' *ich schlabbere, mich schlabbert's* vorwieg. Meißn., Laus. – **3.** ‚schlürfend trinken', auch ‚saufen' (vom Hund). – **4.** ‚gedankenloses, unwichtiges Zeug daherreden' *die Weiber schlawwern heute wieder was zesamm.*

Schlage f. ‚Prügel' *wer hier ni pariert, kricht Schlahe.*

schlau Adj. neben der litspr. Bedeutung auch *sich sch. fühlen* ‚sich wohl, heimisch, geborgen fühlen', *schlaue Zeit haben* ‚ruhige, behagliche Zeit haben, nicht viel Arbeit haben'.

Schlaz m. ‚(großer) Riß in einem Gewebe (Kleidung, Wäsche, Stoff)' *du hast doch enn Schlaz in deiner neuen Hose*; hierzu auch *schlazen* ‚reißen' *den Stoff kannste glei schlazen; dei Kleed is ganz zerschlazt.*

Schleiße f. (meist Pl.) ‚lange, dünne Holzspäne' (zum Feuermachen) veraltet, vorwieg. noch Vgtld.; *mach e paar Schleißn, aß s Feier eher ahbrennt!*

schleißen st. V. ‚Federn vom Kiel abreißen' (damit sie als Bettfedern verwendet werden können); das gemeinsame Federnschleißen war früher eine beliebte Tätigkeit der Dorfbewohner an den langen Winterabenden, veraltet. – Lautf.: *schließen* wEEGeb., wOsterländ., Westmeißn., Vorvgtld., Vgtld., sonst *schleißen.*

Schlenkerich m. ‚Stoß, Schlag, Schwung, mit dem man etw., jmdn. in (drehende) Bewegung versetzt' *ich krichte enn Schlenkrich, un schon laach ich da.*

schlenkern sw. V. **1.** ‚jmdn., etw. hin u. her bewegen, in drehende Bewegung versetzen' *schlenker die Tasche ni so!* – **2.** ‚sorglos langsam gehen, schlendern' *da sin mer ganz gemietlich hingeschlenkert.* – Häufig in Zuss. wie *hin und her-, herumschlenkern.*

Schleppchen n. ‚kleine Wagenladung, kleines Fuder' (z. B. mit Heu od. Stroh); *das war ni viel Heu, bloß e Schleppchen.*

Schleppe f. **1.** ‚massives, schlittenartiges Gerät für den Transport von schweren Gegenständen' (z. B. Baumstämmen, Pflügen). – **2.** ‚Gerät zum Einebnen des Ackers' (mehrere Balken, die beweglich miteinander verbunden sind). – **3.** ‚Anbau am Haus, bei dem einfach das schräge Dach weitergeführt, verlängert wird' Nordmeißn.

Schleppharke f., **-harken** m., **-rechen** m. ‚das große eiserne Gerät zum Zusammenschleppen der liegengebliebenen Getreide-, Heu- od. Grumtreste' (kann mit der Hand, aber auch von einem Zugtier gezogen werden; wenn ein Zugtier eingesetzt wird, muß das Gerät Räder haben); die Wörter sind mit der Sache u. den Arbeitsweisen veraltet.

Schleppkleider Pl. ‚Weißkrauteintopf' Südwestosterländ.

¹**Schleuder** f. **1.** ‚Uhrpendel, Perpendikel' veraltend, vorwieg. noch Laus., Westerzg. – **2.** ‚(hängende) Schaukel' Westlaus.

²**Schleuder** m. in der Redensart *seinen Sch. haben* ‚Schwierigkeiten, Tücken haben' *mit so enner Arweet hat's sein' Schleuder, die klappt ni glei bein erschten Mah.*

¹**schlichten** sw. V. **1.** ‚etw. eben machen, glätten' (z. B. einen Akker mit der Egge, ein Brett mit dem Hobel). – **2.** *geschlichte[t] voll* ‚gestrichen voll' (von Gefäßen, Körben) Südmärk., EEGeb., Osterländ., Meißn., Westlaus., Lautf.: *je-, geschleechte voll, geschlichte voll.*

²**schlichten** → *schichten.*

Schlickermilch f. ‚ungekocht sauer gewordene Milch' Ost-, Südmeißn., Osterzg., Laus.; *frieher war'mer froh, wemmer Brot un Schlickermilch hatten.*

schlickern sw. V. ‚gerinnen' (von der Milch) im gleichen Geb. wie → *Schlickermilch*; *de Milch is schon geschlickert.*

Schliefer m. ‚Holzsplitter, den man sich in die Haut einzieht' Nord-, Westmeißn., Vorvgtld. – Wohl eine Kreuzungsform zwischen *Schiefer* u. *Splitter.* – Auch *Schlieferlein* ‚dünne Scheibe' (z. B. Wurst, Käse) Vgtld.

Schlippe → *Schlüpfe.*

schlittern sw. V. ‚auf dem Eis gleiten' (mit den Schuhen, früher meist mit Holzpantoffeln) Südmärk., EEGeb., Nordosterländ.

Schlotte f. **1.** ‚Rohr, Röhre' (z. B. an der Dreschmaschine, aber auch die röhrenartigen Zwiebelblätter). – **2.** ‚die lange, zusammengerechte Reihe Heu' Süd-, sOstmeißn., Osterzg. – Etym. zu mhd. *sláte* ‚Schilfrohr'.

Schlotterfaß n. ‚der kleine Wetzsteinbehälter, den – mit Wasser gefüllt u. am Gürtel befestigt – der Mäher bei der Arbeit bei sich trug' EEGeb., Osterländ. – Lautf.: *Schlotter-, Schlutter-, Schlitterfaß.*

Schlottich m. ‚großer Kerl', seltener auch ‚liederlicher, fauler Kerl, Taugenichts' *der lange Schlottch is so dumm wie er lang is.*

schlunzen sw. V. ‚vorsichtig, verstohlen (durch eine kleine Öffnung, einen Spalt) gucken u. dabei etw. erspähen wollen' *du darfst aber nich schlunzen!*

Schlüpfe f. ,enger Durchgang zwischen Häusern, schmale Gasse' EEGeb., Osterländ.; *wenn de ze uns willst, gannste glei durch de Schlippe gehn.* Lautf.: *Schlippe.*

Schlurre, Schlürre f. ,minderwertige, dünne Suppe', auch ,minderwertiges Getränk, dünner Kaffee' Laus.; *was hast'n heute fir anne Schlerre uff'n Tisch gebrucht?* Lautf.: *Schlurre, Schlirre, Schlerre.*

Schlutterfaß → *Schlotterfaß.*

Schluze f. Bed. wie → *Schlurre*, söOstmeißn., West-, Oberlaus.

schmadern sw. V. ,schlecht, liederlich schreiben; schmieren' *hier haste altes Papier, das kannste vollschmadern.*

Schmant m. ,klebriger, feuchter Dreck; Schlamm' vorwieg. Südmeißn., Vor-, Westerzg.; *mach dir mah den Schmant ab von d'n Laatschen!* – Mhd. *smant* ,Milchrahm, Sahne'.

Schmarre f. ,Wunde, Narbe' Osterländ., Meißn., Erzg.; *du hast ne tichtche Schmarre off der Sterne.*

Schmauch m. ,Rauch', auch ,Holzspäne, die man zum Räuchern verwendet' EEGeb., Osterländ.; *de Werschte miß mer in' Schmooch häng'.* Lautf.: *Schmooch.*

schmauchen sw. V. **1.** ,Rauch entwickeln, rauchen', auch ,Tabak rauchen'. – **2.** seltener ,sehr fein regnen, nieseln'. – Vorwieg. im gleichen Geb. wie → *Schmauch*; Lautf.: *schmoochen* (hierzu gehört auch – in niederdeutscher Lautung – das Wort *schmökern* ,lesen', abgeleitet von *Schmöker* ,Buch, aus dem man Seiten herausriß, um sie als Fidibus zu verwenden').

Schmeicher m. ,dicke, blaue, eierlegende Fliege' EEGeb., Nordosterländ. – Lautf.: *Schmeecher[t].*

Schmette → *Schmiede.*

Schmiede f. wie litspr., aber in der alten Lautf. *Schmette*, die zum selbständigen Wort geworden ist, ,(altes) Fahrrad' in u. um Leipzig.

Schmiege f. ,Zollstock, zusammenlegbares Metermaß' *wo werd nur meine Schmieche widder liechen?*

Schminklein n. ,ein ganz kleines bißchen, wenig' Vgtld.; *tu ner e Schminkele gute Butter fer de Kinner nah's Essen!* Lautf.: *Schminkel[e], Schminkerle.*

Schmiß m. **1.** ,Sprung, Riß (in tönernen Gefäßen)' *der Topp hat doch* *schon enn Schmiß.* – **2.** im Pl. *(Schmisse)* ‚Prügel‘ *du mußt mah wieder richt-che Schmisse kriechen!*

Schmitze f. ‚das kurze, dünne Schnürchen am Ende der eigentlichen Peitsche‘. – Mhd. *smitze* ‚Schlag mit der Peitsche‘ (etym. zu *schmeißen*).

Schmooch → *Schmauch.*

¹**Schnake** f. ‚Stechmücke‘ vorwieg. Osterländ., Meißn.

²**Schnake** f. ‚lustige Geschichte, Anekdote, Witz‘ vorwieg. Vgtld., Oberlaus.; *tu ner mohl paar Schnoken derzehln!*

Schnauze f. **1.** grob, derb für ‚Mund‘. – **2.** häufig auch im Dim. ‚Ausgußnase an einem Gefäß‘ Erzg., Laus., Nord-, Ostmeißn.; *bei dem Topp is de Schnauze schon angeschmissen.*

Schneebataille f. ‚Schneeballschlacht‘ veraltet; Lautf.: *Schnie-, Schneebatallche*; → *Bataille.*

Schneller m., **Schnellerchen** n. (meist Pl.) ‚die kleinen grünen Früchte (Samenkapseln) an der Kartoffelstaude‘, übertr. auch ‚sehr kleine Kartoffeln‘.

¹**Schneppe** f. ‚Ausgußnase an einem Gefäß‘ Südmärk., EEGeb., Osterländ.; *de Schneppe vun unse Gaffeeganne hat e Sprung.*

²**Schneppe** f. stark abwert. ‚sittenlose weibl. Person, Dirne‘ *mit so ner Schneppe will'ch nischt ze tun ham.*

schnippeln sw. V. **1.** ‚etw. in kleine Teile zerschneiden‘, häufig auch *ab-, zerschnippeln; ich muß noch paar Zwiwweln schnippeln.* – **2.** ‚mit kleinen Schritten eilig gehen‘.

Schnongs m., selt. auch **Schnongse** f. ‚Bonbon‘ Osterländ.; *koof mer doch e paar Schnongse!*

Schnorke → ²*Schnake.*

schnubben sw. V. ‚schlafen, ein Mittagsschläfchen machen‘ Südmärk., EEGeb., Nordosterländ.; *der Kater schnuwwet 'n janzen Tag hinnern Ohm* (Ofen). – Etym. zu *schnauben, schnieben.*

schnudern sw. V. ‚geräuschvoll durch die Nase atmen, schnüffeln‘ Vgtld., Westerzg., Laus.; *du sollst ni so schnudern, schnauz dich aus!*

Schnupftuch, -tüchlein n. ‚Taschentuch‘ veraltet; Dim. galt vorwieg. im Vgtld., Erzg., Laus.; *steck dir lieber noch e Schnupptichel ein!*

schnuppe Adj. nur in der Wendung *das ist mir sch.* ‚gleichgültig‘ (eigtl. ‚das ist mir so viel wert wie eine → *Schnuppe*‘).

Schnuppe f. ‚verbrannter Abfall vom Docht einer Kerze od. Petroleumlampe‘ vorwieg. Südmärk., EEGeb., Osterländ., Meißn.

Schnute f. ‚(trotzig, weinerlich, verdrießlich) verzogener Mund‘ *zieh nur nich so ne Schnute!* – Eigtl. nd. Lautf. von *Schnauze*.

Schob → *Schaub*.

Schober m. ‚Haufen von Heu, Stroh‘ (eigtl. ‚Zusammengeschobenes‘), übertr. auch ‚große Menge, viel‘: *willste den ganzen Schober Erdäppeln* (Kartoffeln) *alleene essen?*

schofel Adj. ‚unehrenhaft, gemein, niederträchtig; geizig‘. – Rotw., etym. zu jidd. *schophol* ‚niedrig, schlecht‘.

Schöpsdrehe f. eigtl. eine ansteckende Drehkrankheit der Schafe, aber häufig auch übertr. ‚Schwindelgefühl beim Menschen‘ *vom Tanzen hatt’ch beinah de Schepsdrehe.*

Schornstein m. wie litspr.; herrscht als mundartliches Wort im Südmärk., EEGeb., Nordosterländ. (südl. davon → *Esse*).

Schornsteinfeger m. wie litspr.; herrscht als mundartliches Wort im gleichen Geb. wie → *Schornstein* (südl. davon → *Essenkehrer*).

Schoßkelle f. ‚bequemer, schalenförmiger Kutschersitz, den man vorn am Ackerwagen einhängen konnte‘ mit der Sache ausgestorben; *er hatte ne Pferdedecke in der Schoßkelle liechen.*

Schottisch m. **1.** veraltete Tanzart, wohl urspr. der Polka ähnlich. – **2.** übertr. ‚Umstände, Aufhebens‘ *da mach mer keen’ großen Zutsch.* – Lautf.: *Schutsch, Zutsch, Tschutsch.*

Schragen m. **1.** ‚Gestell, Gerüst, in das der Bäcker die Kuchen zum Auskühlen schiebt‘ veraltend. – **2.** ‚Garbenstand beim Flachs, Flachspuppe‘, veraltet, weil kein Flachs mehr angebaut wird; Südmeißn., öWesterzg. – Etym. dasselbe Wort wie litspr. *Schrein*, das durch Vokalisierung des -g- aus *Schragen* entstanden ist.

Schramme f. ‚Verletzung der Haut, noch nicht verheilte Wunde‘ *Mensch, du hast cha enne Schramme off’m Knie.*

schrapen sw. V. ‚schaben, kratzen, reiben‘ EEGeb., Nordosterländ., auch *ab-, ausschrapen; schrape n Backtrog richtch ab!*

Schrappe m. od. f., häufig auch Dim. **Schräppchen** n. ‚Kind‘ wOsterländ.; *meine Schrappen fressen mir noch de Haare von Koppe.*

schriezen sw. V. ‚spritzen‘, auch *an-, heraus-, vollschriezen; de Milch schriezte in de Gelte* (Melkgefäß).

schrinden st. V. ‚schmerzen, brennen‘ (von einer Wunde) Südmärk., EEGeb., Nordosterländ.; *das schringt awwer, wo’ch mich jerissen hawwe.* – Lautf.: *schrinden, schringen, schrinken;* mhd. *schrinden* ‚bersten, sich spalten‘.

schrumpelig Adj. ‚faltig, runzelig, welk‘ (von der Haut, von der Schale bei Obst, Gemüse); *die Äppeln sahn racht schrumplich aus.*

schrumpeln sw. V. ‚austrocknen u. dadurch faltig, runzelig werden‘, häufig auch *ver-, zusammenschrumpeln*; *de Nachbern is oo sehre zesammgeschrumpelt.*

schubben sw. V. ‚jmdm. einen Stoß geben, jmdn. wegschieben‘ *der Chunge hat mich hingeschubbt*; Lautf. im Laus., Ostmeißn. auch *schibben.*

schubbern sw. V. **1.** *mich schubbert’s* ‚mich fröstelt, ich bekomme Gänsehaut‘ vorwieg. Osterländ., EEGeb. – **2.** *sich sch.* ‚sich kratzen, reiben‘ öNordosterländ., Schrad.; *das Schwein schuwwert sich ejal an der Holzplanke.*

Schubkarre f., **-karren** m. ‚einrädriger Karren, den man zum Transport von Lasten verwendet‘ **a.** mit Kastenaufbau; Ostmeißn., West-, Neulaus.; **b.** ohne Kastenaufbau, leiterartig mit Sprossen; Vgtld. (häufig in der Lautf. *Schukarrn*).

Schubsack m. ‚Tasche, die früher die Frauen in ihrem Rock hatten‘ vorwieg. Ostmeißn., Westlaus.; *s Schnupptichel kam in’ Schubsack*; häufig noch in der Redensart *das hat alles seine geweisten Schubsäcke* ‚das ist alles nicht so leicht zu durchschauen u. hat seine Gründe‘; von einem Mann, der bei einer Frau auf der falschen (rechten) Seite ging u. in Wahrheit bei ihr unterm Pantoffel stand, sagte man: *„Er geht auf der Schubsackseite.“*

Schuckel f. ‚Schaukel‘ Nordmeißn. – Lautf.: *Schukel, Schuckel.*

Schulmeister m. ‚Lehrer‘ veraltend, aber auf vielen Dörfern noch üblich, wenn man über einen Lehrer spricht; *der Schulmeester gibt s’ch Miehe mit’n Kindern.*

Schulze m. ‚Bürgermeister‘ veraltet, Südmärk., EEGeb., Nordosterländ. (eigtl. ein niederdeutsches Wort, das aber den Norden des Obersächsischen erreicht), auch *Ortsschulze*; etym. aus *schultheize* ‚jmd., der die Einhaltung einer Leistungsverpflichtung befiehlt‘.

schummerig Adj. ‚dämmerig, duster‘ *s werd schun recht schummrich.*

Schumpe, Schumpel f. ‚Schaukel‘ Schrad., öNordosterländ., öEEGeb.

schundern sw. V. ‚(mit den Schuhen) auf dem Eis gleiten‘ Schrad., öNordosterländ., nOstmeißn.; in der Lautf. *tschun[d]ern* Oberlaus.

Schunkel f. ‚Schaukel' Osterländ., Nord-, Ostmeißn.; *Opa, mach uns de Schunkel ahn!*

¹**Schur** m. *jmdm. etw. zum Sch. tun, machen* ‚jmdm. etw. zum Trotz tun, aus Bosheit, um ihn zu ärgern' *meine Schwester tut mir alles bloß zen Schure.*

²**Schur** → *Jour.*

schuren sw. V. ‚Schnee wegräumen, Schnee schieben, schippen' Erzg., Vgtld.; *gestern mußt mer fei n ganzn Tog när schurn.*

schüren sw. V. ‚jmdn. aufdringlich betteln, belästigen, ärgern' vorwieg. Oberlaus.; *du sollst ni su schiern, sunst krigste nischt!*

Schürge f. ‚die lange Heureihe, die mit der Gabel zusammengeschoben wird' West-, Nordmeißn.; *der Gabler schob de Scherchen zesamm'.*

schürgen sw. V. eigtl. ‚(unter Kraftaufwand) schieben', übertr. dann auch ‚sich anstrengen, (schwer) arbeiten' *half mer ock schirgen!* (schieben); *mei Grußvoter hatt ze schirgen un ze würgen* (schuften). – Schon mhd. *schürgen* ‚schieben, stoßen, treiben'.

Schurmaus f. ‚Wühlmaus' Vgtld., Erzg., Vorvgtld., Vorerzg., Südmeißn.

Schuschke → *Zesche.*

schusselig Adj. ‚fahrig, zerstreut, nervös, unaufmerksam' *bein Offwaschen* (Geschirrsäubern) *darfste ni so schußlich sein!*

schusseln sw. V. **1.** ‚(mit den Schuhen) auf dem Eis gleiten' Südmärk., EEGeb., Nordosterländ. – **2.** ‚fahrig, zerstreut, nervös, unaufmerksam sein'.

Schuster m. neben der litspr. Bed. auch ‚Brötchen' umg.; *heite haste aber altbackne Schuster.*

Schutsch → *Schottisch.*

Schütte f. ‚ein glattes, geordnetes, handgebundenes Bündel Stroh' (wie es beim Flegeldrusch entstand), vorwieg. noch Vgtld., Laus., weil dort wohl noch am längsten mit dem Flegel gedroschen wurde.

schütten sw. V. neben den litspr. Bedeutungen auch **1.** *Futter sch.* ‚den Tieren das Futter hingeben'. – **2.** *es schüttet gut* ‚der Ernteertrag (an Getreide) ist hoch' *der Weezen tutt heuer ni sehre schitten.* – **3.** *Heu sch.* ‚Heu wenden' Südmärk., EEGeb.

Schuttkarre f. ‚einrädriger Karren mit Kastenaufbau zum Transport von Lasten' öEEGeb., öNordosterländ.

Schwade → *Suade.*

Schwaden m. **1.** ‚die Reihe von abgehauenem Getreide od. Gras, die dadurch entsteht, daß der Mäher einmal, seine Arbeit verrichtend, durchs Feld geht'; Lautf.: *Schwatt* m. od. n. Südmärk., EEGeb., Nordosterländ., *Schwod* f. Vor-, Westerzg., Vorvgtld., *Schmaden* f., *Maden* m. od. f. Vgtld., sonst meist *Schwaden, Schwoden.* – **2.** ‚die einzelne zusammengeschobene Reihe Heu' Westerzg., Vgtld.

schwafeln sw. V. ‚sinnloses Zeug daherreden', auch *herumschwafeln, Geschwafel, Schwafelei; wenn der ins Schwafeln kommt, der schwafelt was zesamm'*.

Schwamm m. neben der litspr. Bedeutung auch ‚Pilz' fast nur Pl., Erzg., Vgtld.; *morng frieh gieh mer in de Schwamme* ‚gehen wir Pilze sammeln'; *dortn stieh de Schwamme trempeleweis* (in Gruppen). – Hierzu auch der *Schwämmejäger* (Lautf. *Schwammegeecher*) ‚Pilzsucher'.

Schwanzgeld n. ‚das Geld, das der Käufer beim Kauf eines Tieres mehr bezahlte u. das die Person bekam, die das Tier versorgt hatte' *der Lohn als Mahchd war gering, awer s kam manchmah e Schwanzgeld derzu.*

schwäppern sw. V. ‚Flüssigkeit verschütten' *paß off, daß de ni schwäpperscht!* – Übertr. auch *einen sch.* ‚Alkohol trinken' *du hast woh widder een' geschwäppert?*

Schwarte → *Suade*.

Schwarzbeere f. (meist Pl.) ‚Heidelbeere' Vgtld., Westerzg.; *mer genne in de Schwarzbeer* (gehen Heidelbeeren pflücken).

schweifen sw. V. *Wäsche sch.* ‚Wäsche spülen' Ober-, Ostlaus.; *frieher han de Weibsen de Wäsche in Mühlgrahm geschweeft.*

schweimelig Adj. ‚schwindelig, taumelig' Meißn., Osterländ., EEGeb.; *mich werd's ganz schweimlich off eemah.*

schweißen sw. V. ‚übertreiben, aufschneiden, schwindeln' *schweeß nor ni gar so sehre!*

Schweißwurst f. ‚Blutwurst' vorwieg. Vor-, Westerzg., Vorvgtld.

Schwellenhupfer[ich] m. ‚Essen, das nur für kurze Zeit sättigt' (z. B. Reis; wenn man über die Türschwelle gehüpft ist, hat man schon wieder Hunger).

Schwenke f. ‚Schaukel', urspr. wohl ‚an der Decke befestigte hängemattenartige Schaukel für Kleinkinder' sVgtld., Nordbair., Ost-, Oberlaus.

Schwenker m. ‚langes Männerjackett, Gehrock' (früher das Kleidungsstück des Mannes für feierliche Anlässe).

Schwibbogen m. ‚kunstvoll gestalteter kerzentragender Bogen, der zum weihnachtlichen Zimmerschmuck gehört' urspr. Erzg., Vgtld., heute durch das Kunstgewerbe weit verbreitet; wird zur Weihnachtszeit in die Fenster gestellt.

Schwieten → *Suiten*.

schwinde Adv. ‚zeitig, früh' öEEGeb., öNordosterländ., Schrad.; *morgen frieh miß mer schwinde offstehn.* – Mhd. *swinde* ‚gewaltig, stark, schnell'.

Schwinde f. ‚trockene Hauterkrankung (meist im Gesicht)' veraltend; *von den Wasser krich ich egah mah ne Schwinde.* – Etym. wohl zu mhd. *swinden* ‚krankhaft abmagern'.

Schwinderling m. ‚(derber) Stoß, Schlag' Erzg., Laus., Meißn.; *da kricht'ch enn Schwinderling, daß'ch glei in de Ecke flog.*

Schwinge f. ‚länglich-ovaler, kleiner Korb ohne Griffe, den man benutzt, um den Tieren (vor allem den Pferden) Futter zu geben' (man *schwingt* ihnen gleichsam das Futter *hin*); Lautf.: *Schwinde* Laus., sonst *Schwinge*.

Schwippe f. ‚Peitsche (des Wagenlenkers)', auch ‚dünne Rute, Gerte' Lautf.: *Schwiepe* Osterländ., sonst *Schwippe*; im Laus. dafür *→ Schwuppe*.

Schwitten → *Suiten*.

Schwitzer m. ‚Pullover, dicke Wolljacke' veraltet; Fremdwort, engl. *sweater* ‚Pullover', mit volksetym. Anlehnung an *schwiken*.

schwofen sw. V. ‚tanzen' umg. (aus der Studentenspr.); etym. zu *schweifen* ‚schwingende Bewegungen machen'.

schwuchteln sw. V. ‚gern ein bißchen ausgehen, tanzen' veraltend; *an Sunch* (Sonntag) *gieh mer schwuchteln.*

schwude ‚Zuruf an das Zugtier, wenn es nach links gehen soll' Osterländ., Schrad., Meißn., Laus.; Lautf.: *schwude, schweude.* – Die Etymologie des Wortes ist bisher unklar, auch ein Herkunfsnachweis aus dem Slawischen ist nicht gelungen.

Schwumse f. ‚Prügel, Schläge' *du krichst glei Schwumse!*

Schwuppe f. Bed. wie *→ Schwippe*, Laus.; *ich hab mer ne Schwuppe vom Strauch abgemacht.*

Schwuze f. ‚Durchfall' (bei Mensch u. Tier), Meißn., Erzg.; *ich hab de Schwuze iewer siem Beete weg.*

Sebaste → *Subhastation.*

Sech n. ‚das messerförmige Eisen am Pflug, das den Boden auf-
reißt u. sich vor der Pflugschar befindet‘ – ein früh aus dem Romanischen entlehntes Wort, das auf lat. *secum* od. *seca* (zu *secare* ‚schneiden‘) zurückgeht.

sech, seck → *selbt.*

Seecher → *Seiger.*

Segenfrau f. ‚Frau, der medizinische Wunderkräfte zugesprochen
wurden, die durch Auflegen der Hand u. das Murmeln von Zaubersprüchen nach dem Volksglauben Krankheiten heilen konnte‘ veraltet, Westerzg. – Lautf.: *Sehnfraa.*

sehen st. V. neben den litspr. Bedeutungen auch ‚aussehen‘ *das
Kleed sieht awer scheen; du siehst cha heite blaß!*

Sehner m. ‚starker Appetit (auf etw. Ausgefallenes), Heißhunger‘
Laus.; *heute hätt'ch enn Sehner uff was Sauersch.* – Dazu auch *sehnerig sein*
‚lüstern sein, starken Appetit (auf etw. Ausgefallenes) haben‘ *du seh-
nerches Luder sollst doch ni naschen!*

Sehnfrau → *Segenfrau.*

sehr Adv. wie litspr., jedoch bes. im Erzg. u. Vgtld. häufig durch
andere Wörter *(tüchtig, mächtig)*, ersetzt. – Lautf.: *siehre* Meißn.,
Laus., sonst *sehre*; im Nordmeißn. veraltend auch *siehr[i]chen: s tutt
mer siehrichen wieh.*

Seichameise, -amse, -amsel, -wamse f. ‚Ameise‘ Meißn., Laus.,
Erzg., Vgtld.

Seife (Seefe) → *c'est fait.*

Seiger m. urspr. ‚Wanduhr mit Gewichten u. Pendel‘, jetzt scherzh.-
iron. für jede Art von ‚Uhr‘ *enn richtchen Seecher ham bloß noch ganz alte
Leute.* – Lautf.: *Seecher, Saacher, Saager*; etym. zu mhd. *seigen* ‚sinken machen, herabfallen lassen‘, was sich wohl auf die alten Sanduhren bezog.

seihen sw. V. ‚etw. (meist Milch) durch ein Tuch *(Seihtuch)* gießen‘ *se hat de Millich immer dorch e weiß Tuch geseiht, daß se ganz raa*
(rein) *war.* – Lautf.: *sein, seichen, seen, seechen.*

Seiher m. ‚kleines Sieb‘ Vorerzg., Erzg., Vorvgtld., Vgtld.

sel → *selbt.*

selbt Adv. **1.** ‚damals, früher; vor einiger Zeit; neulich‘ *salt ham'mer
s Geträäd noch mit'n Flechel gedroschen; salt war'sch aa net besser.* – Indefinitpron. – **2.** in Fügungen mit Subst. (meist Zeitangaben): *sal[t]
Jahr* ‚jenes Jahr, voriges Jahr‘, *sell[en] Ohmd* ‚am gleichen, an die-

Spinnekanke f., **Spinnekanker** m. ‚Spinnwebe‘ Südmärk., EEGeb., Nordosterländ. – Zu spätmhd. *kanker* ‚der Webende‘.

Spinnelode f. ‚Spinnwebe‘ Schrad., Nord-, Ostmeißn. – Zu mhd. *lode* ‚grobes Wollgewebe‘.

Spinn[e]webe f., **Spinngewebe** n. ‚Spinnwebe‘ Erzg., Oberlaus. (im Westerzg. häufig in der Lautf.: *Spinneweh*).

Spinte f. ‚abendliche Zusammenkunft der Dorfbewohner zu gemeinsamer Tätigkeit (urspr. – bis etwa 1900 – um zu spinnen, später auch um Federn zu schleißen, um zu stricken od. Karten zu spielen)‘ veraltet, EEGeb., Osterländ., Nordmeißn.

Spital m. od. n. ‚Altersheim für arme Leute‘ veraltet, früher allg.; *wenn de Essen iebrig hast, schaffste’s ins Spittel.* – Lautf.: *Spittel* (Verwechslung mit *Spittel* m. ‚wertloses Zeug‘).

Spitzeiß m. ‚Furunkel‘ sVgtld. – Lautf.: *Spiezaas[d]*, *Spiezaus*; etym. zu mhd. *eiz* ‚Geschwür, Eiterbeule‘.

spitzig Adj. ‚spitz‘ *das is awer e spitzches Masser!*

Splint, Splinter m. ‚der (kleine) Holzsplitter, den man sich in die Haut eingezogen hat‘ Südmärk., EEGeb., Nord-, Südwestosterländ., hierzu auch das Verb *sich splintern*: *an den ahln Brette hab’ch mich jesplintert.*

Spok → *Spuk*.

Sporenei n. ‚ein extrem kleines Hühnerei (meist ohne Dotter), das man nicht verwendet, sondern wegwirft‘ Südmärk., EEGeb., Osterländ., Westmeißn. – Lautf.: *Sporei*, *Spurei*, *Spulei*.

sprachen sw. V. ‚sprechen, erzählen‘ veraltet, Vgtld.; *er fung ah ze sprohng.* Häufiger noch in der Zuss. *aufsprachen* ‚etw. mit Nachdruck sagen‘.

Spreil m. Bed. wie → *Splint*, sVgtld.

Spreißel m. Bed. wie → *Splint*, auch ‚Holzspan, Scheit‘ (zum Feuermachen), nVgtld.

spreißeln sw. V. ‚schimpfen, zanken‘ Vgtld.; *de Leit hohm arg gespreißelt.*

sprengen sw. V. ‚(Blumen) gießen‘ Vgtld.; *heit miß’ mer sprenge in Garten.*

Sprengstütze f. ‚Gießkanne‘ Vgtld. – Mhd. *stutze* ‚hölzernes Gefäß in Form eines gestutzten Kegels‘.

Spriegel m. ‚gebogener, bügelartiger dünner Holzstab‘ (z. B. an einer Säge, am Rechen zur Befestigung des Teiles mit den Zinken,

an einem Zaun); Südmärk., EEGeb., Osterländ., Meißn. – Lautf.:
Spriegel, Sprehgel, Sprichel, Sprechel.

sprühen sw. V. **1.** ‚fein regnen‘ überall bekannt, aber bes. häufig
im Oberlaus. (Lautf.: *s spräht*). – **2.** ‚fauchen‘ (von der Katze) Südmeißn., Osterzg.

Spuk m. **1.** ‚Lärm, Geschrei, lauter Zank‘ *ihr Kinner, macht nich sul-
chen Spuk!* – **2.** ‚hochnäsige, vornehm tuende Person‘ Meißn.
(Lautf.: *Spok*).

spuken sw. V. **1.** wie litspr.: *es spukt*, Südmärk., EEGeb., Osterländ. (Lautf.: *es spukt, spiekt, spokt*). – **2.** ‚lärmend schimpfen, zanken‘
Erzg., Vgtld., *mei Mutter hot arg gespukt, wie'ch eham komme bie.*

Spulei → *Sporenei.*

Spundes m. ‚Respekt, Angst‘ umg., *vor mir hat der freche Kerl Spundus.* – Lautf.: *Spundes, Spundus.*

Spunzich, Spunziger m. ‚Sperling‘ sOsterländ., Meißn.

Spurei → *Sporenei.*

Stacheligel m. ‚Igel‘ wOsterländ.

Stachelschwein n. ‚Igel‘ Südmärk., EEGeb.

Staffel f. ‚Treppenstufe‘, auch ‚kleine steinerne Treppe vorm
Haus‘ Vgtld.; *fix gung's de Staffeln nauf.*

stallieren sw. V. ‚sich gut verstehen, vertragen, miteinander harmonieren‘ Vgtld.; *die beeden stalliern mitenanner.*

Stamps m. ‚(zu) dicker Brei‘ *was haste denne heute fir Stamps gekocht?*

Standarte f. ‚ungewöhnlich große, kräftige weibl. Person‘ Meißn.,
Laus. – Lautf.: *Standáhre*; Fremdwort, frz. *estandart* ‚Feldzeichen‘.

Ständerchen, -lein n. ‚kurzes Stehenbleiben auf der Straße, um
sich zu unterhalten‘ *de Weiber hatten ihr Ständerle gemacht.*

Standfeste f. ‚Traggurt, den man über die Schultern nimmt‘ (z. B.
um die Griffe eines bes. schweren Schubkarrens hineinzuhängen),
Osterzg., sOstmeißn.

Stange f. neben den litspr. Bedeutungen auch ‚einarmige Wagen-
deichsel‘ (daneben auch *Wagenstange*) Südmärk., EEGeb., wNordosterländ.

stängeln sw. V. ‚ein Kind (wiegend) auf dem Arm tragen, um es
zu beruhigen‘ Vgtld., Erzg., sOstmeißn.; *die klaane Mahd* (Mädchen) *will egal när gestengelt sei.*

Stänkermard m. od. n. ‚Iltis‘ öEEGeb., öNordosterländ., Schrad.,
nNordmeißn.

Starbeute f. ‚Nistkasten für Stare' Südwestosterländ., Westmeißn.

Starhohle, -höhle f. Bed. wie → *Starbeute*; Nordosterländ.

Starkanne f. Bed. wie → *Starbeute*; Vorerzg.

Starkasten m. Bed. wie → *Starbeute*; Südmärk., EEGeb., Nordosterländ., Westerzg.

Starkübel m. Bed. wie → *Starbeute*; Vgtld.

Starmeste, -metze f. Bed. wie → *Starbeute*; Nord-, Süd-, Ostmeißn., Osterzg., Laus.

starr Adj. ‚steif, hartgefroren', auch ‚unnachgiebig, stur' *de Wäsche is janz storre jefrorn.* – Lautf. (bei adv. Gebrauch): *storre, storne.*

state, stäte Adv. ‚langsam, bedächtig, vorsichtig' *gieht ock* (geht nur) *hibsch state!* – Mhd. *stæte* ‚fest, beständig'.

statt Konj., Präp. wie litspr., aber fast nur in der Form *statts* (aus *statt daß*); *statts ze essen, treemt der vor sich hin.*

Stauche f. ‚Garbenstand, Puppe aus Getreidegarben' (bestehend aus 12, 16 od. auch 20 Garben) EEGeb., Nordosterländ. – Lautf.: *Stauke.*

stauchen sw. V. neben der litspr. Bedeutung auch **1.** ‚sich stoßen, jmdn. stoßen, boxen, jmdn. treten' Südmärk., EEGeb., Nordosterländ.; Lautf.: *stauken.* – **2.** ‚jmdn. zurechtweisen, tadeln, ausschimpfen', häufig auch *zusammenstauchen*, umg. – **3.** ‚stehlen' umg.

Staucher m. ‚große (körperliche) Anstrengung' *den Berg dorte noff, das war aber e Staucher!*

Stauke → *Stauche.*

stauken → *stauchen.*

Staupe f. eigtl. eine Hundekrankheit, aber übertr. auch **1.** ‚leichtere, grippeartige Erkrankung' *mer hatten alle e bißchen de Staupe.* – **2.** ‚kurzer Regenschauer' Südwestosterländ., Westmeißn., Vorvgtld.

stecken sw. V. und st. V. in den Mundarten werden das starke intrans. Verb (Lautf.: *sticken; das stickt in meiner Tasche*) u. das schwache trans. Verb (Lautf.: *stecken; ich steck's in de Tasche*) konsequent geschieden. – Im Nordosterländ. u. EEGeb. werden *stechen* u. *stecken* verwechselt (*ich hab's mir injestochen* ‚eingesteckt').

Steife f. ‚Holzstütze' (z. B. Wäschestütze od. Stütze für herabhängende Äste von Obstbäumen) vorwieg. Meißn., Laus.; *das Birnbeemel braucht anne Steife.*

Steige f. ‚Holzgestell, Vogelkäfig, Hühnerleiter' Vgtld. – Lautf.: *Steich.*

Steinkorb m. ‚Handkorb‘ (vor allem zum Kartoffelnlesen verwendet); Süd-, Ostmeißn., Vor-, Ost-, öWesterzg. – Lautf.: *Steen-, Stää-, Staakorb, Steenskorb.*

Steinöl n. ‚Petroleum‘ veraltet; *frieher hutten de Leute Steenehl in der Lampe.*

Steinrücke f. ‚langgestreckter Haufen von abgelesenen Steinen am Feldrand‘ Erzg., sOstmeißn., Laus.; *uff'n Steenricken wachsen Vugelbeerbeeme* (Ebereschen).

Stellage f. **1.** ‚Gestell, Regal‘ *mer ham uns selwer ne Stellahsche gebaut.* – **2.** ‚ungewöhnliche, unschöne körperliche Haltung‘ *was machst denn du fer enne Stellahsche?*

Stellung f. *in S. gehn* ‚zu jmdm. als Dienstmädchen arbeiten gehen‘ veraltet, früher allg.

Stemmleiste → *Stemmleuchse.*

Stemmleuchse f. ‚Stütze zwischen oberem Leiterbaum u. Achse am Wagen‘. – Lautf.: *Stemmlecks* Erzg., Vgtld., *Stemmleiste* Meißn., Laus., Osterländ.

Stemmlünse f. Bed. wie → *Stemmleuchse*; Südmärk., EEGeb.

sterle[r]n → *stürlen.*

Sternickel n. ‚kleine wildwachsende Pflaume‘ Osterzg., sOstmeißn., sWestlaus.

sterniert Adj. ‚widerspenstig, dickköpfig, stur‘ *so e sterniertes Luder wie das is!*

Sterzelbaum m. ‚Purzelbaum‘ Nord-, Ostmeißn., Osterzg.

sterzen sw. V. **1.** ‚in die Höhe stehen, aufrecht sein‘ *der Hahn sterzt n Schwanz in de Hehe.* – **2.** ‚den hinteren Teil eines Langholzwagens lenken‘ der dafür eingesetzte zweite Fuhrmann heißt *der Sterzer*; Meißn., Erzg., Vgtld.

Sterzen Pl. ‚Pflugarme, die von der Pflugschar zu den Händen des Pflügenden hinaufführen‘ Südmärk., EEGeb., Osterländ., Meißn.

stibiet → *stupid.*

Stiebel m. od. f. ‚Holzstütze‘ (z. B. um den herabhängenden Ast eines Baumes zu stützen), Südmärk., EEGeb., Nordosterländ. – Lautf.: *Stewwel, Stiwwel,* etym. zu mhd. *stivel, stibel* m. ‚hölzerne Stütze‘. – Dazu auch das Verb → *stiebeln.*

stiebeln sw. V. ‚stützen‘, aber auch ‚sich gegen etw., jmdn. wehren, sich entgegenstemmen‘ Südmärk., EEGeb., Nordosterländ.; *bei den ahln Wind muß mer sich awwer stewweln.*

Stießer → *Stößer.*

Stippe f. ‚(fettige) Soße, in die man Brot od. Kartoffeln hineintaucht' Südmärk., EEGeb., Nordosterländ.; *off's Wochenende gab's ofte bloß ne Stippe, weil das schnell gingk.* – Hierzu auch *stippen* ‚eintauchen'.

stiwied → *stupid.*

Stock m. neben den litspr. Bedeutungen auch ‚Baumstumpf, der mit den Wurzeln noch in der Erde steckt' *Stecke machen dreimal warm: bein Rausmachen, bein Klarmachen, bein Feuern.*

stöckisch Adj. ‚widerspenstig, störrisch' *su enn steckschen Nischel wie du hat selten eens!*

Stolle f., **Stollen** m. wie litspr. (das bekannte Weihnachtsgebäck); *Stolle* f. Südmärk., EEGeb., Osterländ., *Stollen* m. im übrigen Geb.

Stopf-das-Loch, Stopf-vors-Loch ohne Art. ‚Tee gegen Durchfall' (meist aus Ackerklee).

Stöpfel m. ‚Stöpsel, Korken', übertr. auch ‚kleines, stämmiges Kind, kleines Tier' Vgtld., Westerzg.; Lautf.: *Steppel, Stepfel.*

stoppeln sw. V. **1.** ‚die nach der Ernte liegengebliebenen Kartoffeln (mit der Hacke) herausgraben u. aufsammeln' im Gesamtgeb. außer Vgtld.; *in Herbst ging' frieher de Leute Äbern* (Erdbirnen, Kartoffeln) *stoppeln.* – **2.** ‚flach pflügen' Südmärk., EEGeb., Nord-, Südwestosterländ.

Stöpselwoche f. ‚Woche, in die der 1. Mai fällt' (u. in der man – nach altem Aberglauben – keine Kartoffeln legen soll, weil dann die neuen Kartoffeln schwarze Flecke, „Stöpsel", bekommen); Laus., söOstmeißn.

storne → *starr.*

Stößer m. ‚Habicht' (aber wohl auch Bezeichnung für jede Art von Greifvogel), *der Stößert hat uns enne Henne gehult.* – Lautf.: *Steßer[t], Stießer[t], Stoßer[t].*

Stotz m. ‚großes, rundes Holzgefäß, Zuber, Kübel', auch ‚Wanne zum Wäschewaschen' Westmeißn., Vor-, Westerzg., Vorvgtld., Vgtld.; *hul enn Stotz voll Wasser rei!*

strackte Adv. ‚stramm, straff, fest' veraltend, Laus., Meißn.; *die neue Maschine gieht noch recht struckte; du kannst noch strackte arweetn.* – Lautf.: *struckte, strackte.*

straff Adj. neben den litspr. Bedeutungen auch **1.** ‚Kraft einset-

zend, schnell' Erzg., Vgtld.; *mer missen bill* (bißchen) *straffer laafen.* –
2. ‚fein, elegant, schneidig' veraltend; *du machst ja heit recht straff.*

Strapuze f. ‚Schlaflager aus Stroh', aber heute auch übertr. jede
Art ‚altes, provisorisches Bett' *bei der Hockst* (Hochzeit) *ham de Mannsen glei off der Strohbuzche geschlafen.* – Im Vgtld. verwendete man das
Wort auch, um das Strohlager zu bezeichnen, das man am Heiligabend bereitete u. auf dem dann die ganze Familie schlief. – Etym.
geht das Wort wohl zurück auf mlat. *stropodium* ‚Strohsack', es wird
aber volksetym. an *Stroh-, Streu-* u. *-buze* angelehnt (Lautf.: *Struh-,
Stroh-, Straabuze, -buzche*).

sträßig Adj. ‚gegenwärtig, anwesend, da; immerfort vor aller Augen sichtbar u. geschäftig' Westerzg., Vgtld.; *kaum is er gesund, schuh
is er wieder streßig*; *nu is der Rupperich* (Ruprecht) *ball widder streßig.*

straußieren sw. V. ‚sich laut u. lebhaft unterhalten' Laus.; *se standen uff der Straße un han lange straußiert.*

streechen sw. V. ‚prahlen, aufschneiden, übertreiben, lügen'
EEGeb., Osterländ.; *nu streeche man nich so sehre!*

Streichfrau f. Bed. wie → *Segenfrau*, veraltet; *wenn's de Rose sellte
sein, mußte bei de Streichfrau gehn.*

Streiflein n. ‚Stückchen' (von einem Kuchen) Vgtld., Laus.; *er
schub ee Streefel Kuchen nah'n andern a's* (ins) *Maul.* – Lautf.: *Straafel,
Streefel, Straamel, Streemel.*

streiten st. V. neben der litspr. Bedeutung im Vgtld. u. Erzg. auch
‚sich (ganz friedlich) unterhalten' *ohmds tu mer uns garne noch eweng*
(ein wenig) *streiten.*

streng Adj. neben der litspr. Bed. auch **1.** ‚straff, eng sitzend u.
deshalb schwer zu bewegen' (von Kleidung, aber z. B. auch von einem Fenster, einer Tür, einem gepannten Riemen od. Seil) *der Was-
serhahn geht noch e bißchen strenge.* – **2.** ‚herb, sauer', aber auch ‚scharf,
zu sehr gewürzt' *de Flaum sin noch bißchen strenge.*

Streubuze → *Strapuze.*

Strich m. neben den litspr. Verwendungsweisen auch in der Redensart *zu S. sein* Bed. wie → *sträßig sein* Vgtld., Westerzg.; *do war aa
schuh der Schandarm* (Gendarm) *ze Strich.*

Striche Pl. ‚Zitzen (der Kuh)' vorwieg. Südmärk., EEGeb., Laus.,
Vgtld.; *der guckte un war ganz verdattert, daß de Milch dort rauskam aus den
Strichen.*

Stricke Pl. in der Fügung *S. machen* ‚die Arbeit hinschmeißen, nicht mehr mitmachen' umg.; *ich hab's satt, ich mach chetz Stricke.* – Von engl. *to strike* ‚streiken'.

Striezel m. ‚Weihnachtsstollen' öOstmeißn., Laus.; *de besten Striezel gab's off'm Dresdner Striezelmarchte.* – Schon mhd. *strützel, strutzel* ‚längliches Brot von feinem Mehl, Stollen', etym. zu *strotzen,* das urspr. bedeutete ‚starr sein, steif vorstehen'.

striezen sw. V. ‚jmdn. peinigen, quälen, drangsalieren' umg., *der striezt seine Leute oo von frieh bis ahmds.*

striffeln sw. V. ‚abstreifen' (z. B. Blätter, Beeren), meist in Zuss., z. B. *abstriffeln, die Ärmel hoch-, hinaufstriffeln.*

Strohbuze → *Strapuze.*

strubeln sw. V., refl. ‚sich zanken' vorwieg. Südmärk., EEGeb., Osterländ., Meißn.; *ihr sollt euch ni immer strubeln!*

struckte → *strackte.*

Strunk m. **1.** ‚das abgeblattete Innere eines Krautes od. einer Salatstaude', auch in der Redensart *etw. mit S. und Stiel essen.* – **2.** ‚Kerngehäuse' (Apfel, Birne) EEGeb., Nordosterländ., Nordmeißn., Schrad. – **3.** übertr. ‚minderwertiges Obst' (vor allem Äpfel) *wo haste denn die grien' Strinker gekooft?* – **4.** übertr. ‚grober, ungehobelter, frecher Kerl'.

Strunze f. ‚großes, kräftiges, robustes Mädchen' *das is cha villeich enne Strunze geworn!*

Strupfer m. ‚Walzer' Vgtld.; *frieher wured gar oft Strupfer getanzt.*

stückig Adj. ‚brockig, klumpig' (von der Erde), auch ‚zerrissen' (von Kleidung), ‚aufgerissen' (von der Wolkendecke am Himmel) Laus., Meißn.

stulksen sw. V. ‚schwerfällig, geräuschvoll gehen; herumtrampeln', häufig auch *herumstulksen*; EEGeb., Osterländ.; *gucke bloß, wie der iwwern Acker stulkst!*

Stülpe f. ‚alter, abgetragener Hut' Nordmeißn., öNordosterländ.; *was haste denne heute fer ne Stilpe uff?*

stupid Adj. ‚wütend, zornig, verrückt' *mach mich mit deiner Heulerei nich noch stibiede!* – Lautf.: *stibied[e], stiwied[e]*; Fremdwort, lat. *stupidus* ‚verblüfft, überrascht', frz. *stupide.*

stürlen, stürlern sw. V. ‚mit etw. Langem, Spitzem (z. B. einem Stock) in einer Materie herumrühren, -stochern', häufig auch *(darin-)herumstürle[r]n; er hat mit ner Stange in der Schleuse rimgesterlt; du darfst ni so sehre mit'n Feierhaken in der Glut rumsterlern!*

Sturps m. ‚kurzer Regenschauer‘ Nord-, Ostmeißn.; *der greßte Storps is nu vorbei.*

Stürze f. **1.** ‚Topfdeckel‘ im Gesamtgeb. außer EEGeb., Südmärk. – **2.** übertr., im gleichen Geb. ‚altmodischer Hut‘.

Stützlein Pl. ‚Pulswärmer‘ Laus., *ich hab dir a Paar Stitzl gestrickt.*

Suade f. ‚Redegewandtheit‘, meist aber ‚loses, schlimmes Mundwerk‘ *na, die hat cha enne gute Schwarte!* – Lautf.: *Schwade, Schwarte*; Fremdwort, lat. *suadus*, zu *suadere* ‚überreden‘.

Subhastation f. ‚Versteigerung‘ veraltet, aber früher auch unter Mundartsprechern bekannt gewesen; *das Gut ging zur Sebaste weg* ‚es kam unter den Hammer‘. – Lautf.: *Sebaste* (mit volksetym. Anlehnung an *Sebastian*).

süchtig Adj. **1.** ‚entzündet, eiterig‘ (von einer Wunde) *paß off, daß dei Finger nich sichtch werd!* – **2.** ‚Krankheiten verschlimmernd‘, seltener auch ‚Krankheiten übertragend‘ – u. zwar gelten im Volksaberglauben Bettfedern, Fingernägel od. ein Spiegel als *süchtig; guck ni in Spiegel, da wird's sichtch!* – Die alte Bed. (mhd. *suht* ‚Krankheit‘, *sühtec* ‚krank‘) ist hier bewahrt.

Sudel f. ‚der flüssige Stalldünger‘ Osterzg., sSüdmeißn. (in anderen Gebieten → *Jauche, Atel*).

sudeln sw. V. **1.** ‚mit Jauche düngen‘ Osterzg., sSüdmeißn. – **2.** ‚verunreinigen, schmutzig machen‘, häufig auch *be-, vollsudeln; ich hab mir de Hosen besudelt.* – **3.** *heraussudeln* ‚Wäsche (schnell u. nicht gründlich) waschen‘.

Suiten Pl. ‚Albernheiten, lustige u. verwegene Streiche, verrückte Ideen‘ *der Kerl hat nischt wie Schwieten in Koppe; der erzählt gerne e paar Schwitten.* – Lautf.: *Schwieten, Schwitten*; Fremdwort, frz. *suite* eigtl. ‚Folge‘ (zu lat. *sequi* ‚folgen‘).

sukzessive Adj. ‚allmählich, nach u. nach‘ *sachtesive is der Heilige Ohmd rahkumme; das werd'ch dir schon sackzessive beibring!* – Fremdwort, spätlat. *successivus* ‚nachfolgend‘; in den Mundarten häufig mit volksetym. Anlehnungen: *schluckzessive, sachtesive, sackzessive.*

sulbern sw. V. ‚Flüssigkeiten verschütten, panschen, sich oberflächlich waschen‘, häufig auch *Sulberei, be-, vollsulbern*; Osterländ., Meißn.; *hast dir awer deine neie Schirze glei vollgesulbert.*

Sums m. ‚Aufhebens, Umstände‘, auch ‚(unnötiges) Gerede‘ *macht ni so viel Sums, wenn ich ze Besuch komm'.*

surmen, surmsen sw. V. **1.** ‚summen, schwirrend fliegen‘ *heit*

sorme awer de Bie (Bienen). – **2.** ‚(brennend) schmerzen, weh tun‘
(von Wunden) *in mein’ Finger sormt’s.* – Vgtld., Westerzg.

Süßchen → *Saucissechen.*

Süßkraut n. ‚sauer u. süß gekochter Weißkrauteintopf‘ veraltet,
vorwieg. Laus., selt. Meißn., Erzg.

Sutte, Suttel f. ‚Pfütze‘ Vgtld.; *tret ner net nei der Sutt!* – Schon mhd.
sute, sutte f. ‚Pfütze‘, etym. zu *sieden.*

Suz f. ‚weibl. Schwein, Mutter-, Zuchtschwein‘ Vgtld., Erzg.

Sympathie f. ‚Volksheilkunst, „medizinische“ Behandlung ohne
Arzt (durch Auflegen der Hand, Streichen, Besprechen)‘ veraltet;
*ze dem mußte ma gehn, der brengt das mit Simpatie weg; mit ihrn Been hat die
Simpatie gemacht.*

Täbe → *Tebe*.

talfern sw. V. **1.** ‚undeutlich, unverständlich sprechen; plappern, lallen‘, auch *Talferei, Getalfer*; Laus.; *der talfert wie a klee Kind.* – **2.** ‚etw. mit den Händen betasten, sinnlos an etw. herumspielen‘, häufig *an-, be-, daranherumtalfern*; Vgtld.; *du sollst net alles ahtalfern!*

tälisch Adj. **1.** ‚einfältig, dumm‘ *dar is awing* (ein wenig) *tälsch.* – **2.** ‚benommen, schwindelig‘ *mir is ganz tälsch geworn.* – Laus., Meißn.

Talke f. ‚mißratenes Gebäck‘ Laus.; *euer Bäcke macht immer siche* (solche) *Talken.*

Talken m. **1.** Bed. wie → *Talke*, Vgtld. – **2.** ‚ungeschickter Kerl, Tölpel, Tolpatsch‘ Vgtld., Erzg.; *du alter Talken bist ze nischt nitze!*

Talpe f. ‚Hand‘ *der konnte mit sein’ grußen Talpen ganz scheen zuhaun!*

tälpisch Adj. ‚unbeholfen, ungeschickt‘ *du hast cha zwee tälpsche Pfoten!*

tampern → *tempern*.

Tangeln Pl. ‚die herabgefallenen Nadeln der Nadelbäume‘ Vgtld., Vor-, Westerzg.; dazu auch *tangeln* sw. V. ‚die Nadeln verlieren‘ *unner* (unser) *Baam tangelt scho* (schon).

Tapet n. **1.** *etw. auf’s T. bringen* ‚zur Sprache bringen, vorbringen‘. – **2.** *nicht (ganz) auf’m T. sein* ‚nicht (ganz) auf der Höhe sein, kränkeln‘. – Fremdwort, lat. *tapētum* ‚Decke (eines Konferenztisches)‘.

tappelig, tapperig Adj. ‚alt u. schwach, klapperig, unbeholfen (bes. beim Gehen)‘ *der ahle Mann is nu oo racht tapprich geworn.*

Täte → *Tete*.

Taubenbeute f. ‚Taubenschlag‘ Nordmeißn. – Mhd. *biute* f. ‚Backtrog, Bienenkorb‘ → *Beute* (hierzu auch → *Butte*).

Taubenhöhle, -höhler, -höller m. ‚Taubenschlag‘ Vorvgtld., Vgtld., Westmeißn., Südwestosterländ.

Taubenkat n. ‚Taubenschlag' wNordosterländ. – Etym. zu nd. *kate, kote* ‚Höhle, Loch'.

Tebe, Teben f. ‚Hündin'. – Lautf.: *Dehm* f. Vor-, Westerzg., *Däbe* f. Osterzg., Laus. – Etym. wohl zur selben Wurzel wie *Titte, Zitze* gehörig (jedoch mit Verschlußlaut *t-* im Anlaut, das von der 2. Lautverschiebung nicht erfaßt wurde u. sich schwer erklären läßt).

teig Adj. **1.** ‚überreif, fast faulig (von Birnen)'. – **2.** ‚matt, erschöpft' *ich bin ganz teeg vun den vieln Treppensteichen.*

teigig Adj. Bed. wie → *teig 1; die Bern' nehm'ch ni, die sin doch schon teegch.*

teilhaft[ig] Adj. ‚gut einteilbar, sparsam verwendbar' Ost-, Südmeißn., Vor-, Westerzg., Vgtld.; *enne Zuckertite mit lauter kleen' Zeuge, die is teelhaftch.*

Tempel m. ‚Häufung von gleichen od. ähnlichen Dingen auf engem Raum' (z. B. Pilze, Blumen, Häuser, Bäume) Oberlaus., Erzg.; *die Schwamme standn alle off enn Tampel;* → *Trempel.*

tempern sw. V. ‚sich ziel- u. zwecklos beschäftigen, herumspielen, Zeit vertrödeln', häufig auch *Getemper, herumtempern; die kann nich mehr arweeten, die tut bloß noch so bissel rimtampern.* – Lautf.: *dembern, dambern.*

Test m. ‚eingetrockneter Schmutz (auf der Kleidung), Dreckkruste' Südwestosterländ., Westmeißn., Vorvgtld., Vgtld., Vor-, Westerzg.

Tete f. in Fügungen wie *(immer) an der T. sein* ‚an der Spitze sein, leitend tätig sein' umg. – Lautf.: *Däde;* Fremdwort, frz. *tête* ‚Kopf'.

texten sw. V. ‚sich (lange u. angelegentlich) unterhalten, Ernsthaftes erörtern; lange Klatschgeschichten erzählen' umg.; *manche Weiber, die texten stundenlang off der Straße.*

tickschen → *tückischen.*

tigern sw. V. ‚hasten, eilig gehen', meist in Zuss.: *los-, herumtigern; wie se das herte, is se glei losgetichert.*

Tischer m. ‚Tischler' veraltend.

titschen sw. V. ‚eintauchen (u. dadurch aufweichen)' *den dreichen* (trockenen) *Streiselkuchen mußte titschen.*

Titscherkugel f. ‚kleine Spielkugel der Kinder, Murmel' Vgtld., Westerzg., sWestlaus., sOstmeißn.

toberig Adj. ‚schwül, drückend, dunstig' *wenn's so tobrich is, sin de Fliechen wie verrickt.* – Lautf.: *dohbrich, duhbrich, dowwerich, duwwerich.*

¹**töbern** sw. V. ,viel u. laut reden, schimpfen' *nu here endlich ma off ze tewwern!* – Lautf.: *dewern, dewwern.*

²**töbern** sw. V. trans. ,jmdn., etw. unterdrücken, niederhalten; Herr über jmdn., etw. werden' Vgtld., Westerzg.; *s hot lang gedauert, bis dos Feier getebert war; dich war' mer* (werden wir) *schu nuch tebern!*

Töbs m. ,(lustiger) Lärm, Ausgelassenheit, Kindergeschrei' *nu habt'er awer genuch Teebs gemacht fer heute.* – Lautf.: *Deebs, Dewes.*

töbsen sw. V. ,lärmend herumtoben, sich austollen' (meist von Kindern), häufig auch *herumtöbsen; ihr Kinner, teebst ma ni su!* – Lautf.: *deebsen.*

tölpisch → *tälpisch.*

Topfbrett n. ,Brett od. Holzgestell an der Küchenwand für Geschirr u. Töpfe' veraltet.

Topfeinstricker m. ,umherziehender Handwerker, der die gesprungenen Töpfe reparierte, indem er sie mit einem Drahtgeflecht umgab' veraltet, vorwieg. noch im Oberlaus., Erzg., Vgtld. aus der Erinnerung bekannt.

töpfern Adj. ,aus Ton' vorwieg. Meißn., *e tepperner Topp.*

töricht Adj. ,von Sinnen, wie verrückt' (von Menschen u. Tieren) Vor-, Westerzg., Vgtld.; *de Flieng* (Fliegen) *sei vor'n Gewitter wie teret; de Weiber sei mannichmo wie teret nooch enn Kerl.*

Tort m. *jmdm. etw. zum T. tun* ,jmdm. etw. zum Trotz tun, aus Bosheit, um ihn zu ärgern' *das hat er mir bloß zun Tort getan.*

tottend Adj. ,schwindelig, taumelig', aber auch ,von Sinnen, wie verrückt, ungehemmt, frech' (von Menschen u. Tieren) *off die sißen Beern sin de Wespen wie tottende.*

tottig Adj. Bed. wie → *tottend; der macht een' cha ganz tottch mit sein Gequatsche.*

Tour f. *in einer T.* ,fortwährend, immer' allg. (mundartlich u. umg.) *mußte mich denn in eener Tuhr ärchern!* – Fremdwort, frz. *tour* ,Drehung'.

trab Adv. ,schnell' *nu mache bißchen trab, sunst kimmste ze späte!*

Trageseil n. (häufig im Pl.) ,Gurt od. Band, mit dessen Hilfe man etw. trägt', auch ,Hosenträger' Osterzg., Oberlaus. – Lautf.: *Drahsel, Dreusel.*

Tralarich m. ,Aufhebens, Umstände, Gerede' *nu mach ni erscht so enn großen Tralarich!*

trandeln sw. V. ,handeln, tauschen, kleine Geschäfte machen' (unter Kindern) Vorerzg., Vorvgtld.

transchen sw. V. Bed. wie → *trandeln*; Westerzg., Vgtld.

Trauerbrot n. ,gemeinsames Essen der Trauergäste nach der Beerdigung, Leichenschmaus' Westerzg.

Trauermahlzeit f. Bed. wie → *Trauerbrot*; Ostmeißn., West-, Ober-, Ostlaus.

traurig Adj. neben der litspr. Bedeutung auch in der Verwendungsweise *die Traurigen* ,Leidtragende, Trauergäste bei einer Beerdigung' Laus.; *de Trauerchen giehn glei hintern Sarge*.

Traute f. ,Zutrauen, Mut' *nee du, da hab'ch keene Traute derzu.*

trecken sw. V. ,ziehen' niederdeutsches Wort, erfaßt Südmärk., EEGeb., Nordosterländ.

Treibholz n. **1.** ,Gerät zum Breitrollen des Kuchenteiges' Meißn., Laus., Erzg. – **2.** ,Peitsche' Osterländ., Meißn., Laus.

treiche → *dreuge*.

Trempel m. Bed. wie → *Tempel*; vorwieg. Vgtld., dazu häufig auch *trempel[e]weis[e]* ,in einer Gruppe sich beieinander befindend' *de Schwamme standn trempeleweis*; → aber *Drempel*.

treten st. V. neben den litspr. Bedeutungen auch ,stehen, herumstehen' vorwieg. Erzg., Vorerzg.; *ich hab zwee Stundn dorten getreten un gewart'.*

treuche → *dreuge*.

tribulieren sw. V. ,jmdn. quälend betteln u. bitten, jmdm. mit dauerndem Bitten auf die Nerven fallen' (meist von Kindern) *wenn de Kinder heem wolln, trebeliern se.* – Lautf.: *driweliern, dreweliern*; Fremdwort, lat. *tribuare* ,zuteilen'.

Triefel m. **1.** ,herunterhängender, aus dem Gewebe gerissener langer Faden'. – **2.** übertr. ,großes, dickes Stück' (z. B. von Fleisch, Wurst) *schneid dir nur enn richtchen Triefel runner!* – **3.** übertr. ,großer, kräftiger u. ungezogener Kerl' Vgtld., Westerzg. – Gehört zum Verb → *triefeln*.

triefeln sw. V. ,(Gestricktes) auftrennen, sich auflösen ·(von Gewebe)' meist *auftriefeln*; Vgtld., Westerzg. – Etym. zu *triefen, tropfen* gehörig.

Trittewar → *Trottoir*.

trocken → *dreuge, dröge*.

Trollbart, Trollerbart m. ,Doppelkinn' Vgtld.; gehört etym. zu dem obd. Wort *Trolle* ,herabhängende Quaste'.

Trollgast m. ,Gast, der bei einer Familienfeier mit am Essen teilnimmt, ohne eigtl. eingeladen zu sein' (z. B. Gäste bei einer Kind-tauf-Feier, die nicht Pate stehen) veraltet.

Trollwind m. ,Wirbelwind' Südmärk., EEGeb., Nordosterländ.

Trottoir n. ,Fußweg, Bürgersteig' veraltend; *loof nur immer hibsch off'n Trittewar!* – Aus dem Französischen entlehntes Fremdwort, volksetym. an *Tritt* angelehnt.

Truhe f. neben der litspr. Bedeutung auch ,der aus Brettern beste-hende Aufbau des Kastenwagens', Erzg., Vgtld. – Dazu auch *Tru-henwagen* ,Kastenwagen' Lautf.: *Truhewoong*.

Trutsch m. ,unerzogenes, freches, nicht in die häusliche Gemein-schaft passendes Mädchen' Laus.; *su ann Trutsch darfste mir ma ni ins Haus breng'!*

Tschamster[ich] → *Schamster[ich]*.

tschärlen sw. V. ,schwach rinnend fließen, tröpfeln', auch ,urinie-ren' Westerzg., Vgtld.; *s Wasser tschärlt fei bluß nuch*.

Tschatschel → *Zätschlein*.

Tschätscher → *Zätscher*.

Tschauke, Tschaukel, Tschaupe, Tschäupchen → *Zauke*.

Tschesche → *Zesche*.

Tschetscherkugel f. Bed. wie → *Titscherkugel*, sVgtld.

tschin[d]ern → *schindern*.

Tschök f., **Tschöker** m. ,altes, stumpfes Messer' Westerzg., *mit dar alten Tscheek willste was schneiden?* – Lautf.: *Tscheek, Tscheeker*.

Tschuck f. ,weibl. Schwein', meist im Dim. *Tschucklein* (Lautf. *Tschuckel, Tschulle*) ,kleines Schwein, Ferkel' Vor-, Westerzg., Vgtld.; *ich hoh mer moh wieder e Tschuckel eigesteckt* (zur Aufzucht in den Stall genommen).

Tschumperlied, -lein n. ,kurzes, lustiges, volkstümliches (der-bes) Lied, oft aus dem Stegreif gedichtet u. gesungen' Erzg., Vgtld.;

> *Je hecher der Torm, / im so schenner s Geleit, / je wetter*
> (weiter entfernt) *mei Fraa, / im so gresser mei Freid!*

tschun[d]ern → *schundern*.

Tschutsch → *Schottisch*.

tüchtig Adj. häufig als Ersatzwort für ,sehr', bes. im Erzg., Vgtld.; *mer ham uns tichtch gefreit*.

tückdräuisch Adj. ,stur, eigensinnig, dickköpfig' EEGeb., Nord-osterländ.; *met so enn dickdreewischen Hund kannste nich zesamm arweeten*. – Lautf.: *dickdreemisch, -dreewisch* (mit volksetym. Anlehnung an *dick* wie in *Dickkopf*; die richtige Etymologie aber ist *Tücke* u. *dräuen* aus mhd. *dröuwen* ‚drohen‘; → *dräuisch*).

tückisch Adj. ‚verstockt, niederträchtig, bösartig‘, auch ‚wütend, zornig, ärgerlich‘, od. auch ‚mit jmdm. verfeindet, verkracht, böse‘; *mit den tickschen Vulke will'ch nischt ze tun ham; nu biste woh* (wohl) *ticksch mit mir?*

tückischen sw. V. ‚sich trotzig verhalten, schmollen; mit jmdm. böse sein, dumm tun‘ (häufig von Kindern, aber auch von Erwachsenen); *die nimmt leichte was iebel un tutt dann lange dickschen.* – Lautf.: *dickschen* (volksetym. an *dick* wie in *Dickkopf* angelehnt), etym. zu mhd. *tuc* m. ‚Schlag, Stoß‘, *tücke* f. ‚Benehmen, Arglist‘.

Tulke f. ‚Vertiefung (im Gelände), eingedrückte Stelle, Delle‘ Vgtld.; *du hast ne Tulk in dein Hut*; → auch *Delle*.

Tump m. ‚feuchte Stelle, Wasserstau (in einem Bach), Schöpfstelle; Tümpel, Pfütze‘ Ost-, Ober-, sWestlaus., sOstmeißn.

tun st. V. Das Wort hat ähnlich wie → *machen* eine sehr allg. Bed. In der Sprache des Alltags ist es häufig u. beliebt, z. B. um die Expressivität zu erhöhen *(ich tu ni mitmachen)*, um zusammengesetzte Zeitformen zu bilden *(gestern tat's mir nich passen)* od. um die Formen von *mögen, werden* im Konj. zu umgehen *(ich tät gerne mitkomm')*.

tunken sw. V. Bed. wie → *titschen; aßt un trinkt un tunkt oo!*

Tunnel n. wie litspr., aber im Gesamtgeb. (auch umg.) als Neutr.; *ich bin glei durch's Tunnel geloofen.*

tirängeln sw. V. ‚jmdn. plagen, peinigen; quälend betteln u. bitten‘ *nu her endlich off, mich dauernd so ze tirängeln!* – Etym. vielleicht eine Kreuzung zwischen *tyrannisieren* u. *drängeln*.

turbieren sw. V. ‚quälend betteln u. bitten, plagen u. drängen‘ (meist von Kindern), auch *Turbiererei; wenn de nich offherst mit Torwiern, hau'ch der paar runner!* – Fremdwort, lat. *turbare* ‚Unruhe, Verwirrung stiften‘.

Türdrückel m. ‚Türklinke‘ Oberlaus.

Türdrücker m. ‚Türklinke‘ Vgtld., Vor-, Westerzg.

türmelig Adj. ‚schwindelig, taumelig, drehend‘ Vgtld., Erzg.; *mir werd's ganz därmlich, wenn'ch hier aus'n Fanster guck.* – Lautf.: *därmlich*.

Übergeziehe n. ,Bettwäsche: Bett-, Kopfkissenbezug, Laken‘ wOsterländ.

Überkehre f. ,Strohabfälle, die von der Strohpresse nicht erfaßt worden sind u. nach dem Dreschen umherliegen; grobe Spreu‘ Osterländ., Meißn., Westlaus.; *de Iewerkehre schaff’mer off’n Oberbo-den.* – Lautf.: *Ewwer-, Iwwer-, Iewerkehre, -kiehre, -kehr[i]che.*

überlei Adj. ,übrig, übriggeblieben; überflüssig, überzählig‘ *mer hatten viel iewerlees Zeig off’n Boden rimliechen; ich war iewerall ieberle un in Weche; die ham fimf Kinner, da ham se’s oo ni iewerlee* (leben sie nicht im Überfluß).

übermännigen sw. V., häufig refl. ,sich körperlich od. geistig überanstrengen; jmdn. überwältigen‘ Laus., öOstmeißn.; *er hot sich bei’n Holzhacken iewermehnicht; der Schlaf hat’n iewermännicht.* – Lautf.: *iewermehnchen, -mähnchen, -männichen;* schon mhd. *übermenigen* ,überwältigen, übermannen‘.

Ulle f. ,schlechte Laune, Wut‘ vorwieg. Meißn., Laus.; *geh der aus’n Wege, die hat heute Ulle!*

umschmeißen st. V. neben der trans. litspr. Verwendungsweise auch intrans.: ,mit dem Wagen umkippen‘ vorwieg. Vgtld., West-erzg., Oberlaus.; *off der Hauptstroß hot enner imgeschmissen.*

umzech[ig] Adv. ,der Reihe nach, abwechselnd‘ *mer ham bluß enn Leffel, do miß’mer imzech assen.*

Unband m. ,wildes, unbändiges Kind‘ (je nach der Betonung als Schimpf- od. als Kosewort verwendbar); *du Unband, du verflixter!*

unbändig Adj. ,sehr, außerordentlich‘ vorwieg. Laus.; *heute gibt’s unbändch vill ze tun; ich hutte ne imbändche Freede* (Freude). – Lautf.: *un-bändch, imbändch.*

ungamper → *ungangbar.*

ungangbar Adj. **1.** ,unförmig, plump, unbequem, unhandlich, nicht gefällig aussehend' *die ungambern' Latschen zieh'ch ni an; der Schrank is ze ungambern for unsre Stube.* – **2.** ,ungeschickt, faul u. träge' *die Frooe* (Frau) *is ungamber wie anne Walze.* – Laus., öOstmeißn.; Lautf.: *ungamber[n],* durch schon sehr frühe Assimilation aus *un-gang-bar* entstanden.

Ungedeihe n. *auf U. gehen, ausgehen* ,etw. Bösartiges im Schilde führen' Laus., öOstmeißn., *mer han den Kerl fortgeschickt, weil er immer bluß uff Ungedeihe ausging.* – Eigtl. ,etw., das nicht gedeihen kann'.

ungeneuße, ungeneußen, ungeneußig, ungeneußlich Adj. ,ungenügsam, unbescheiden' (vor allem beim Essen u. Trinken) Gesamtgeb. außer Erzg., Vgtld.; *bis ne su ungeneußch, laß den annern oo was!* – Lautf.: *ungenieße, -geneße, -genäße, -geneuße, -geneiße*; etym. zu *ge-nießen.*

Unschlitt n. ,Talg' (an Speisen, aber auch zur Kerzenherstellung) *frieher kam ni su viel Butter an Kuchenteeg, da hat de Mutter Inselt genomm'.* – Lautf.: *Inselt*; etym. aus ahd. *ingislahti, ungislahti* ,zum Essen nicht verwendbares Schlachtwerk'.

Unschlittlicht n. urspr. ,Talglicht', später übertragen auf jede Art von ,Kerze' Erzg., Vorerzg., Süd-, Ost-, Nordmeißn.; *mir ham noch Insellichter an Tann'baam.* – Lautf.: *Insel[t]licht* (viele Sprecher lehnen es volksetym. an *Insel* an); zur Etymologie → *Unschlitt.*

Untätchen, -lein n. *da ist kein U. dran* ,es hat nicht den kleinsten Fehler, es ist makellos' *an der Hus* (Hose) *is noch net s klaanste Untätl.*

untergütig → *unterkötig.*

Unterkehle f. ,Doppelkinn' im Gesamtgeb. außer im Vgtld., *die is mir zu fette, die hat cha jetze schon ne Unnerkehle.*

unterkötig Adj. ,unter der Haut entzündet u. eiterig' Osterländ., Meißn., Laus., *wäächen den Finger mußte zen Dokter, das is doch schon ganz ungergietch.* – Lautf.: *unger-, unnergietch, -kietch, -keetch*; etym. zu mhd. *quât* ,böse, schlimm'.

Unternächte Pl. ,die zwölf Nächte zwischen Heiligabend (24. 12.) u. Hohneujahr (6. 1.)' an diese Zeitspanne sind einige abergläubische Vorstellungen geknüpft: Träume gehen im entsprechenden Monat des nächsten Jahres in Erfüllung, ein zerbrochenes Glas bringt Unglück, das Wetter der nächsten 12 Monate läuft so ab wie an diesen 12 Tagen u. a.; vorwieg. Vgtld., Westerzg., Südmeißn. – Lautf.: *Unner-, Unter-, Inner-, Internächte*; etym. zu lat. *inter* ,zwischen'.

Unterziehhosen Pl. ,lange Männerunterhose' veraltet; *heute mußte Ungerziehhusen anziehn, s is kalt draußen.*

Ur-eilein n. ,zu kleines Hühnerei (meist ohne Dotter)' nach abergläubischer Vorstellung bedeuteten sie Unglück u. wurden über das Haus geworfen; Vgtld. – Lautf.: *Uriechel[e]*, *Uriegel[e]*; das Wort ist etym. unklar, man könnte neben *Ur-eilein* auch von *Ohn-eilein* ausgehen.

Uriegel → *Ur-eilein.*

uriegeln → *hornnägeln.*

urscheln, urschen sw. V. ,verschwenderisch mit etw. umgehen, mit etw. wüsten' (z. B. Tiere mit dem Futter, Menschen mit Speisen od. Geld) Meißn., Laus., Erzg., Vgtld.; *tu mit'n Brot ni su urschen, las de Kriemeln uff!*

Üsel m. od. f. od. n. ,verbrannter Abfall vom Docht einer Kerze od. Petroleumlampe', auch ,Holzteilchen, Rückstände beim Sägen od. Hacken' veraltet, Vgtld., Westerzg., selt. noch Meißn. – Lautf.: *Neesel, Niesel, Diesel*; mhd. *üsel[e]* f. ,Asche, Aschenstäubchen'.

uzen sw. V. ,jmdn. necken, verspotten, zum Narren halten', häufig auch *aus-, veruzen; der hat weiter nischt in Koppe als wie de Leite uzen.*

vacat Adj. (nicht attr.) ‚nicht vorhanden, fällt aus' *krichste denne Urloob? Nee, der is fagaht.* – Lautf.: *fagáht, vergáht*; lat. *vacat* ‚es ist frei, unbesetzt'.

vagerieren, vagieren sw. V. ‚mit den Händen od. einem Gegenstand sinnlose Bewegungen vollführen, herumfuchteln', häufig auch *herumvag[er]ieren; se hot machtch mit de Händ rimfacheriert.* – Lautf.: *facheriern, fachiern.*

Veloziped n. ‚Fahrrad' veraltet; *ich kann schun Filitzepeh fahrn.* – Lautf.: *Flitzebee[n], Filitzebeh* mit volksetym. Anlehnung an *flitzen* u. *Bein,* eigtl. lat. (‚Schnellfuß').

verachten sw. V. ‚jmdn. beschimpfen, schelten' Erzg., Oberlaus.; *mei grußer Bruder tutt mich egah* (immerzu) *verachten.* – Mhd. *verähten, veræhten* ‚jmdn. in die Acht erklären, ächten'.

verbost Adj. ‚wütend, zornig, verärgert' vorwieg. Laus., öOstmeißn.; *der war su verbust, er war sich salwer ni gutt!*

verbumfiedeln sw. V. ‚etw. vergessen, außer acht lassen; etw. falsch od. schlecht ausführen' umg.; *das is mer awer fatal, das hab'ch verbumfiedelt.*

verbutten sw. V. ‚(geistig u.) körperlich in der Entwicklung zurückbleiben, verkümmern' (meist im Part. Perf. gebraucht: *verbutt*); *meine Blum' sein allesamt ganz verbutt dies Chahr.*

verdefendieren sw. V. ‚verteidigen' veraltet; *mei Meester hat mich verdefendiert; die tat sich nich emah verdefendiern.* – Fremdwort, lat. *defendere* ‚verteidigen'.

vergangen Adv. ‚vor kurzem, neulich' *vergang' war meine Tante off Besuch.*

verhauen Adj. ‚humorvoll, witzig, stets zu Späßen aufgelegt' *unser Kleener is e verhauener Kerl, da gibt's immer was ze lachen.*

verhegen sw. V., refl. *bei dem verhegt sich nischt* ‚er kann nicht sparen, sein Eigentum nicht zusammenhalten'; *das Madel kann sich vor den Kerl ni verhächen* ,das Mädel kann sich vor dem Kerl nicht schützen, es ist ihm ausgeliefert' Laus., Ostmeißn.

verhohnepipeln, verhohnipeln sw. V. ,jmdn. verhöhnen, veralbern, lächerlich machen' *vun dir laß'ch mich doch nich verhohnepipeln!* – Etym. wohl aus mhd. *holhipen* ,jmdn. schelten, schmähen' mit volksetym. Anlehnung an *Hohn*.

verhost Adj. ,unnormal, außergewöhnlich; wie verrückt, verhext' (von Personen, Zuständen, Situationen) Laus., öOstmeißn.; *das is e verhoster Dingerch* (Kerl); *er hat wie verhost rimgebrillt; heute gieht's wieder amol ganz verhost zu.*

verkotzen sw. V., refl. ,sich verschlucken' veraltend; *iß langsam, daß de dich ni verkutzt!*

verkranichen sw. V. ,etw. verstecken, vor anderen verbergen' umg.; *ihrn Schmuck hatte se so verkranicht, daß se'n ni wiederfinden tat.*

verkühlen sw. V., refl. ,sich erkälten' veraltet; *setz ne Mitze off, daß de dich nich verkihlst!*

verlechzen sw. V. ,zusammentrocknen, rissig, undicht werden' (von Holzgefäßen), vorwieg. Osterländ., Meißn. (meist im Part. Prät. verwendet: *verlechzt, verleckst*). – Zu mhd. *lëchen* ,austrocknen'.

Vermag m. ,Kraft; das Vermögen, etw. zu tun' Laus., *ich erschrak su sehr, daß'ch gar kenn Vermug mieh hatt'.* – Lautf.: *Vermug, Vermucht;* mhd. *mügen, mugen* ,können, vermögen', → *Macht.*

vermalheuren sw. V. ,verunglücken, einen Unfall haben' veraltet; *mer sein gestern mit'n Heiwagen vermallehrt.* – Lautf.: *vermallehrn,* → *Malheur.*

verpimpeln sw. V. ,verhätscheln, verzärteln' (häufig im Part. Prät. *verpimpelt* ,verweichlicht, zimperlich'), umg.; *tu nur deine Kinner nich so verpimpeln!*

verpippich Interj. meist *ei verpippich!* harmloser, nicht ganz ernst gemeinter Fluch, auch Ausruf der Verwunderung; in u. um Leipzig.

verplempern sw. V. ,vergeuden, (sinnlos) vertun, vertrödeln' (meist Zeit od. Geld), umg.; *tu deine Zeit ni so verplempern, hast doch noch mehr ze tun!*

verscheuseln sw. V., refl. ,sich verkleiden, sich merkwürdig anziehen' Laus., öOstmeißn.; *du leefst doch heute racht verscheuselt rim!* → *Scheusel.*

versimsen → *versümsen.*

versprechen st. V. ‚Krankheiten durch das Murmeln von Zaubersprüchen heilen' (nach altem Volksglauben wurden manchen Menschen solche medizinischen Wunderkräfte zugesprochen), veraltend; *frieher gab's hier ne alte Frau, die tat Warzen un oo de Rose versprechen.*

versümsen sw. V. Bed. wie → *verplempern*, Meißn., Osterländ., Laus.; *der hat sein' ganzen Lohn versimst.*

vertabaken sw. V. **1.** ‚jmdn. verprügeln'. – **2.** ‚jmdn. zum besten halten, veralbern' *da haste dich awer vertobaken lassen!* – Lautf.: *vertóbaken.*

vertun st. V. neben den litspr. Verwendungsweisen auch **1.** Bed. wie → *versprechen*, Vgtld. – **2.** in der festen Fügung *da ham mer (glei mit) vertan* ‚da haben wir unsere Verpflichtung (ihm gegenüber gleich mit) erledigt'; *mir gehm fimf Mark mit derzu, un da ham mer glei mit vertan.*

verursachen sw. V. ‚etw. schlecht behandeln u. dadurch zerstören, beschädigen, abnutzen, in Unordnung bringen', aber auch ‚vergeuden, verschwenden' *hast dir awer deine Klamotten* (Kleidung) *veruracht!*; *s liebe Brut darf mer nich verurachen!*

verwichen Adv. Bed. wie → *vergangen*; Erzg., Ober-, Ostlaus.; *dan hohb iech erscht verwichen gesah* (gesehen).

verwimmert Adj. ‚knorrig, verwachsen (von Holz)' Vgtld., Erzg., Oberlaus. – Lautf.: *verwiemert, verwimmert*; mhd. *wimer* ‚Auswuchs an einem Baumstamm'.

verwogen Adj. ‚verwegen, mutig, draufgängerisch' *der verwoochne Kerl fercht' sich vor nischt*; *mit dein' Hittel* (Hütlein) *siste* (siehst du) *cha verwoochen aus.*

verzwaseln, -zwatscheln, -zwazeln sw. V. ‚aufgeregt, unruhig sein, vor Angst vergehen, verzweifeln' vorwieg. noch Vgtld., Westerzg.; *do kennt mer doch dlei* (gleich) *verzwahtscheln!*; *iech bie ball verzwaselt.*

Vesper f. od. n. ‚Pausenmahlzeit am Nachmittag (etwa 16 Uhr)' veraltend gegenüber *Kaffeetrinken*, aber noch im Gesamtgeb. bekannt (im Vgtld. selten, dort nicht heimisch); *itze mach mer erscht mah Vesper.* – Fremdwort, lat. *vespera* ‚Abend[zeit]'.

Viebch → *Viehweg.*

Viehlich n. ‚Gesamtheit des Viehs, Viehzeug' Vgtld.; *laß ner s Viehlich as'n Stall!*

Viehweg m. ‚Weg, auf dem früher das Vieh zur Gemeindeweide getrieben wurde‘, übertr. auch ‚abgelegener Ortsteil, Ortsteil am Rande der Gemeinde‘ *die wohn’ draußen off’m Viebch.* – Lautf.: *Fiebch[d], Fiebich.*

vielleicht Adv. neben der litspr. Verwendungsweise häufig auch, um eine Verstärkung auszudrücken: *der hat villeich Kräfte!; ich hab villei Dresche gekricht!* – Lautf.: *f[i]lei* Südwestosterländ., sonst *filleich[d], ferleich[d].*

Viering m. ‚125 Gramm, ¹/₄ Pfund‘ Vgtld.; *hol mer emol enn Viering Worscht!*

Viertel[s]korb m. ‚Korb, in den etwa ¹/₄ Zentner (z. B. Kartoffeln) hineingeht‘ (als Rückentrag- od. Bügelkorb od. Korb mit zwei kleinen Henkeln; früher häufig bei der Kartoffelernte benutzt), auch im Dim.: *-körbchen, -lein.*

vigilant Adj. ‚geschickt, gewandt; aufmerksam, geweckt, klug‘ *du bist awer e fichilantes Kerlchen!* – Lautf.: *ficheland, fliecheland* (mit volksetym. Anlehnung an *fliegen, Flügel*); Fremdwort, lat. *vigilans* ‚wachsam‘.

visitieren sw. V. ‚(prüfend) durchsuchen‘, auch *aus-, durchvisitieren*; veraltet; *da muß’ch erscht mah meine Taschen durchfissentiern.* – Lautf.: *fisse[n]diern.*

Vogelbeerbaum m. ‚Eberesche‘ im Gesamtgeb. außer dem Laus.; *hat der Vogelbeerboom vill Beern, trägt’s Korn dicke Ährn; wenn’s viel Vugelbeer gibt, kimmt e strenger Winter.*

Vogelhochzeit f. der 25. Januar ist der Tag der V.: Nach einer alten sorb. Sage hat sich an diesem Tag die Elster mit dem Raben vermählt; heute bekommen die Kinder an diesem Tag Süßigkeiten (in Eier- od. Vogelform) von den Vögeln ins Fenster gelegt als Dank für das Füttern im Winter; Neulaus.

Vogeltritt m. ‚kleine, dürre Äste auf dem Waldboden‘ Oberlaus.; *hul a bissel Vugeltritt aus’n Busche* (Wald)!

Vogt m. ‚Aufseher über Gesinde u. Geschirr auf großen Bauerngütern‘ nur noch aus der Erinnerung bekannt, mit den alten gesellschaftlichen Verhältnissen ausgestorben; *der Vocht ging mit’n Kindern off’s Feld, daß se keene Dummheeten machten, daß se ordentlich arweeten taten, awer oo ni ze schwere Arweet krichten.*

voneinander Adj. (nicht attr.) ‚entzwei‘ vorwieg. Vgtld., Westerzg.; *das Tischl is vellig fernanner.* – Lautf.: *fernanner, fonander.*

vor Präp. erscheint mit Umlaut (Lautf.: *fir*) u. fällt mit *für* zusammen im Oberlaus., Südmeißn., Erzg., Vgtld.

vorehe Adv., Konjunkt. ‚vorerst, zunächst; ehe, bevor' *er hot verneh simbeliert* (nachgedacht) *un nochert gelacht; vorehr daß de fertch bist, kreiste* (kriegst du) *oo kee Geld!* – Lautf.: *ferneh* (Vgtld.), *vorehr[e]*.

Vorende → *Furchenende*.

Vorhaupt → *Furchenhaupt*.

Vorhäuschen, -lein n. ‚kleiner geschlossener Vorbau vor der Haustür, um Schnee u. Kälte abzuhalten' *mer ham uns derweiln* (inzwischen) *bissel ins Vierheisel gestellt*.

Vorheeft → *Furchenhaupt*.

Vorhemdchen, -lein n. ‚Brustlatz' (veraltetes Kleidungsstück für Männer, es war gestärkt u. gebügelt, oben wurde der Kragen angeknöpft), *is mei Vorhemdchen oo reene un geplätt' fer'sch Erntefest?*

vorhins Adv. ‚vorhin' *bist doch vordens grade erscht gekomm'*. – Lautf.: *fordens, forns[d], fierings[d]*.

vorschlagen st. V. neben den litspr. Bedeutungen auch ‚die (noch gebundenen) Getreidegarben mit dem Flegel leicht vordreschen' (hierbei fiel aber doch bereits ein großer Teil der Körner aus). – Lautf.: *for-, firschlahn, -schlohng, -schleun, forscheln*.

Vorteil m. od. n. ‚Kunstgriff, Kniff' (bei der Arbeit), *du hast'n Vorteel weg, bei dir fleckt's* (geht es schnell voran).

wächeln sw. V. ‚sich unruhig, schnell bewegen' (z. B. vom Feuer ‚flackern, lodern' *mach de Ufmtier unten auf, dann tut's wacheln!*, von Menschen ‚lebhaft, flott tanzen', ‚winken, mit den Armen wedeln') Vgtld., wWesterzg. – Lautf.: *wacheln, wächeln*; Iterativbildung zu mhd. *wæjen* ‚wehen'.

Waffe f. **1.** ‚offene (tiefe) Wunde' wNordosterländ.; *da haste dich awer anne Waffe beijebracht!* – **2.** meist Pl. ‚Hautrisse, Rißwunden bei aufgesprungenen Händen' Westerzg.; *er hat enn Fatzen Iselierband im seine Waffen gewickelt.*

Wagner m. ‚Stellmacher, Wagenbauer' im Gesamtgeb. außer Nordosterländ., EEGeb., Südmärk. (dort: *Stellmacher*, das heute gegenüber dem mundartlichen Wort *Wagner* überall vordringt). – Lautf.: *Wahner, Wähner, Weuner, Wohnger.*

walen sw. V. *Eier w.* ‚(zu Ostern) Eier eine schiefe Ebene hinabrollen lassen' alter Brauch im öEEGeb., öNordosterländ., Schrad. – Etym. zu mhd. *waln, walen* ‚wälzen, rollen' od. zu niedersorb. *walis, walas* ‚rollen'.

walgern, wälgern sw. V. ‚etw. (jmdn.) kräftig anfassen, drücken, kneten', auch ‚wälzen' *n Teeg mußte richtch walgern; s Schnitzel mußte erscht in Mehle wälchern.*

Walpurg[is]abend m. ‚Abend des 30. April' (an diesem Abend mußten nach altem Volksaberglauben die Hexen ausgetrieben werden, u. zwar durch Verbrennen von Besen, Peitschenknall, Anbringen von Kreuzen), vor allem noch im Vgtld., Erzg., Oberlaus. bekannt, wenn auch nicht mehr praktiziert. – Lautf.: z. B. *Wallbrumm[d], Wallber[d]ohmd.*

Wamme f. ‚faltig herabhängende Haut (am Hals der Kuh); dicker, fetter (herabhängender) Bauch (beim Menschen)' *du hast cha ne tichtche Wampe!* – Lautf.: *Wamme, Wampe.*

Wampe → *Wamme.*

wandelbar Adj. ,minderwertig, morsch, faulig (von Holz)' sOst-, Südmeißn., Erzg.; *das Holz hier toocht ni viel, das is alles wandelbar.*

Wanstrammeln n. ,Bauchschmerzen' Osterländ., Meißn., Erzg.; *ich kann's vor Wanstrammeln kaum noch aushalten.*

Wärmde → *Wermut.*

warnigen sw. V. ,warnen' Laus.; *siste, ich hatte dich gewarnicht!*

wärteln → *wörteln.*

Waschfleck m. ,Waschlappen' veraltend, Vgtld., Erzg., sOstmeißn., im Dim. *(Waschfleckel)* sWest-, Ober-, Ostlaus.

Waschhader m. ,Scheuertuch, -lappen' Erzg., Vgtld.; *nimm ne Waschhoder un wisch zamm!*

Wassergalle f. **1.** ,ständig feuchte Stelle auf dem Acker' *dorte wächst nischt, da is enne Wassergalle.* – **2.** ,nicht geschlossener, schwach ausgebildeter Regenbogen' (soll Regen ankündigen).

Wasserhaus n. ,kleiner Anbau am Bauernwohnhaus, der nur von diesem her zu betreten war u. durch die Wirkung des darin eingebauten großen Wassertroges als Kühlraum für die Milch u. Butter verwendet wurde' Wort u. Sache sind ausgestorben.

Wasserjungfer f. ,Libelle' wOsterländ. (Lautf.: *Wasserjungfer*), Vgtld., Westerzg. (Lautf.: *Wassergumpfer*).

wassettersch → *weiß-seht-ihr-es.*

Wattich m. ,Doppelkinn, herabhängende Fettwulst' Westerzg.

Watung f. ,Kleidung', seltener auch ,Anzug' Laus.; *läh ock* (leg nur) *de Wohtcht uff's Kanepee!* – Lautf.: *Wohtcht, Wuhtcht, Weutcht;* zu mhd. *wāt* ,Kleidung' (in der Litspr. lebt das Wort noch in der Zus. *Leinwand*, aus mhd. *līnwāt*).

webeln sw. V. ,geschäftig in Bewegung sein, herumwimmeln, sich hin u. her bewegen, wedeln, winken', häufig auch *durcheinander-, herumwebeln;* Vgtld., Westerzg., Oberlaus.; *in dan Ohmsenhaufen* (Ameisenhaufen) *wiebelt's un wabelt's.*

Wechsel n. ,Zweitexemplar, das die Möglichkeit zum Wechseln ergibt' *ich koof noch ne Gardine, damit mer s Wechsel ham.*

weckeln sw. V. ,die fertige Butter in die Holzform drücken' mit der Tätigkeit ausgestorben, früher Ober-, Ostlaus.; *de Butter is fartch, ich muß se bluß na* (noch) *weckeln.*

Wederlein m. od. n. ,Schnittlauch' Vgtld., wWesterzg. – Lautf.: *Wederle*, seltener *Watterle;* sVgtld. *Wederling.*

Weefe → *Weife*.

Wegebreit m. od. n., **Wegebreite** f. ‚Breitwegerich (Pflanze)‘ als altes mundartliches Wort noch im Gesamtgeb. bekannt, wird aber von der hochspr. Bezeichnung verdrängt; *bing* (bind) *nur Wechebreetblätter off de Wunde, die kiehln!*

Wehfrau f. ‚Hebamme‘ Vgtld., Vorvgtld., Vor-, Westerzg. – Lautf.: *Wiehfraa, Wiehefraa.*

Wehtage Pl. ‚(körperliche) Schmerzen‘, häufig auch in *Bauch-, Kopfwehtage*; Vgtld.; *iech hatt gestern arge Wieheting, die verging’ net.* – Lautf.: *Wiehding, Wieheding*; zurückgehend auf mhd. *wētac* m. ‚leiblicher Schmerz‘ (eigtl. ‚Tageszeit des Schmerzes‘).

wehtuend Adj. (eigtl. Part.Präs.) ‚schmerzend‘ veraltet, Meißn., Oberlaus.; *mei ganzer Nischel is heute wiehtunde.*

Weiblein n. ‚weibl. Tier‘ (insbes. ‚das weibl. Stallkaninchen‘) Vgtld., Erzg., Vorerzg., *mer ham drei Weibeln un drei Männeln.* – Lautf.: *Weibel.*

Weibsen n. (meist im Pl.) ‚Frau‘ leicht abwert., aber auch neutral; *su dumm kenne* (können) *aa när de Weibsen sei!* – Aus mhd. *wībesname.*

Weibsvolk n. ‚Frau‘ (also auch ‚einzelne Frau‘!), ‚Frauen‘ – von stark abwert. bis neutral; *du bist awer e albernes Weibsvulk!*; *heite ham meine Weibsvelker Wäsche.*

Weife f. ‚Gerät zum Aufwickeln des gesponnenen Garnes‘ *haste denn de Weefe vullgekricht?*

Weihnachtsberg m. zur Weihnachtszeit in einer Zimmerecke aufgebaute bergähnliche Landschaft mit selbstgebastelten Figuren, wobei die dargestellten Themen vielgestaltig sind (z. B. Weihnachts-, Ortsgeschichte, Heimatlandschaft); Erzg., Vgtld.

weil Konjunkt. neben der hochspr. auch noch in der alten temporalen Bed. ‚während, so lange wie‘ veraltend; *kimmst met in Gahrten, weil de Oma n Kaffee macht; an den Tog woll’ mer denken, weil mer lehm* (solange wir leben).

weimern sw. V. ‚klagen, jammern‘ vorwieg. Meißn., Laus.; *die Alte hat geweimert, daß Gott erbarm!*

weisen st. V. ‚zeigen‘ in den Mundarten noch sehr lebendig; *das mußte mir mah weisen; der Meester hat mer’sch ni richtch gewissen; weis mir mah deine Hand her!*

Weiser m. ‚Zeiger (an der Uhr)‘ *mußt’n Weiser ne Stunde vordrehn* (zu → *weisen* ‚zeigen‘).

weiskriegen sw. V. ‚etw. [be]merken, gewahr werden' in den Mundarten noch sehr geläufig; *erscht hammer'sch gar ni weisgekricht; mer ham nich weisgekricht, wer'sch war.*

weißbrennen unregelm. V., refl. ‚die Schuld von sich abwälzen, sich herausreden' *du brauchst dich ni weißbrenn, mer wissen Bescheed.*

weiß-der-Hole Adv., Interj. ‚wahrhaftig, tatsächlich' *ich kann weßderhole nischt derfier!; ich hab's weißderhole vergessen!* – Hinter *Hole* versteckt sich wohl der *Teufel*, den man aber nicht nennen darf; ähnlich verhält es sich bei → *weiß-der-Sex.*

weiß-der-Sex Adv., Interj. Bed. wie → *weiß-der-Hole*; Vgtld.

Weißfalter → *Feifalter.*

weiß-Knöpfchen Adv., Interj. Bed. wie → *weiß-der-Hole*; vorwieg. Osterländ., Meißn.; *mer kann doch weeßkneppchen nich genuch offpassen!*

weiß-seht-ihr-es Adv., Interj. Bed. wie → *weiß-der-Hole*; Vgtld.; *ich hoh ne wassettersch net gesehe.* – Lautf.: *wassettersch*; schwer zu durchschauende Wortbildung.

weiswerden st. V. Bed. wie → *weiskriegen; dann bin ich's endlich weisgeworn; ich war'sch schon weisegeworn, was'ch falsch gemacht hatte.*

Welchzeit f. ‚Uhrzeit' veraltend; *gucke nur mah nach der Welzeit!* – Lautf.: *Wel[t]zeit*; aus *welch[e] Zeit?*

Wellfleisch n. ‚das (beim Schlachtfest) im Kessel gekochte Fleisch' *Wellfleesch mag'ch ni, das is mer ze fettch.*

Welschnuß f. ‚Walnuß' veraltend. – Das Bestimmungswort weist auf die fremde Herkunft dieser Nuß (aus Italien) hin.

Weltzeit → *Welchzeit.*

Wenderich m. ‚Enterich, Erpel' vorwieg. Osterländ. – Es handelt sich um ein von niederländischen Siedlern mitgebrachtes Wort; Lautf.: *Wendrich, Wandrich, Wennerich, Wähnerich, Wähnerick, Wennerick.*

Werkstatt f. **1.** wie litspr., im Gesamtgeb. – **2.** ‚Hobelbank' Laus., sOstmeißn., Osterzg. – Alte mundartliche Lautf.: *Wargschd, Wergschd,* heute von *Wergstatt* verdrängt.

Wermut m. od. f. wie litspr. (Pflanze, häufig als Tee bei Magenverstimmungen). – Alte mundartliche Formen: *Wärmde, Warmde* f. EEGeb., Osterländ., Meißn., Laus., Osterzg., *Warmit, Wärmit, Wärmert* m. Westerzg., Vgtld.

Wernickel m. od. n. ‚Entzündung am Augenlid, Gerstenkorn'

Laus., sOst-, Südmeißn., Ost-, Vorerzg. – Lautf.: *Wernickel, Bernik-kel, Burnickel, Hernickel.* Das Wort gehört zu einer idg. Wuzel, *ner* ,erhöhte Stelle', die z. B. in lat *vasulus* ,Gerstenkorn' u. in unserem Wort *Warze* steckt.

Werre f. ,Maulwurfsgrille' (etwa 5 cm langes, schwarzbraunes Insekt), vorwieg. EEGeb., Nordosterländ., Schrad. – Lautf.: *Werre, Werle.*

werteln → *wörteln.*

Wesen n. **1.** ,Aufhebens, Umstände' *du machst e Wesen von der Sache!*; *mach ni so viel Wesens wechen den bissel Mist!* – **2.** als Redensart: *sein W. haben* ,keinen normalen Verlauf haben (von Vorgängen), sich absonderlich verhalten (von Menschen)' vorwieg. Laus.; *wenn de mit den' was zesamm machen willst, hat's immer sei Wesen; laß die in Ruhe, die hat heute wieder ihr Wasen!*

Wetzbulle f. ,Wetzsteinbehälter, den früher die Schnitter bei der Ernte am Gürtel trugen' Südmärk., EEGeb.

Wetze f. in der Wendung *in die W. kommen* ,in Verlegenheit geraten, Schwierigkeiten bekommen' Laus., öOstmeißn.; *s is schon so späte, da wer'ch noch in de Wetze komm'.*

Wetzfaß n. ,Wetzsteinbehälter' Südwestosterländ.

Wetzkieze f. ,Wetzsteinbehälter' Laus., Ost-, Nord-, Südmeißn., Osterzg.

Wetzkumpf m. ,Wetzsteinbehälter' Westerzg., Vgtld. – Lautf.: *Wetzkump[f], -kumm, -kampf, -kamm.*

Wetztülle f. ,Wetzsteinbehälter' Westmeißn.

wichern sw. V. ,jammern, klagen' Oberlaus.; *was hat er denne schon wieder ze wichern?* – Etym. zu mhd. *wihen,* ahd. *wihōn* ,schreien', wozu auch unser litspr. *wiehern* gehört.

wichsen sw. V. **1.** ,(Schuhe) blank machen, polieren' *frieher mußt'ch mein' Vater immer de Stiwweln wichsen.* – **2.** ,prügeln, schlagen' meist *durch-, verwichsen; dich muß'ch mah widder richtch durchwichsen!* – **3.** ,werfen' in Zuss. wie *her-, hin-, hinaus-, hinunter-, zuwichsen; der hat mir das ganze Zeug einfach hingewichst!*

Wichser m. **1.** ,Anstrengung, Mühe' *das Treppensteichen is fer mich immer e ganz schener Wichser.* – **2.** ,Schicksalsschlag, Begebenheit mit unangenehmen Folgen' *der Tod von mein' Mann war fer mich e tichtcher Wichser.*

wichsig Adj. ,wütend, zornig' *wenn der wichs'ch werd, schreit er glei los.*

wichteln sw. V. ,unentschlossen sein, zögern, zweifeln' Vgtld.; *iech* *hoh lang gewichtelt, eh iech dermiet ahgefange hoh.* – Etym. wohl zu *wiegen* ‚etw. abwägen‘.

wiebeln sw. V. **1.** ‚sich durcheinanderbewegen, hin u. her laufen, wimmeln‘ auch *durcheinander-, herum-, hin und her wiebeln; guck nur moh, wie dort de Leite rimwiebeln!* – **2.** ‚(etw. kunstvoll) stopfen, nähen‘ *das wiebel ich dir, daß kee Mensch mehr sitt, wo's kaputt war.*

Wieblein n. (meist Pl.) ‚das Junge der Gans, Gänschen‘ – auch als Lockruf für die kleinen Gänse: *wiebel[e]-wiebel[e]*; Westerzg.; *such moll paar Brennesseln fer de Wieweln!*

Wiede f. ‚gedrehte od. gespaltene Weidenrute, die man als Bindematerial (z. B. für Reisigbündel, Rutenbesen) verwendet‘ veraltend, Vgtld., Erzg., Laus. (schon mhd. *wit[e]* ‚Flechtreis, Band‘).

wieden → *wieten.*

Wiederbekehre, Wiederbekehrung f. in der Fügung *sich in der W. (über etw.) sein* ‚sich im Zweifel (über etw.) sein, schwanken‘ veraltend, Meißn., Erzg., Laus.; *ich bin mir noch in der Wiederbekehrche, ob 'ch komme oder ni.* – Lautf.: *Wiederbekehr[ch]e*; das Wort drückt urspr. ‚Rückkehr zur alten Gesinnung, Sinnesänderung‘ aus.

Wiedewinde f. ‚Ackerwinde (ein Ackerunkraut)‘; Osterländ., West-, Nordmeißn. – Lautf.: *Wedewinde, -winge, -wenge, Wiedewinde, -winge, -wenge, Wette-, Wittewinge, -wenge.*

Wiehding → *Wehtage.*

Wiele n. (meist Pl.) Bed. wie → *Wieblein,* auch als Lockruf: *wielewiele*; Vgtld., Vorerzg.

Wiemer → *Wimmer.*

wienach Frageadv. ‚warum‘ Vgtld.; *wienooch bist'n gestern net komme (gekommen)?*

wienern sw. V. **1.** ‚blank machen, polieren‘ *ich muß noch n Fußboden wienern.* – **2.** ‚prügeln, schlagen‘ meist *durch-, verwienern; so een' muß mer mah e paar iewern Arsch wienern!* – **3.** ‚werfen‘ in Zuss. wie *hin-, hinaus-, herüberwienern; den ganzen Mist hab'ch eefach widder hingewienert.*

Wiesebaum m. ‚die in Längsrichtung auf das Heufuder gelegte Stange zur Befestigung der Ladung‘ *nachher wenn de Fuhre voll is, da kummt der Wieseboom ohm droff.* – Lautf.: *Wieschbaam* Vgtld., *Wies-, Wiese-, Wiesenboom* Laus., sOst-, Südmeißn., *Wiesbaam* Erzg.; → auch *Heubaum.*

wieten sw. V. ‚Unkraut jäten‘ Südmärk., EEGeb., Nordosterländ.; *in dein' Jahrten kannste oo emah wieten.*

215

Wimmer m. ‚knorriges Holzstück, verkrüppelter Baumstamm‘ Erzg., Vgtld.; *dan Wiemer hoh'ch net ausenannergebracht.* – Lautf.: *Wiemer* (schon mhd. *wimer* ‚knorriger Auswuchs an einem Baumstamm‘).

Windfäue f. ‚Reinigungsmaschine für das ausgedroschene Getreide‘ (durch eine handgedrehte Kurbel wurden Holzflügel in Bewegung gesetzt, die Wind erzeugten, der die Spreu aus den Körnern blies), mit der Sache ausgestorben. – Lautf.: *Windfääche* (volksetym. an *fegen* angelehnt, gehört aber etym. zu mhd. *vewen* ‚sieben‘).

Windfege → *Windfäue.*

Windrüsten Pl. ‚oberster Raum im Dachstuhl (sowohl in der Scheune als auch im Wohnhaus)‘, Meißn., Osterländ., veraltend; *wenn viel Heu is, da wern sogar de Windristen noch voll.*

Windwebe f. ‚Schneewehe‘ Osterzg., Oberlaus.; Lautf.: *Windweb, Windwewe.*

Windwehe f. ‚Schneewehe‘ Westerzg., Vgtld.

Winselmutter f. fiktive Gestalt, mit der man Kindern angst macht, ihnen droht; auch ‚Gespenst, das sich vor einem Todesfall bemerkbar macht‘ übertr. auch ‚Eicheldaus im Kartenspiel‘ Vgtld.

Wipfel m. **1.** ‚oberster Teil des Baumes, Baumkrone‘ vor allem Laus., Meißn. u. Osterzg. – **2.** übertr. ‚Kopf‘ Laus.; *du hast doch enn ganz weißen Wippel gekricht!*

Wippchen Pl. ‚Flausen, Ausflüchte, Flunkereien‘ *mir machste keene Wippchen vor!* – Etym. wohl zu *wippen* (also eigtl. ‚possenhafte Bewegungen‘).

wirken sw. V. ‚weben‘ veraltet, Vgtld., Laus.; *ich tu a (in) der Fabrike wurken.* – Lautf.: *werken, warken, wurken.*

Wirre f. *a de Wurre komm'* ‚in die Wirre, in Verlegenheit, in Schwierigkeiten geraten‘ Laus.

Wispel m. Hohlmaß für Getreide (1 Wispel waren 12 Sack u. entsprachen etwa 1 t), veraltet.

wiste! Interj. Zuruf an das Zugtier, wenn es nach links gehen soll (meist in Verbindungen wie *wiste her, wiste herum*) Osterländ., Meißn., Laus., Erzg., Vgtld. – Lautf.: *wisde, wiesde, hisde, hiesde.* – Schon ahd. *win[i]star*, mhd. *winster* ‚link[s]‘.

wo Frageadv. in der litspr. Verwendung, aber daneben auch als Konjunkt. in der temporalen Bedeutung ‚als‘; *mer kam' grade, wo's anfing ze räächen.*

Wohtcht → *Watung*.

worfeln, worfen sw. V. ,die Getreidekörner von der Spreu reinigen, indem man sie mit einer großen Holzschaufel, der Worfschaufel, gegen den Wind warf' mit der Tätigkeit ausgestorben; *de besten Kerner fliechen bei'n Worfen an weitsten, un de Sprau* (Spreu) *fliecht een' in de Fresse.*

wörteln sw. V., refl. ,sich zanken, streiten' *gestern ham mer uns schon wieder tichtch gewertelt.* – Lautf.: *werdeln, wardeln*; etym. wohl zu *Wort* gehörig.

Wrasen → *Brasen*.

wubern sw. V. ein Geräusch bezeichnend (z. B. fernes Donnern od. das Geräusch des Feuers im Ofen); Meißn., Laus.; *horch nur, s wuwert schon wieder!*

wudeln sw. V. ,sich durcheinanderbewegen, wimmeln' Laus.; *wie das wudeln tutt uff'n Jahrmarchte!*

Wuhtcht → *Watung*.

Wule n. (meist Pl.) Bed. wie → *Wieblein*, auch als Lockruf: *wule-wule*; vorwieg. Westerzg.

wuleng[k] → *Ende*.

Wumme f. ,bes. großes, dickes Exemplar von einer Sache', auch ,dicke Frau'; Laus.; *heuer häng' tichtche Wumpen dran* (Früchte am Baum). – Lautf.: *Wumbe*.

wummern sw. V. Bed. wie → *wubern*; *die Nacht hat's awer gewummert!*

Wumpe → *Wumme*.

wurachen sw. V. ,angestrengt, schwer arbeiten' öEEGeb., öNordmeißn.; *mußte denn oo ahmds noch so wurachen!* – Die Etymologie des Wortes wurde häufig im Slawischen gesucht, was wohl aber nicht haltbar ist. Es ist eher an deutsche Herkunft zu denken (vielleicht zu *werken, wirken*).

Wurf m. neben den litspr. Bedeutungen auch ,Sensenstiel' (häufig: *Sensenwurf*) Vgtld., Erzg., Laus.

Würgel m. (seltener n.) ,kleines Kind', meist abwert. ,freches, ungezogenes kleines Kind' *der Werchel schreit schon widder; dich Werchel laß'ch heite derheeme.* – Lautf.: *Werchel, Warchel*.

Wurre → *Wirre*.

Wusch m. in der Fügung *unterm W.* ,heimlich, ohne daß es jmd. merkt' Laus.; *die Arweet kann'ch bloß ungern Wusche machen.*

wuscheln sw. V. ‚leise, heimlich miteinander reden, tuscheln‘ Ober-, Ostlaus.; *war wuschelt, dar leugt* (lügt).

Wutschierling m. ‚Wasserschierling (Pflanze)‘, auch ‚Giersch (Pflanze)‘ Laus., sOstmeißn. – Lautf.: *Wutscherch, Wutschlich* (schon mhd. *wuot-scherlinc*).

wuwern → *wubern*.

Zäbel → *Zäpel.*

zach → *zäh.*

Zacke f., **Zacken** m. neben den litspr. Bedeutungen auch ‚(dürrer) Ast, Zweig' Südmärk., EEGeb.; *frieher sin mer in Wald jegang' Zacken haken* (die dürren Äste mit einem Haken abbrechen).

Zagel m. **1.** ‚Schwanz (eines Tieres)' Oberlaus., Lautf.: *Zahl, Zeul.* – **2.** *der hat'n Zaachel,* sagt man von dem, der bei der Ernte die letzte Garbe bindet od. beim Dreschen den letzten Schlag macht; Südmärk., EEGeb. – Mhd. *zagel* (auch *zeil*; engl. *tail*) ‚Schwanz, Schweif'; erhalten ist dieses alte Wort in Ortsnamen wie *Cranzahl* („Krähenschwanz") od. *Ochsensaal.*

zäh Adj. **1.** wie litspr. ‚widerstandsfähig' *der is zähe wie so ne Katze.* – **2.** wie litspr. ‚schwer zu zerkleinern, schwer zu kauen (von Fleisch)'. – **3.** ‚geizig' *bis* (sei) *nich so zach un gib een aus!* – **4.** ‚feucht, noch nicht ganz trocken' *mer kenn's Heu noch ni einfahrn, s is noch zach.* – Lautf.: *zäh[e]*; bei Bedeutungen 3 u. 4: *zach.*

Zahl f. neben der litspr. Bed. auch ‚Arbeitspensum, das man erreichen muß; Soll' (vor allem beim Klöppeln, Häkeln, Stricken); Vgtld., Erzg.; *iech muß arscht noch mei Zahl machen.*

Zaine f. **1.** ‚abgeschnittene Weidenrute (zum Binden od. zum Flechten von Körben)' vorwieg. noch im Vorvgtld., Vgtld.; Lautf.: *Zeine* f., *Zenn* Pl. – **2.** ‚kleines Holzfaß, kleine Wanne' (um Wäsche zu waschen), Südmärk., EEGeb.; Lautf.: *Diene, Deine.* – Mhd. *zein* ‚Rute, Rohr'.

zanger Adj. ‚schwächlich, kränklich, unterentwickelt' Laus.; *unser Junge hutte de Masern, nu sitt er zanger aus.* – Ein altes Wort mit mannigfaltigen Bedeutungen, germ. *tang-ra* ‚beißend', ahd. *zangar*, mhd. *zanger* ‚frisch, schnell; gesund, kräftig' – aber in den Mundarten auch mit gegenteiliger Bedeutungsentwicklung.

Zänkel n. ‚kleines Stück, ein wenig, ein bißchen‘ Oberlaus.; *gieh ock* (nur) *a Zänkel wetter!*; *schneid a Zänkel meh ab!* – Mhd. *zanke, zinke* ‚Zacken, Spitze‘.

Zanken m. **1.** ‚Ast, Zweig‘ wNordosterländ. – **2.** ‚der Zinken am Rechen (an der Harke)‘ Schrad., Nord-, Ostmeißn. – Mhd. *zanke* ‚Zacken, Spitze‘.

zanneln, zannen sw. V. ‚den Mund verziehen (vor Wut od. vor Freude); weinen; lachen‘ Vgtld.; *zann ner net esu weng den bill Wehweh!* – Lautf.: *zahneln, zanneln, zanne.* – Schon mhd. *zannen* mit denselben Bedeutungen, etym. wohl von *Zahn* abzuleiten.

Zäpel m. ‚großer, kräftiger, tolpatschiger Kerl‘ Laus., Ostmeißn.; *dar gruße Zäpel spielt immer noch met den kleen’ Kindern.*

zärgeln, zärgen sw. V., refl. ‚sich zanken, sich neckend balgen‘, häufig auch *herumzärgeln, Zärgelei*; EEGeb., Nordosterländ.; *Kinner, nu hert endlich off, eich ze zärgeln!*

Zaspel f. urspr. ein Garnmaß (‚20 Gebinde‘); auch ‚unbestimmte Anzahl, Menge‘ vorwieg. Laus.; *dort lief ne ganze Zaspel Hiehner rim.*

zatschen sw. V. ‚kläglich tun, weinerlich sein‘ auch *Gezatsche, herumzatschen*; vorwieg. Laus., Meißn.; *unse Kleene hat heute nur rimgezatscht.* – Lautf.: *zaatschen, tschaatschen.*

Zätscher m. **1.** ein Singvogel, wohl ‚Bergfink‘ od. ‚Blutfink‘. – **2.** ‚verwöhnter, verzärtelter, unterentwickelter Junge, der meist auch recht wählerisch beim Essen ist‘ *dar Zätscher kah net ze Kräften kumm’.* – Vgtld., Westerzg.; Lautf.: *Zätscher, Tschätscher, Zeetscher, Tscheetscher.*

Zätschlein n. ‚kleines bißchen von einer Flüssigkeit‘ Westerzg., Vgtld.; *in Topp is noch e Tschätschel Millich.* – Lautf.: *Zatschel, Zaatschel, Zätschel, Tschatschel, Tschaatschel, Tschaatscherle.*

Zauke f., **Zäukchen, Zäuklein** n. ‚Maiglöckchen (Pflanze)‘ Erzg., Nord-, Süd-, Ostmeißn., Laus. – Lautf.: *Zauke, Zaukchen, Zaukel, Tschauke, Tschaukel, Zaupe, Zäupchen, Tschaupe, Tschäupchen*; für dieses Wort wurde lange Zeit slaw. Herkunft angenommen (obersorb. *caltka* ‚wie eine Perlenreihe aneinandergebackenes Brötchen‘), diese wird jedoch von der neueren Forschung sehr stark angezweifelt; eine klare u. einleuchtende Etymologie konnte jedoch bisher nicht gefunden werden.

Zaupe, Zäupchen → *Zauke.*

zechum Adv. ‚der Reihe nach, reihum‘ veraltet, Vgtld., Erzg., Meißn., Laus.; *mer machen bein Dreschen zechim.*

zeckeln, zecken sw. V. ‚jmdn., sich gegenseitig necken, ärgern, reizen' *die beesen Chung' zeckeln mich andauernd.*

Zee n. ‚Stelle, an der man beim Haschespiel nicht abgeschlagen werden darf' vorwieg. Osterländ., Meißn. – Die Etymologie ist ungeklärt.

zehkeln sw. V. ‚sich auf die Zehenspitzen stellen' vorwieg. Nordosterländ.; *wenn de was sehn willst, mußte schon zehkeln.*

zeitig Adj. **1.** wie litspr. ‚früh' *mer missen morchen frieh zeitch uffstehn.* – **2.** ‚früh im Jahr reif' *mer ham ne zeitche Kersche* (Kirschbaum) *in Garten; die zeitchen Kerschen koch mer ni ein.* – **3.** ‚reif' Vgtld.; *de Preiselbeer sei zeitich.*

zempern sw. V. alter Fastnachtsbrauch: Die Kinder gehen verkleidet von Haus zu Haus u. erbitten durch das Aufsagen von Sprüchen Gaben. – Veraltet, EEGeb., Nordosterländ., Schrad.:
zemper, zemper, Donnerschtag, morgen is Freitag, / ohm off de Firschte häng' gebratne Wirschte, / laß mich nich so lange stehn, ich will noch weiter zempern gehn.

zengs[t] → *Ende.*

Zensch → *Genz.*

zerdeppern → *zertöpfern.*

zerlechzen sw. V. ‚zusammentrocknen, rissig u. undicht werden (von Holzgefäßen)', meist im Part.Perf. (*das Faß is zerleckst*); vorwieg. Meißn.

zerren sw. V. **1.** ‚(kräftig) ziehen' vorwieg. Südmärk., EEGeb., Osterländ. – **2.** ‚klägliche, langgezogene Töne ausstoßen (von Hühnern)' *wenn de Hiehner su zerrn, rähchent's bahle* (regnet es bald). – **3.** refl. ‚sich zanken, streiten' (meist bei Kindern) Laus., sOstmeißn., Osterzg.; *mißt ihr euch denn egah* (immer) *zerrn!*

zertöpfern sw. V. ‚(tönernes Geschirr) zerschlagen, zerbrechen' *paß off, daß de mir die große Schissel ni zertepperscht!*

Zesche f. ‚Fichten-, Tannen-, Kiefernzapfen' Lautf.: *Zischke, Zuschke, Schischke, Schuschke* Neulaus., *Zesch, Zasch, Tschesch, Tschasch* sVgtld.; *geste emol miet in de Zaschen?* (Zapfen suchen, weil man sie zum Feueranzünden verwendete). – Es handelt sich um ein Wort mit slaw. Herkunft (westslaw. *šiška* ‚Tannen-, Fichtenzapfen').

zewanner → *ander.*

Zibbe f. **1.** ‚weibl. Lamm' Südmärk., EEGeb., Nordosterländ. – **2.** übertr., Schimpf- u. Scheltwort für ‚weibl. Person' *die ahle Zibbe* *brauch gar ni meh ze uns ze komm'!* – Ein niederdeutsches Wort mit derselben Etymologie wie → *Tebe, Teben* (urspr. wohl eine Bezeichnung der weibl. Brustwarzen).

Zicken Pl. ‚unberechenbare Dummheiten, Streiche' *ich hab als chunger Kerl oo tichtche Zicken gemacht* (wohl Bezeichnung nach den unvorhersehbaren Sprüngen der Ziege).

Zieche f. ‚Bettbezug' Südmärk., EEGeb., Osterländ., Meißn., vor allem aber Laus. (hier häufig *Ziche*); *deine Ziche muß oo mit in de Wäsche.* – Schon mhd. *zieche*, ahd. *ziahha*; ein Lehnwort aus dem Romanischen, lat. *thēca* ‚Hülle', das etym. mit *ziehen* nicht in Zusammenhang steht).

ziefern sw. V. **1.** ‚frösteln, frieren; (vor Kälte od. Aufregung) zittern' *der ziefert vor Kält; mich ziefert's vor Kälte.* – **2.** ‚sich scheuen vor etw., zaudern, sich ängstlich zurückhalten' *tu ni su lange ziefern, pack met an!* – **3.** ‚Schmerz bereiten, weh tun; Schmerz empfinden; Schmerzenslaute von sich geben, wimmern' *mei Knie ziefert schun n ganzen Tog; ziefer ni su, wenn's oo mah weh tutt!* Vgtld., Erzg., Meißn., Laus. – Ein lautmalendes Wort, das urspr. das hörbare Einziehen der Luft bei Frost- (u. Schmerz-)empfindung ausdrückte.

Ziemer m. ‚Wacholderdrossel (Vogel)' Vgtld., Erzg.; *frieher ham se viel Ziemer gefange un gessen.* – Lautf.: *Ziemer, Zeimer.*

Ziep → *Zipf.*

Zinnkraut n. ‚Schachtelhalm (Pflanze)' vorwieg. Vgtld., Erzg., Oberlaus., Südwestosterländ.; wurde früher wegen seines hohen Gehalts an Kieselsäure zum Putzen des Zinngeschirrs verwendet.

zinseln sw. V. ‚alles übermäßig genau nehmen, alles vorher genau überlegen u. berechnen; kleinlich, sparsam, geizig sein' Laus.; *tu ock* (nur) *ne gar ze sehr zinseln, wenn de Kaffee machst!* – Fremdwort, lat. *censere* ‚[ab]schätzen'.

Zipf m. ‚Hühnerkrankheit, bei der sich ein hornartiger Belag auf der Zunge bildet' Vgtld., Erzg., Laus., häufig auch in der Redensart *dir wern se schon n Ziep noch reißen, nehm', schleißen* ‚dich wird man schon noch zur Vernunft bringen, kleinkriegen'. – Lautf.: *Ziep, Ziepf, Zips, Zieps*; → *Pips.*

¹**Zippe** f. ‚Singdrossel (Vogel)' vorwieg. Westerzg. (früher häufig als Singvogel gehalten od. aber auch verzehrt).

²**Zippe** → *Zibbe.*

Zipplein n. (meist Pl.) ‚Kücken, kleine Hühner', auch als Lockruf:

ziebel-ziebel; Vorvgtld., Vgtld., Vorerzg., Erzg., Südmeißn. – Lautf.: *Zippel, Ziebel[e]*.

zischeln sw. V. ‚leise reden, flüstern' Meißn., *wer zischelt, der leugt* (lügt).

Zischke → *Zesche.*

Zistel m. od. f. od. n. ‚(runder) Handkorb (mit Henkel)' sVgtld. – Altes, aus dem Romanischen entlehntes Wort, lat. *cistella.*

zito → *cito.*

Zolker f. (meist Pl.) ‚(herabhängende) Fäden, Fransen, Haare, Haarsträhnen' Laus.; *uff'm Stubmdieln lagen lauter Zulkern.* – Lautf.: *Zulker*, Pl. *Zulkern*; etym. zu mhd. *zol, zolch* ‚Klotz, Pflock'.

Zolle f. abwert. für ‚großes, kräftiges, aber ungeschicktes Mädchen; liederliche, schlampige weibl. Person' Osterländ., Meißn., Laus.; *die ahle Zolle weeß sich ni ze behelfen!* – Etym. zu mhd. *zol* ‚Klotz', das auch als Schimpfwort gebraucht werden konnte.

Zoßchen n., **Zosse** m. ‚Pferd' um Halle–Leipzig; *wo willste denn mit dein' Zossen hen?* – Aus dem Rotwelschen; jidd. *sus* ‚Pferd'.

Zoten m. ‚großes Stück, (großer) Fetzen; großer (aber liederlicher) Kerl' Vgtld., Erzg., Oberlaus.; *schneid mer mah enn richtchen Zoten Worscht ab!*

Zottelsuppe f. ‚Suppe aus rohen, geriebenen Kartoffeln' (benannt nach den schleimig herabhängenden Fäden) Vgtld., Erzg.; *noong* (nach dem) *Krieg hohm mer viel Zutelsupp gassen* (gegessen). – Lautf.: *Zu[e]delsupp.*

Zuber m. ‚großes (faßähnliches) Gefäß' (urspr. mit zwei Griffen od. Henkeln zum Tragen; z. B. zum Transport von Wasser od. als Waschfaß); *frieher ham mer de Jauche mit'n Zuber off's Feld gefahrn.* – Etym. *zu* ‚zwei' u. ahd. *beran* ‚tragen' – also eigtl. ‚etw. zum Tragen für zwei Personen' im Gegensatz zum *Eimer* (aus *ein-ber*) ‚etw. zum Tragen für eine Person'.

Zuckerkernlein n. ‚Süßigkeit zum Lutschen, Bonbon, ein Stück Würfelzucker' Laus.; *anne Tasse Kaffee un a Zuckerkarnel – das gieht mer iewer alles.*

Zuckerstein m., **-steinchen, -steinlein** n. ‚Süßigkeit zum Lutschen, Bonbon' Vorvgtld., Vgtld., Vor-, West-, Osterzg., Südmeißn.; *breng mer ner e paar Zuckerstaanel miet!*

Zudelsuppe → *Zottelsuppe.*

zufern sw. V. Bed. wie → *ziefern*; Vgtld.

Zulker → *Zolker.*

Zulp m. urspr. ‚ein mit Zucker u. Brot gefülltes u. mit einem Faden zugebundenes Leinwandläppchen, das man Säuglingen zur Beruhigung in den Mund steckte', jetzt auch der moderne ‚Gummischnuller' vorwieg. Osterländ., Meißn., Westlaus.; *eecha* (immer) *hat der große Junge noch den ahlen Zulp in' Maule.*

Zulper m. Bed. wie → *Zulp*; Vgtld., Westerzg.

zündeln sw. V. ‚mit Licht u. Feuer spielen' Vgtld., wWesterzg.; *Kinner, tut net zindeln!*

zuréchen Adv. ‚ungefähr; fast, beinahe' (eigtl. ‚so wie ich rechne, wie ich annehme') Laus., öOstmeißn.; *dar war zerechen nochmah so langk wie ich.*

zusammenläppern sw. V., refl. ‚aus kleinen Mengen durch stete Anhäufung allmählich eine große Menge ergeben' *in so ner Sparbichse da läppert sich schon was zesamm'.*

zusammennehmisch Adj. ‚(sehr) sparsam', auch ‚geizig' Westerzg., Vgtld.; *war zammnammisch is, dar kimmt aa ze was.*

Zusammenrechich, -rechlich, -rechnich m. od. n. ‚die nach der Ernte liegengebliebenen Heureste' Vorvgtld., Vgtld., Vor-, Westerzg.

¹**zuscheln** sw. V. ‚(mit den Schuhen) auf dem Eis gleiten' vorwieg. West-, Südmeißn., Vorerzg., Vorvgtld.; *als Kinner sin mer mit Holzpantoffeln gezuschelt.*

²**zuscheln** sw. V. ‚leise reden, flüstern' Meißn., Laus.; *die zuscheln, daß mer'sch nich hiern* (hören) *soll*; → *zischeln.*

Zuschke → *Zesche.*

zuseln sw. V. ‚jmdn. an den Haaren ziehen', auch ‚Schmerz verursachen beim Kämmen, weil die Haare verfitzt sind' Vgtld. – Lautf.: *zuseln, zusseln*; etym. zu *zausen.*

Zutsch → *Schottisch.*

Zutuer m., **Zutuerchen** n. ‚Taschenmesser' öNordosterländ., Schrad., Nord-, Ostmeißn.; *ich hab dir e hibsches Zutuerchen mitgebracht.*

zwängen sw. V. ‚schlecht schließen, klemmen' (z. B. von Türen, Fenstern) Ober-, Ostlaus.; *die Tiere quängt, mer krigt se bahle ni off.* – Lautf.: *quängen*, etym. zu *Zwang, zwingen, sich zwängen* gehörig.

zwaselig Adj. ‚aufgeregt, unruhig' vorwieg. Vgtld.; *s hot su lang gedauert, aß ich richtich zwaslich wurn bie.*

Zwei[sel]falter → *Feifalter.*

zweilützig Adj. ‚zweifach, doppelt‘ veraltend; *die dinne Schnure mußte zweelitzch nehm'!*; → *einlützig*.

Zwetschge f. **1.** ‚kleine wildwachsende Pflaume‘ – bes. häufig im Westerzg., u. zwar im Dim.: *Zwatschel, Zwetschel, Quatschel, Quetschel.* – **2.** in den Lautf. *Quatsche, Quatschche* ‚Ohrfeige‘ Osterländ., Meißn., Laus.; *du krichst glei enne Quatsche!*

Zwiesel m. od. f. od. n. ‚Gabelbildung bei Bäumen u. Pflanzen; Astgabel‘, übertr. auch ‚gespreizter Teil einer Rute, eines Stieles‘ *bei Tomaten wer'n alle Zwiesel weggemacht.*

zwirnen sw. V. ‚weh tun, schmerzen‘ *ich hab mer off'n Finger gepocht, das zwernt aber!*

¹Zwunsch m. ‚in der Entwicklung zurückgebliebenes Tier, Kümmerling; schwächlicher, kleiner Kerl‘ *du kleener Zwunsch kannst mit uns nich mitspieln!* – Lautf.: *Zwunsch, Zwuutsch, Zwinsch.*

²Zwunsch m. ‚Grünfink (Vogel)‘ Westerzg.; Lautf.: *Zwunsch, Quunsch.* – Aus dem Slawischen entlehntes Wort (zu *zvon-* ‚Klang, tönen‘).

Mundartproben

Elbe-Elster-Gebiet

(Pratau, Krs. Wittenberg): aus E. Wotschke, Pratau geht über Rindfleisch, Wittenberg o. J. (zitiert nach: H. Becker, G. Bergmann, Sächsische Mundartenkunde, Halle 1969, S. 128–129).

Wißtersch denn man noche, wie mer oabends immer spinnen jangen? Doa koofte mer sich seinen Steen Flachs uffen Flachsmarcht un denn hodde mer'n janzen Winter äwwer seine scheene Beschäftigung. Nee, die jude ale Spinnten! Doa freiete mer sich en janzen Summer druf. Un wenns denn so weit woar, denn machte mer Oabends trab, daß mer mets Fittern un mets Melken fartig wurre, un denn jangs awwer los: immer Reehe rum!

Ja, un wißtersch noche, wie doa de Spinnkelle vun de Decke rungerbammelte met die scheene jlitzerje bunte Papierschleefe dran un ungen hang denn's Kokellämpchen dran? – Awwer das missen mer moa richtig derzehlen, wie das far sich jung. Wemmer'n Flachs koofte, denn kam e zereerscht uf de Hechelbank. Das woar eich sonne Bank, doa stinnen lauter ale lanke Nägels noa oben. Doa wurre der Flachs ruffgeschloan, denn jang e vun'n Een (= „Age" ‚Spreu'), denn lette mer's Warkene alleene, un's Flächsene alleene (dann legt man das Wergene und das Flachsene für sich), das woar denn's Feine.

Das Warkene, das woar denn so mehr kruschelig, wemmer das uffen Wocken nahm, denn beejete (bog) mer'n Wockenbrief ringesenrum. Das woar son scheenes steifes buntes Papier, bale wie ne jroße Stammbuchsblume. Uf meinen stand: Wandle auf Rosen und Vergißmeinnicht. Un wemmer Flachs uffen Wocken hodde, denn kam sonn scheenes breetes seidenes Band drumrum. Ja, un denn hang oo na menniches Moa (dann hing auch manchmal) na en seidenes Band an de Seite leng runger, doa woar ungen en kleener Spiejel dran. Ich hodde äwwerhaupt en sehre feines Rad, das woar en Schachtelrad. Das hodde mich mein Voater jekooft, weil ich sehre akkerat spinnen kunne. Doa woar alles jedrechselt un met Elfenbeinkneppe besetzt. Vun mich kunne mer ne janze Strähne durch en Fingerring ziehn, so fein woar mein Fadden.

Ne Strähne hodde 12 Jebind, un een Jebind hodde 60 Fadden, die wurren so ufjewickelt vun de Spule runger uf de Weefe, wie se zund (jetzt) de Wulle ufwickeln. Un ins Frihjoar kochte mer de Strähnen met Aschenlohe in'n Kessel. Doa stellte mer 'n Besenstiel mittewege nin (mitten hinein), daß sich das Jarn nich varheddern tat, un denn läte mer se ringesenrum. Noaher mußte mer se denn na an de Bricke spielen un denn kamen se uf de Stange, daß se dreeheten. Denn schaffte mer se bei'n Leineweber, der schlug denn Leinewand draus. Doadervun schnitt mer sich de Ennen, wie mer se brauchte, so unjefähr 12 Ellen lang. Dann mußte mer se na 3 Wochen bleechen. Arweet machtes jo ville, sehre ville, awwer das woar noaher oo Zeik zum Strapazieren un nich sonn Plunder, wu mer Arwesen (Erbsen) durchschmeißen kann.

Un was hammer beis Spinnen immer far scheene Jeschichten derzehlt, oo Spukjeschichten vunnen Kowwelt un vunnen Hund ohne Kopp, der so jroß woar wie en Kalb. Un wenn Eis woar un der Mond schien, denn jangen mer halb zehne uffen Farschterteich schusseln. Un jetanzt hammer oo mench liebes moa, wenn de junke Burschens derzukamen.

Ja un janz zerletzt, wenn alles fartig jespunnen woar, denn woar Spinnoabend, denn jabs en jroßen Pfannkuchenschmaus. Doa steierten mer zesammen, doa mußte jeder en halbes Sticke Butter metbrengen un ne halbe Metze Mehl. Wer de jretzte (größte) Stuwwe hodde, die wurre ausjereimt. Un denn hammer jedanzt, was Zeik un Ledder huhlt.

Südwestosterländisch

(Leipzig): Tonbandarchiv der Akademie der Wissenschaften der DDR

Nuja, da haste schon recht, weeßte, s gibt solche un s gibt solche. Da genn ich doch ooch een', n gewissen Paule, der hatte s Tempo verpaßt. Der war immer bißchen schiß'ch mit de Mädels, das hab ich schon immer bein Tanzen gesähn. Da hab ich'n immer angegunkst, un nu is der alt un grau geworden, verstehste, un Mucken hat der gekricht. Was macht er nu? Jetzt leeft er immer bei seine alle Tante. Nu da gibts bißchen Gaffee un Guchen, he, un da wird dies un jenes ausgeknaatscht, nu, un dann geht Paule widder heem, he. Nu, un den Taache nu, da räächentes, verstehste, da räächentes Binfaden. Nu, wie de Stunde gam, saacht Paule: „Gustel, awer jetzt muß'ch heemgehn." Da saacht de Gustel: „Mensch, gucke ma naus, wie das räächent. Du gannt doch bei so enn Wetter nich heemgehn, bist wo nich gescheit! Na, warte, ich weeß, du schläfst off'n Gannapee. Ich hol der de Betten rein von mein' Mann sein' Bette, un da schläfste scheen, un morchen frieh gehste heem." Na, gemacht, getan, de Gustel geht naus ins Schlafzimmer un holt de Betten, un was macht mei Paule? Der haut ab! Der dachte an seine Schlafmitze, he. Nu geht der heem, nu gommt der widder nach ner halm Stunde ungefähr, da gommt der nu so zur Tiere rein, un der triefte. Un da saacht die: „Na, horche ma, Paul, wo gommst denn du her?" – „Gustel, du weeßt doch ganz genau, hier, ich brauche doch meine Schlafmitze, sins frier'ch doch an de Platte!"

Nordmeißnisch

(Goselitz, Krs. Döbeln): Tonbandarchiv der Akademie der Wissenschaften der DDR

S wor emal e chunger Mann. Dar kunnte sich nie zum Heiraten entschlissen. Keene stand'n ahn. Na, un derbei da wor er ahlt un graab (grau) gewurn. Nachen muchten glei gar keene miehe (mehr) han. – Na, un in Harbste hat er sich ma entschlussen, seine Schwaster ze besuchen. Die wohnte in der Gahne (Jahna, Krs. Oschatz), das leit bei Aster (Ostrau, Krs. Oschatz), nich weit vun Zschaabz (Zschaitz, Krs. Döbeln). Un da rahntes tichtch. Na un da spricht die uamds (abends): „Nu, da kannte nich heemgiehen. Da tuste bei uns iwwernachten." Die giehet un machts Bette fartch, un wie se vurkimmt, nu, da is er wag. „Na", denktse, „der Rahn kann dan nich furtgeschwemmt han. Er ward schun widderkumm'." Nach enner Stunde da kimmt er, mistmuadennaß. „Nu", spricht se, „wu kimmst denn du gewasen?" – „Na, du weeßt do, daß ich ohne Mitze nich schluafen kann. Da bin ich arsch heeme gewasen un hab mer meine Zippelmitze gehult."

Oberlausitzisch

(Schönbach, Krs. Löbau): Tonbandarchiv der Akademie der Wissenschaften der DDR

Ja, wie's su mit der Liebe gitt. Dar eene, dar tut'ch bazeiten e Maigel ahschaffen, e ander', dar packt iewerhaupt keene oh un bleibt zeitlahms e Eesiedler. Un su eener wor oo mei Nubber (Nachbar) Friedels Arnst. Dar hat'ch vür'n Maigeln gefurt (gefürchtet) wie vürn Feuer un is ahm ledch gebliem. Ock (nur) mit ser (seiner) Tante, de Pauline a (in) Neusalz (Neusalza-Spremberg, Krs. Löbau), das is ene halbe Stunde ver uns entfernt, vür unsen Durfe, mit dar hutte's; zu dar ging er ab un zu zu Besuch, un ba dar hielt er oo. Und in Harbst, do han mir unse Kirmsten immer, do a (in) der Äwerlausitz, do machte dar sich oo uff un ging zur Pauline a de Kirmst. Un an halm Namittche, do fing's oh zu rain (regnen), je später als' wurd, desto mehr tats gissen. Nu seute (sagte) de Pauline: „Awer heute kannste mer ne heemgiehn, Arnst, do bleibste do." – „Nu ja, wenns ne andersch is, do muß'ch ahm dobleim." – „Nu wart ock (nur) a bissel, ich war (werde) dir do a Loger zeraichtemachen. Ich war (werde) der (dir) a Bette reihuln, un do lähst'ch (legst du dich) ba mir nieder." Nu gitt se a (in) de Kammer, un wie se wieder mit'n Bette kimmt, do is mei Bursche Friedels Arnst verschwund'n. Se wart' eene Stunde, se wart' zwee Stunden, guckt immer zen Fanster raus. Uff eema gitt de Tiere uff, un mei Bursche Friedels Arnst kimmt rei, pitschepudelnoaß, un spricht: „Su, itz bie'ch wieder do." – „Nu seu mer ock (sag mir bloß), Arnst", spricht Pauline, „wu bistn du gewast?" – „Nu ja, hiersch (hörst du) Pauline, das is do ahm ba mir su: Ich kann doch ohne Zippelmitze ne schlofen, un do bie'ch ahm fix derheeme gewast un hoh mir sche gehult."

Westerzgebirgisch

(Bermsgrün, Krs. Schwarzenberg): M. Blechschmidt, De schwarze Fried derzöhlt vun Kuchnsinge, aus M. Blechschmidt, Behüt eich fei dos Licht, Leipzig 1971, S. 99–100.

Mir warn fei garschtig nazammgefahrn, wie do aans mit de Knöpeln na'n Loden wummert. Oder geleich dernooch fing's draußen a ze schallern. Erscht sachte, nort egal sehrner un sehrner, doß enn Angst waarn kunnt, wu dos noch hiführn möcht. Mei Mutter war außern Haisel un schießet rümhaar: „Ach du Rast, ich will Minn, Minneminn haaßen, wenn dos kaane Kuchnsinger sei! Inu du Schand, un noch kenn Kaffee in dr Rähr..."

Do kam oder schu aus'n Vürhaisel e annere Singerei. Aah schie, möcht mer sogn! Hatt dos erschte gelieten, su wollt dos itze nazammschlogn.

Nu mocht aaner ne Ufen eihaane oder net, denn nu fing aah noch e annere Trupp hintendraußen a ze singe, dorten ben Wasserhaisel. Su wos war fei aah salten: Geleich drei Lieder un aah noch ofenanner! Un doderbei wollt geds schenner singe als is annere!

„Gieh när emol naus, sog, se sölln sich gaabn un esu..." Nu do erscht! Itze wurn die Singer orndtlich baaset. Im aaner Haar hätten se sich übernumme!

Do ist mei Mutter salberscht nausgeberzt un hot die ganze Singgemaaschaft rei dr Stub geschleppt. Un wie dr größte vun die neibackene Aardäppelkuchn of'n Tisch stand, sat se: „Habt alle drei Parten schie geträllert, söllt'r aah alle drei Parten schie über dan Kuchn haarfalln..." Dos hot sich kaans zweemol sogn lossen. Un esu machet daar Kuchn Freid zun Singe un dos Singe Freid fer dan Kuchn. Un wär daar Kuchn net esu sachte miet alle worn, wenn's paßt, täten die heit noch singe...

Vogtländisch

(Meßbach, Krs. Plauen): L. Riedel, Den bissel Ümweg wegn, aus F. Barthel, Dort wue dorchs Land de Elster fließt, Leipzig 1980, S. 22-24.

De Miene is Weschere. Se braucht's aagntlich net. Se hot vur aanign Gahrn vun ihrn Bruder wos gearbt und hett scha sue viel, aß se lebn kännt. Se hot aah kaane Ahgehärigen watter, fer die se sparn müsset. Ober se is nu aamol meitog sue gewahnt. Un wenn se nimmer waschen därfet, iech glaab, do wür se nimmer sehr alt wern.

Freilich leßt se siech nu aah epper net behanneln wie e annere Waschfraa oder wie e Maad! Naa, naa, se hot ihrn Kopf fer siech. Und wer siech net drnooch eirichten will, ze den giehet se aafach nimmer. Se steckt's aah ne Leiten, wenn ihr'sch gerod paßt, und nooch fei ordntlich. Aah mit ne Essen will se's fei akkerat hobn. Doch nemme se de Leit trotz alledem ganz gern. Wos se aamol macht, des is gemacht fei. Und Bezohling nimmt se aah net viel, viel wenger wie annere. Ober ebn af de Behannling gibbt se drfür üm sue merner.

Bestellt do nu aah emol e Fraa, die net lang erscht hie des Steedtel gezuegn war, de Miene zen Waschen. Die Fraa hatt wuehl vun dr Miene ihrer Art gehärt, ober siech när de gute Arwet und ne billign Lah hinner de Uhrn geschriebn – und's annere wieder vergessen. De Miene kimmt, 's werd feste gearwet, und 's is alles gut bis zen Mittogessen.

E lange Tafel is hergericht. Druebn dr ann korzen Seit sitzt de Fraa, nebn ihr zer rechten Seit dr Mah. Links und rechts de lange Reihe hie sitzen de Kinner zamm und zeletzt de Maad, af dr annern korzen Seit ellaane endlich de Miene.

's gibbt Grügeniffte und Sauerbroten. Und de Brüh werd, wie's mernstens sue Mode is, in enn extern Schüssele hiegesetzt, nei die jeds nooch seine Kließ neitutscht.

De Tafel war recht lang, und aß's de Leit bequemer hobn sotten, hatt de Fraa zwaa Brühschüssele hiegestellt. Druebn be ihr und ihrn Mah stund e Schüssele und aans drunten ber Maad und dr Miene.

In Schüssele vun dr Fraa war e Brüh, die war dick wie Iel und schie appetitlich. In dr Miene und dr Maad ihrn Schüssele war

231

aah Brüh, ober e annere. Die sohch mr wie Worschtsupp oder aah wie Spülichwasser aus.

Wos macht mei Miene? Ahne ihr Schüssele zu beachten, schiebt se de Hemdsarmel nauf, aß se net epper drmiet wuenei schlarpfet, und langt nooch mit ihrn ahgespießten Kließbrocken weit, weit über de ganze Tafel nauf und tutscht dorte miet nei die gute Brüh. De Fraa is außer sich drüber und mit enn Värtelsklueß zwischen ne Zännen sprudelt se dr Miene zu: „Nu he, Miene, tutsch doch nei dei Brüh! Host de's doch viel nähnter!"

Ober de Miene leßt sich net irretiern, kait ruhig ihrn Bissen nei. Nooch langt se wieder nauf und maant: „I giehe, den bissel Ümweg wegn!"

Wie de Fraa nooch vier Wochen ober wieder nooch dr Miene zen Waschen schickt, do leßt die enn schänn Gruß an de Madam sogn, se hett sich ben letzten Mol übern Essen gedähnt und kännt nimmer waschen und drzu gähng se aah net ze Leiten, die se net ästemiern teeten. 's geeb merner Waschweiber. Se sett sich när e annere bestelln.

Nordbairisch

(Bad Brambach, Krs. Oelsnitz): Tonbandarchiv der Akademie der Wissenschaften der DDR

Na, manchere Gunge der kimmt ehm einfach net zun heiern (heiraten), weil er viel zu wehlerisch is mit'n Meulern (Mädchen). Su euner is aa der Gakobersch (Jakobi's ihrer) gwehn (gewesen). Der is halt na alter Bauer gwohrn u is su a olberer Heunz (Heinz, Kerl) bliem. Es eunzi, wau er hiegange is, des woar sei Mauhm (Muhme, Tante), ze der is er vo Zeit ze Zeit omohl hutzen (zu Besuch) gange. Des woar su a halwe Stunn Weg. On weh (wie) er aa wieder amohl drasn is u will heumgäh, hat's halt greengt, wos von Himmel ohie (herab) wollt. U da sockt (sagt) sei Schwester: „No bei dean Reeng, do koast du niat heumgäh, do mußt scho daubleim. Wort ner, i gähi am (auf den) Buan (Boden) u hol di as Bett ohjer (herab), u du bleibst dau bei mir." No, sie gäit am Buan afi (hinauf), u weh (wie) sie wieder ohjerkemmt (herabkommt), is d Stomm laar (die Stube

leer), woar de Kerl fort. Se woart oah (eine) Stunn, se woart zwooh
Stunn, er woar halt neniät (noch nicht) dau. Endli hat's 'n oha-
drahbt (angedreht) braacht, tropfeklitschenooß wor er. „No", sackt
se, „no wau kimmst denn du itzert (jetzt) her?" – „Ja weußt, iech
koah doch net gout ohne meine Schloufmitzen schloufen, u da bie ie
erscht heum un hoh mer se khult (geholt)."

Verwendete Nachschlagewerke

Duden. Das große Wörterbuch der deutschen Sprache in sechs Bänden, herausgegeben und bearbeitet vom Wissenschaftlichen Rat und den Mitarbeitern der Dudenredaktion unter Leitung von Günther Drosdowski. Mannheim/Wien/Zürich o. J. (1976–81).

Ernst Eichler, Etymologisches Wörterbuch der slawischen Elemente im Ostmitteldeutschen. Bautzen 1965.

Theodor Frings, Germania Romana, Bd. I, 2. Auflage, besorgt von Gertraud Müller. Halle 1966. – Gertraud Müller und Theodor Frings, Germania Romana, Bd. II. Halle 1968.

Jacob und Wilhelm Grimm, Deutsches Wörterbuch, 16 Bände. Leipzig 1854–1954.

Friedrich Kluge, Etymologisches Wörterbuch der deutschen Sprache, unter Mithilfe von A. Schirmer bearbeitet von W. Mitzka. 17. Auflage, Berlin 1957.

Gotthard Lerchner, Studien zum nordwestgermanischen Wortschatz. Halle 1965.

Matthias Lexer, Mittelhochdeutsches Handwörterbuch, drei Bände. Leipzig 1872–78.

Rudolf Schützeichel, Althochdeutsches Wörterbuch. 2. Auflage, Tübingen 1974.

Thüringisches Wörterbuch. Auf Grund der von V. Michels begonnenen und H. Hucke fortgeführten Sammlungen bearbeitet unter Leitung von K. Spangenberg, IV. Band L–Q. Berlin o. J., V. Band R–S, Berlin 1982.

Siegmund A. Wolf, Wörterbuch des Rotwelschen. Mannheim o. J. (1956).

Wörterbuch der deutschen Gegenwartssprache, hrsg. von R. Klappenbach und W. Steinitz, sechs Bände. Berlin 1964–77.

Diese Werke liegen dem „Kleinen sächsischen Wörterbuch" als wissenschaftliche Quellen mit zugrunde. Sie werden nicht zitiert, weil auf jeden wissenschaftlichen Apparat verzichtet, jede Auseinandersetzung mit anderen Meinungen gemieden wurde. Ein gesondert zu erwähnendes Verhältnis besteht zu dem alten „Wörterbuch der obersächsischen und erzgebirgischen Mundarten" (Dresden 1914) von Karl Müller-Fraureuth. Es lag stets bereit, um das eigene Material an ihm zu prüfen. Seine Angaben, besonders seine umfangreichen Belege zum Wortgut des Erzgebirgischen und Vogtländischen, waren vor allem dann wichtig, wenn es darum ging zu entscheiden, ob ein Wort aufgenommen oder als unwichtig weggelassen werden sollte. Mit diesem Werk lag eine fundierte Materialsammlung vor, an der man nicht vorübergehen konnte – nicht mehr, aber auch nicht weniger.

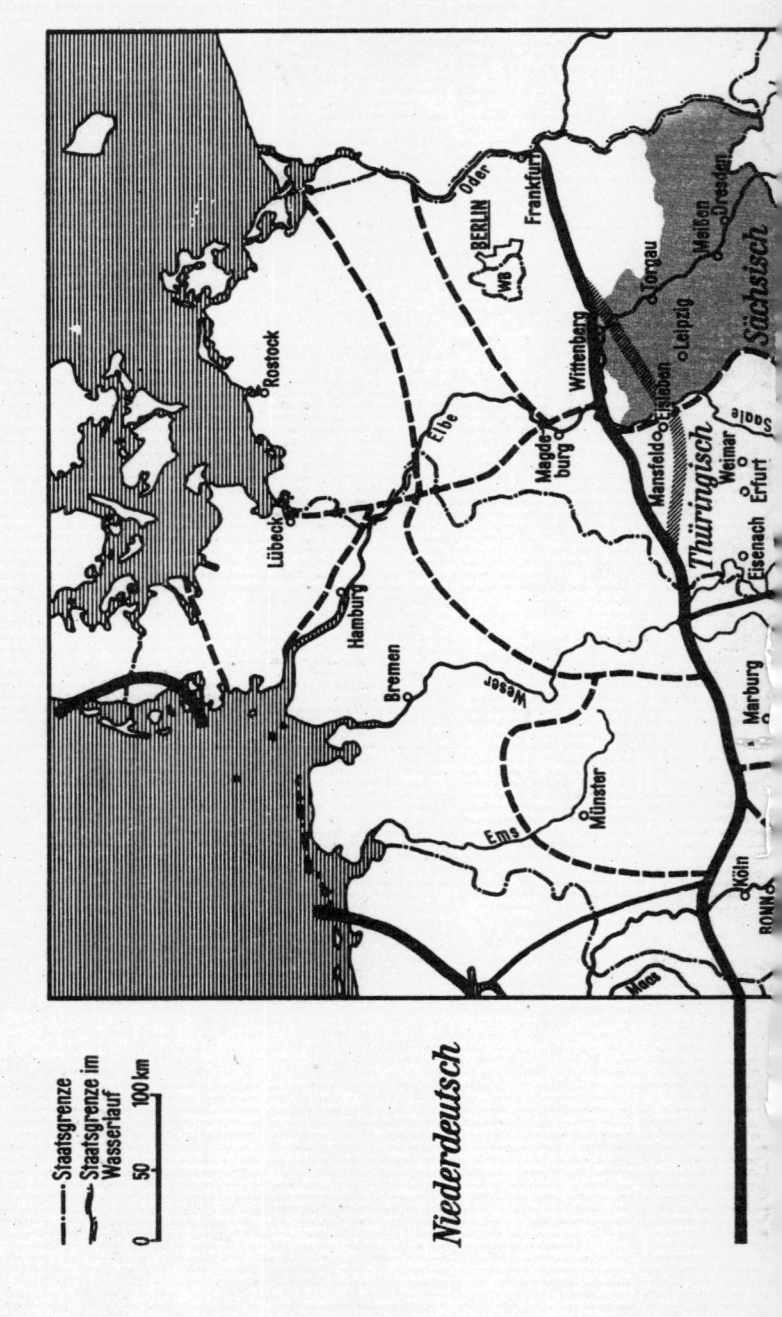

Staatsgrenze
Staatsgrenze im Wasserlauf

0 50 100 km

Niederdeutsch

Thüringisch

Sächsisch

Rostock

Lübeck

Hamburg

Bremen

Münster

Köln

BONN

Magdeburg

BERLIN

Frankfurt

Wittenberg

Mansfeld · Eisleben

Torgau

Leipzig

Meißen

Dresden

Weimar

Erfurt

Eisenach

Marburg

Oder

Elbe

Weser

Ems

Maas

Saale